Revue des Nouvelles Technologies de l'Information
Sous la direction de Djamel A. Zighed et Gilles Venturini

RNTI B.13 - ISBN 979-10-96289-06-6

# Business Intelligence & Big Data

Actes des XIIIe journées francophones

sur les Entrepôts de Données et l'Analyse en ligne

EDA 2017, Lyon - France

Rédacteurs invités :

Fadila Bentayeb, Omar Boussaid, Jérôme Darmont

Université de Lyon, Lyon 2, ERIC EA3083

# LE MOT DES DIRECTEURS DE LA COLLECTION RNTI

Très chers lecteurs et lectrices,

Nous avons créé RNTI pour soutenir et valoriser la production scientifique francophone dans tous les domaines des nouvelles technologies de l'information et de la communication (NTIC). Pour ce faire, nous avons mis en place un modèle de diffusion qui garantit la qualité des contenus et qui réduit drastiquement les contraintes financières d'édition. Nous voulons ainsi contribuer à la diffusion de la culture scientifique et des savoirs, sources de progrès et de paix.

La collection RNTI a aujourd'hui 16 ans. Le numéro que vous avez sous les yeux est le 72ème. Depuis le début des années 2000, plus de 10000 pages ont été publiées et plus de 2000 auteurs français et étrangers ont signé un ou plusieurs de ces articles. RNTI est aujourd'hui connue de tous comme l'une des principales publications scientifiques francophones dans le domaine des NTIC.

RNTI doit en permanence s'adapter aux nouvelles conditions de diffusion des connaissances. En effet, notre collection fait face aux mêmes contraintes que connait l'édition en ce début du 21 ème siècle. Le rôle de l'éditeur, qui assurait la qualité de la production sur la base d'un modèle économique fondé sur le livre ou la revue papier vendus en librairie, a changé. La dématérialisation des documents et l'internet ont rendu ce modèle obsolète, ce qui a engendré l'émergence de sites de publications sans contrôle ni évaluation des contenus par les pairs. Pourtant, sans outils d'évaluation et de contrôle de la qualité scientifique des publications, les savoirs et les connaissances risquent d'être polués et noyés dans un grand volume de textes de qualité douteuse, engendrant ainsi la confusion. RNTI tente de répondre à cette double exigence : qualité des contenus et accessibilité à coût financier quasi nul. Cela a été possible grâce, d'une part à l'engagement de nombreux relecteurs qui ont accepté de donner de leur temps pour garantir ce haut niveau de la revue et d'autre part à la mise en oeuvre de solutions techniques - chaine numérique d'édition et de diffusion - pour que la production et la diffusion des numéros requièrent le moins de ressources financières possibles. C'est pour aller encore plus loin sur ce second volet, que nous avons décidé :

1. de mettre en ligne gratuitement, dès la parution, l'intégralité de chaque numéro. Par le passé, il fallait attendre trois ans pour que les contenus deviennent libres et gratuits sur le site,

2. d'assurer nous-mêmes l'édition et la diffusion de la version papier, précédemment faite par une maison d'édition indépendante. Ainsi, grâce à l'impression à la demande devenue très compétitive, les lecteurs peuvent acquérir des versions papiers à un coup encore plus faible.

Outre ces deux évolutions, les principes de fonctionnement de RNTI restent inchangés. Ils s'articulent autour des points suivants :

1. Le maintien de l'évaluation par les pairs comme la seule garantie de la qualité des publications. Tout papier publié dans RNTI fait l'objet de trois évaluations au minimum ;

2. Le fait de s'appuyer sur des éditeurs invités, qui connaissent bien leurs spécialités et qui sont donc en mesure de renforcer la qualité des contenus, accroit la valeur scientifique des papiers ;

3. Le référencement dans les bases de données bibliographiques internationales comme DBLP ou Scopus.

Cette stratégie nous permet aujourd'hui de proposer à la communauté scientifique un outil de valorisation unique dans la sphère francophone. RNTI est maintenant bien identifiée pour sa crédibilité et son sérieux par toutes les instances et institutions en charge notamment la recherche scientifique et de l'enseignement supérieur. Loin de s'arrêter aux frontières, mêmes étendues, du Français, nous avons assuré une diffusion des meilleures productions vers le monde anglophone dans la série Studies in Computational Intelligence, publiée et diffusée par Springer à l'international.

Notre prochain objectif est de consolider d'avantage la publication électronique par un site offrant non seulement l'ensemble des articles mais proposant également des outils pour travailler sur les contenus de la production scientifique depuis le premier numéro. RNTI sera ainsi non seulement une base de documentation mais aussi un support de réflexion et de veille scientifique.

Tout ce travail n'a été possible que grâce à vos efforts et votre soutien, lecteurs, auteurs et rédacteurs invités. C'est vers vous que nos remerciements vont et nous restons toujours attentifs à vos suggestions car RNTI doit avant tout répondre à vos attentes.

Enfin, nous profitons de ce numéro spécial EDA'2017 pour remercier encore les acteurs d'EDA pour leur confiance en RNTI. Nous vous souhaitons une bonne lecture de ce numéro.

Djamel A. Zighed et Gilles Venturini.

PRÉFACE

Les systèmes d'information décisionnels s'appuient sur les entrepôts de données (*data warehouses*) et l'analyse en ligne (*on-line analytical processing* - OLAP), qui sont deux piliers de l'informatique décisionnelle (*business intelligence* - BI), aujourd'hui confrontés à de nouveaux défis scientifiques et technologiques. En effet, avec l'avènement des données massives (big data) caractérisées par leur très large volume, leur vélocité et leur variété, la vulgarisation des algorithmes d'analyse et d'exploration de données et les technologies émergentes (*Cloud*, Hadoop, NoSQL...), de nouvelles perspectives s'ouvrent aux usages d'outils d'analyse et d'aide à la décision. En effet, la prolifération des données, peu ou pas structurées, en flux (données issues de capteurs ou de médias sociaux) et produites en de très grandes quantités, est une manne pour la BI, mais engendre de nouveaux champs d'investigation pour les entrepôts de données et l'analyse en ligne. Cette évolution soulève de nouvelles problématiques scientifiques et technologiques qui nécessitent la définition de nouvelles approches pour les architectures, l'intégration, la modélisation, l'interrogation, l'analyse, l'optimisation et la sécurité à la fois des entrepôts de données traditionnels et des entrepôts de données massives. La BI traditionnelle doit évoluer pour prendre en compte ces nouveaux défis. Les 13e journées EDA, qui se sont déroulés à Lyon les 3, 4 et 5 mai 2017 sur le thème "BI & Big Data", ont été un espace de rencontres et d'échanges entre chercheurs, industriels et utilisateurs intéressés par les avancées dans le domaine de la BI. Sur les 15 soumissions à la conférence, toutes évaluées par au moins 3 membre du comité de programme, 7 articles ont été acceptés en version longue et 5 en version courte pour être présentés à la conférence. De plus, une session industrielle a été organisée lors de la conférence. Outre ces présentations, le programme de la conférence comprenait deux conférences invitées, données respectivement par Robert Wrembel de la Poznan University of Technology, Pologne, et Abdelkader Hameurlain de l'Université Capitole de Toulouse, France.

Cette année se sont également tenues en conjonction avec EDA des journées sur l'analyse de documents textuels organisés par l'action ADOC (entrepôts et analyse de documents) du groupe de recherche CNRS MaDICS (Masses de Données, Informations et Connaissances en Sciences). L'objectif de l'action ADOC est de rapprocher les communautés de gestion et d'entreposage des données de celles des Lettres, Langues, Sciences Humaines et Sociales (LLSHS) impliquées dans les humanités numériques, afin d'incorporer des éléments méthodologiques utilisés en LLSHS dans les processus de conception informatiques et vice versa. Les journées ADOC ont fait l'objet de 14 présentations sélectionnées sur résumé, par des chercheur·es de disciplines variées : géographie, histoire, information et communication, informatique, linguistique et littérature.

Nous tenons à remercier les personnes qui ont contribué au succès d'EDA 2017 : les auteur·es des articles, les conférenciers invités, les membres du comité de programme, les membres du comité d'organisation, les membres du comité de pilotage, ainsi que les participant·es aux journées ADOC et les coresponsables de l'action Natalia Grabar et Olivier Teste.

Nous remercions enfin les directeurs de la collection RNTI, Messieurs Gilles Venturini et Djamel Zighed, ainsi que les éditions Hermann pour la publication des actes.

F. Bentayeb (EDA)   O. Boussaid (EDA)   J. Darmont (ADOC)
Université de Lyon, Lyon 2, ERIC EA3083

# Membres des comités

## Comité de lecture :

Atigui Faten, CNAM
Bellatreche Ladjel, ENSMA, LIAS
Bentayeb Fadila, Univ. Lyon 2, ERIC
Bimonte Sandro, Irstea
Clermont-Ferrand
Boulmalkoul Azedine, Univ. Hassan II,
LIM/IOS, Casablanca, Maroc
Boussaid Omar, Univ. Lyon 2, ERIC
Darmont Jérôme, Univ. Lyon 2, ERIC
D'orazio Laurent, Univ. Rennes 1
Espinasse Bernard, Univ.
d'Aix-Marseille, LSIS
Favre Cécile, Univ. Lyon 2, ERIC
Gargouri Faiez, ISIM de Sfax, Tunisie
Gavin Gerald, Univ. Lyon 1, ERIC
Harbi Nouria, Univ. Lyon 2, ERIC
Kabachi Nadia, Univ. Lyon1, ERIC
Laurent Anne, Univ. Montpellier 2,

LIRMM
Loudcher Sabine, Univ. Lyon 2, ERIC
Maabout Sofian, Univ. de Bordeaux,
LABRI
Marcel Patrick, Univ. de Tours, Lab.
d'Informatique
Miquel Maryvonne, INSA de Lyon,
LIRIS
Negre Elsa, Univ. Paris-Dauphine,
LAMSADE
Novelli Noel, Univ. d'Aix-Marseille, LIF
Teste Olivier, Univ. de Toulouse, IRIT
Pinet Francois, Irstea Clermont-Ferrand
Ravat Franck, Univ. de Toulouse, IRIT
Teisseire Maguelonne, Irstea Montpellier
Zimányi Esteban, Univ. de Bruxelles,
Lab. de Bases de Données, Belgique
Zurfluh Gilles, Univ. de Toulouse, IRIT

## Comité d'organisation :

Bentayeb Fadila, Univ. Lyon 2, ERIC
Boussaid Omar, Univ. Lyon 2, ERIC
Darmont Jérôme, Univ. Lyon 2, ERIC
Favre Cécile, Univ. Lyon 2, ERIC
Gavin Gérald, Univ. Lyon 2, ERIC
Harbi Nouria, Univ. Lyon 2, ERIC

Kabachi Nadia, Univ. Lyon 2, ERIC
Loudcher Sabine, Univ. Lyon 2, ERIC
Miquel Maryvonne, INSA de Lyon,
LIRIS
Ratsimbazafy, Univ. Lyon 2, ERIC
Tchounikine Anne, INSA de Lyon, LIRIS

## Comité de pilotage :

Bellatreche Ladjel, ENSMA, LIAS
Bentayeb Fadila, Univ. Lyon 2, ERIC
Boussaid Omar, Univ. Lyon 2, ERIC

Darmont Jérôme, Univ. Lyon 2, ERIC
Zurfluh Gilles, Univ. de Toulouse, IRIT

# TABLE DES MATIÈRES


Prise en compte du contexte dans les systèmes de recommandations de requêtes OLAP
*Elsa Negre* . . . . . . . . . . . . . . . . . . . . . . . . . . . . . . . . . . . . . . . . . . . . . . . . . . . . . 1

Un benchmark enrichi pour l'évaluation des entrepôts de données NoSQL volumineux
et variables
*Max Chevalier, Mohammed EL Malki, Arlind Kopliku, Olivier Teste, Ronan Tournier* 11

Tableaux de bord adaptifs pour le Spatial OLAP
*Ali Hassan, Sandro Bimonte* . . . . . . . . . . . . . . . . . . . . . . . . . . . . . . . . . . . . 27

Approximate Integration of streaming data
*Michel de Rougemont, Guillaume Vimont* . . . . . . . . . . . . . . . . . . . . . . . . . . 37

New OLAP Operators for Missing Data
*Maha Ben Kraiem, Kais Khrouf, Jamel Feki, Frank Ravat, Olivier Teste* . . . . . . . 53

Finding Overlapping Communities in Networks Using Propositional Satisfiability
*Said Jabbou, Nizar Mhadhbi, Badran Raddaoui, Lakhdar Sais* . . . . . . . . . . . . 67

A benchmark for assessing OLAP exploration assistants
*Mahfoud Djedaini, Nicolas Labroche, Patrick Marcel, Veronika Peralta* . . . . . . . . 81

Tri des actualités sociales : Etat de l'art et pistes de recherche
*Sami Belkacem, Kamel Boukhalfa, Omar Boussaid* . . . . . . . . . . . . . . . . . . . 85

A Model&DBMS Independent Benchmark for Data Warehouses
*Ibtissam Ferrahi, Sandro Bimonte, Kamel Boukhalfa* . . . . . . . . . . . . . . . . . 101

Data Alteration: A Better Appraoch to Securing Cloud Data with Encryption
*Sara Rhzlane, Amina El Ouazzani, Nouria Harbi, Kabachi Harbi, Badir Hassan* . . . 111

Vers l'amélioration du processus décisionnel par l'intégration des données sociales
*Soumia Benkrid, Redouane Boucenna, Dihia Boulegane, Younes Sennadj, Chahnez
Zakaria, Lynda Said L'Hadj* . . . . . . . . . . . . . . . . . . . . . . . . . . . . . . . . . . . . 123

Les besoins fonctionnels candidats à l'entreposage et l'analyse en ligne
*Zouhir Djilani, Selma Khouri, Ladjel Bellatreche, Abderrahmane Khiat* . . . . . . . 139

# Résumés des communications des journées ADOC sur l'analyse de données textuelles


Extraction de l'usage des médicaments dans les forums santé
*Elise Bigeard* . . . . . . . . . . . . . . . . . . . . . . . . . . . . . . . . . . 153

Automatic analysis of online conversations as processes
*Elena Epure, Slavko Zitnnik, Dario Compagno, Rebecca Deneckere, Camille Salinesi* . 155

Des services d'analyse des données participatifs : Le cas de la bibliothèque *Fonte Gaia Bib*
*Elina Leblanc* . . . . . . . . . . . . . . . . . . . . . . . . . . . . . . . . . . . 157

Retour d'expérience sur la détection automatique de métaphores dans des textes de Géographie
*Max Beligné, Aleksandra Campar, Jean-Hugues Chauchat, Mélanie Lefeuvre, Isabelle Lefort, Sabine Loudcher, Julien Velcin* . . . . . . . . . . . . . . . . . . . . . 159

Modèles de représentation textuels et méthodes d'apprentissage adaptés à l'identification d'auteurs
*Christine Largeron, Jordan Fréry, Mihaela Juganaru-Mathieu* . . . . . . . . . . . 161

De la fouille de textes à la recommandation de lectures – Applications sur les plate-formes d'Openedition.org
*Patrice Bellot* . . . . . . . . . . . . . . . . . . . . . . . . . . . . . . . . . . . 163

Extension des mesures textuelles d'informativité à l'évaluation de l'intérêt potentiel d'un passage
*Carlos E. González-Gallardo, Éric SanJuan-Ibekwe, Juan Manuel Torres Moreno* . . 165

Extraction d'expressions et mise en réseau d'un corpus
*Matthieu Quantin, Benjamin Hervy, Florent Laroche* . . . . . . . . . . . . . . . . 167

Graphes typés pour l'exploration d'actualités
*Rémi Bois, Guillaume Gravier, Emmanuel Morin, Pascale Sébillot* . . . . . . . . . . 169

Construire un corpus à forte dimension socio-historique pour une analyse du discours : le cas de la presse de tranchées
*Cyrielle Montrichard* . . . . . . . . . . . . . . . . . . . . . . . . . . . . . . . . 171

Représentations vectorielles de corpus collaboratifs sur la ville de Paris
*Carmen Brando, Catherine Dominguès* . . . . . . . . . . . . . . . . . . . . . . . 173

Jeux de cubes pour les graphes... Ou comment des graphes enrichis par des cubes (GreC) peuvent contribuer à l'analyse de données textuelles ?
*Cécile Favre, Jakawat Wararat, Sabine Loudcher* . . . . . . . . . . . . . . . . . . 175

Bien choisir ses données d'apprentissage pour le TAL en contexte multi-hétérogène : l'exemple de l'ancien français
*Isabelle Tellier* . . . . . . . . . . . . . . . . . . . . . . . . . . . . . . . . . . . 177

Thésaurus pour la Sécurité Radiologique à partir d'un corpus de textes et d'outils linguistiques en ligne
*Olena Goncharova-Orobinska, Jean-Hugues Chauchat, Natalya Sharonova* . . . . . . 179

# Index des auteurs     181

# Prise en compte du contexte dans les systèmes de recommandations de requêtes OLAP

Elsa Negre

Paris-Dauphine University, PSL Research University,
CNRS UMR 7243, LAMSADE, Paris
elsa.negre@dauphine.fr

**Résumé.** Les entrepôts de données stockent de grands volumes de données multidimensionnelles, consolidées et historisées en vue de leur analyse et exploration par des décideurs. L'exploration de données est réalisée par le biais de requêtes OLAP (On-Line Analytical Processing). Afin de faciliter cette exploration, les systèmes de recommandations (SR) existent. Cependant, certaines recommandations peuvent parfois ne pas être suffisamment pertinentes. Pour pallier ce problème, les données / informations contextuelles sont intégrées dans le SR qui devient un SR contextuel. Dans cet article, nous proposons de déterminer les données / informations contextuelles utiles dans les applications OLAP et comment les intégrer dans un SR de requêtes OLAP.

## 1 Introduction

Les entrepôts des données stockent de gros volumes de données multidimensionnelles, consolidées et historisées dans le but d'être explorées et analysées par différents utilisateurs. L'exploration de données est un processus de recherche d'informations pertinentes au sein d'un ensemble de données. Dans le cadre de nos travaux, l'ensemble de données à explorer est un cube de données qui est un extrait de l'entrepôt de données que les utilisateurs interrogent en lançant des séquences de requêtes OLAP (On-Line Analytical Processing). Cependant, cette masse d'informations à explorer peut-être très importante et variée, il est donc nécessaire d'aider l'utilisateur à y faire face en le guidant dans son exploration du cube de données afin qu'il trouve des informations pertinentes. Une solution existante est de proposer des recommandations, sous forme de requêtes OLAP.

Malgré les bonnes performances de tels systèmes, les recommandations ne sont parfois "pas assez pertinentes". Par exemple, recommander une requête OLAP à un décideur d'une grande entreprise française consistera à retourner des requêtes relatives au chiffre d'affaire annuel de la société. Mais si la société s'ouvre à l'international (États-Unis par exemple) ou si certaines données (anciennes) ont été archivées alors le décideur préférerait que le système lui recommande des requêtes "récentes" ou en rapport avec les États-Unis. Ici le contexte influence les préférences, les envies et les intérêts des utilisateurs et de fait, leurs décisions.

La notion de contexte est relativement floue mais regroupe des informations sur l'utilisateur (profil utilisateur, matériel utilisé, localisation, ...). Afin de prendre en compte ces informations contextuelles, les systèmes de recommandations (SR) contextuels ont été introduits.

Dans cet article, nous proposons de déterminer les informations contextuelles utiles dans le cadre d'une application en OLAP ainsi qu'une manière de les intégrer dans un SR de requêtes OLAP. Cet article est organisé comme suit : la section 2 présente un état de l'art sur la notion de contexte, les SR (contextuels) et OLAP. Dans la section 3, nous détaillons les informations contextuelles utiles dans le cadre d'un SR de requêtes OLAP puis comment les intégrer au SR dans la section 4. Finalement, nous concluons et donnons quelques perspectives de recherche dans la section 5.

# 2 Etat de l'art

## 2.1 Contexte

La notion de "contexte" a été étudiée dans divers domaines mais il est difficile d'établir une définition standard (unique) en raison de la nature multiforme du contexte (Bazire et Brézillon (2005)). La définition la plus acceptée est celle de Dey et al. (2001) qui définit le contexte comme toute information qui peut être utilisée pour caractériser la situation d'une entité. Une entité peut être une personne, un lieu ou un objet qui est considéré pertinent dans l'interaction entre un utilisateur et une application, tout en incluant ces deux derniers.

Afin de connaître le contexte, il faut collecter les informations contextuelles. Le contexte peut être capturé, collecté explicitement ou implicitement (Mostéfaoui et al. (2004)). Ces trois types de contexte sont par la suite stockés et classés selon différents critères.

A partir de l'analyse la plus exhaustive possible de la littérature, nous avons identifié un ensemble de 10 critères afin de catégoriser les informations contextuelles : Temps, Individualité / Profil utilisateur, Activité, Relations, Localisation, Objet, Saison, Température, Contexte social, et Contexte matériel. Dans la suite, nous détaillons chacun de ces critères.

**Temps :** Selon Zimmermann et al. (2007), le temps est essentiel pour la compréhension humaine et la catégorisation du contexte, car la plupart des interrogations humaines sont liées à la dimension temporelle. Selon Akermi et al. (2015), le temps peut également être modélisé de façon hiérarchique afin de définir le degré de granularité de la dimension temporelle.

**Individualité / Profil d'utilisateur :** De nombreux travaux, en particulier en Recherche d'Informations, ont montré l'utilité et la nécessité du profil utilisateur (Tamine et al. (2010)).

**Activité :** Selon Zimmermann et al. (2007), l'activité d'une entité détermine ses besoins actuels. Il s'agit des activités qui sont réalisées à un moment donné ainsi que dans le futur. Des questions telles que "comment l'activité est-elle réalisée ?" et "l'activité est-elle terminée ?" sont traitées via les notions de buts, tâches et actions, par exemple. Dans la plupart des cas, lorsqu'il y a une interaction avec un système contextuel, l'entité est engagée dans une tâche (potentiellement exigeante) qui détermine les objectifs de ses activités. De plus, selon Akermi et al. (2015), l'activité courante de l'utilisateur se résume à ce que l'utilisateur fait à un moment donné et peut être déterminée, par exemple, à travers son agenda ou l'application ouverte sur son smartphone.

**Relations :** Selon Benouaret (2015), les relations regroupent les utilisateurs qui sont similaires à l'utilisateur considéré. Selon Zimmermann et al. (2007), les informations contextuelles liées aux relations capturent les relations qu'une entité a mis en place avec d'autres entités. Ces entités environnantes peuvent être des personnes, des choses, des appareils, des services ou des informations (textes, images, films, sons, ...).

**Localisation :** Selon Dey et al. (2001), la localisation est un critère important.

| | Benouaret (2015) | Akermi et al. (2015) | Schilit et Theimer (1994) | Brown et al. (1997) | Dey et al. (2001) | Petrelli et al. (2000) | Nguyen (2010) | Zimmermann et al. (2007) |
|---|---|---|---|---|---|---|---|---|
| Temps | X | X | | X | | | X | X |
| Individualité / Profil d'utilisateur | X | X | X | X | X | X | X | X |
| Activité | X | X | | | | | X | X |
| Relations | X | | | | | | X | X |
| Localisation | X | X | X | X | X | X | X | X |
| Objet | | | X | | X | X | X | |
| Saison | | | | X | | | | |
| Température | | | | X | | | | |
| Contexte social | | | | | | | X | X |
| Contexte matériel | | | | | | | X | X |

TAB. 1 – Critères de contexte présents dans la littérature

**Objet :** Selon Schilit et Theimer (1994), les informations contextuelles relatives à l'objet correspondent à tous les objets qui se trouvent à proximité de l'utilisateur.

**Saison :** Brown et al. (1997) sont les premiers à avoir introduit le critère "Saison" pour identifier les différentes saisons de l'année.

**Température :** Ce critère a été introduit par Brown et al. (1997).

**Contexte social :** Selon Petrelli et al. (2000), cela consiste à savoir si l'utilisateur est accompagné, qui est autour de lui, quelles relations existent entre ces individus, ...

**Contexte matériel :** Egalement introduit par Petrelli et al. (2000), le contexte matériel est défini comme les dispositifs et plateformes de travail de l'utilisateur.

Le tableau 1 résume cette section en croisant les travaux et les critères de contexte. Il est à noter que les critères "Individualité / Profil utilisateur" et "Localisation" sont les deux seuls critères de contexte utilisés par tous. Il est également important de remarquer qu'aucun des travaux ne prend en compte les 10 critères que nous venons de présenter. Cela vient du fait que selon les domaines d'application, certains critères de contexte sont considérés plus utiles que d'autres.

## 2.2 Systèmes de recommandations

Un système de recommandations (SR) est une technique de filtrage d'information qui permet de présenter les éléments d'informations (films, musique, livres, images, pages web, ...) qui sont susceptibles d'intéresser l'utilisateur. Il est possible de classer les SR de différentes manières. La classification la plus connue est celle de Adomavicius et Tuzhilin (2005) qui proposent trois classes : (i) les recommandations basées sur le contenu (éléments similaires à ceux que l'utilisateur a aimé dans le passé), (ii) les recommandations par filtrage collaboratif (suggestion de nouveaux éléments à des utilisateurs qui ont des préférences similaires à d'autres) et (iii) les approches hybrides, combinaison des deux précédentes.

Traditionnellement, le problème de la recommandation peut être résumé comme étant un problème d'estimation des scores pour des éléments qui n'ont pas été vus par un utilisateur, i.e. comme un problème de prédiction où le SR prédit les notes des utilisateurs pour un élément donné selon un profil utilisateur. La fonction correspondante est : $r_{RS} : Utilisateurs \times Eléments \rightarrow Scores$. Lorsque les informations contextuelles peuvent être incorporées dans le SR, cette fonction pour les SR contextuels devient : $r_{CARS} : Utilisateurs \times Eléments \times Contextes \rightarrow Scores$ (Adomavicius et Tuzhilin (2008)).

Finalement, certains travaux se sont intéressés aux recommandations dans le domaine des entrepôts de données analysés par des requêtes OLAP. Parmi eux (cf. Negre (2009) pour une étude détaillée), certains ont porté leur attention sur l'exploitation des profils utilisateurs et de leurs préférences (Golfarelli et al. (2011)), d'autres sur les découvertes faites lors des analyses (Sarawagi (2000)) ou encore sur l'exploitation de journaux contenant des séquences de requêtes précédemment exécutées (Giacometti et al. (2011)).

A notre connaissance, il n'existe pas de SR contextuel dans le domaine OLAP. Dans cet article, nous déterminons les informations contextuelles utiles pour de tels systèmes ainsi qu'une manière de les prendre en compte.

# 3   Critères utiles pour un système de recommandations de requêtes OLAP

Dans cette section, nous déterminons l'utilité de chacun des 10 critères de contexte présentés précédemment dans le cadre d'un système de recommandations (SR) de requêtes OLAP.

**Temps :**  Par définition, un entrepôt de données est une collection de données orientées sujet, intégrées, non volatiles et historisées, organisées pour le support d'un processus d'aide à la décision. De plus, les données de l'entrepôt varient au cours du temps. Le critère temporel est donc important.

**Individualité / Profil utilisateur :**  Les informations sur l'utilisateur sont la base des SR pour aider l'utilisateur à trouver des informations pertinentes. De plus, d'après la règle 8 de Codd et al. (1993), les systèmes OLAP sont multi-utilisateurs, il faut donc pouvoir dissocier un utilisateur d'un autre. Le critère "Individualité / Profil utilisateur" contenant, entre autres, les préférences de l'utilisateur, doit donc être pris en compte.

**Activité :**  L'activité de l'utilisateur, courante ou passée, peut nous aider à avoir ses préférences ou encore connaître les caractéristiques des requêtes lancées. De plus, d'après la règle 9 de Codd et al. (1993), les utilisateurs OLAP ont peu de restrictions quant à leurs activités (croisements entre dimensions dont le nombre est illimité - règle 12).

**Relations :**  D'après la règle 8 de Codd et al. (1993), les systèmes OLAP sont multi-utilisateurs et selon la définition de Zimmermann et al. (2007), il existe des relations entre les utilisateurs. Par conséquent, ce critère doit être pris en compte dans le cadre d'un SR par filtrage collaboratif (similarité entre utilisateurs) ; mais n'est pas utile pour les SR basés sur le contenu qui se focalisent sur un utilisateur donné.

**Localisation :**  Les informations relatives à la localisation ne nous paraissent pas utiles dans le cadre d'un SR de requêtes OLAP. Notons cependant que certaines informations de localisation peuvent être induites / inférées en analysant les requêtes OLAP lancées puis intégrées au critère "Individualité / Profil utilisateur".

**Objet :**  Ce critère ne nous parait pas avoir d'impact pour effectuer une recherche sur un entrepôt de données via une analyse OLAP.

|  | Systèmes de recommandations de requêtes OLAP | |
|---|---|---|
|  | par Filtrage collaboratif | basé sur le Contenu |
| Temps | X | X |
| Individualité / Profil d'utilisateur | X | X |
| Activité | X | X |
| Relations | X |  |
| Localisation |  |  |
| Objet |  |  |
| Saison |  |  |
| Température |  |  |
| Contexte social |  |  |
| Contexte matériel | X | X |

TAB. 2 – *Utilité des critères de contexte pour les SR de requêtes OLAP*

**Saison :** Ce critère ne nous semble pas avoir un impact sur la manière dont les analyses OLAP sont lancées. Il est cependant à noter que Zimmermann et al. (2007) intègre ce critère dans le critère temporel, auquel cas la saison sera prise en compte (puisque nous considérons le critère "Temps" utile).

**Température :** Ce critère ne nous semble pas avoir un impact sur la manière dont les analyses OLAP sont lancées.

**Contexte social :** Nous considérons que les personnes physiquement présentes autour du décideur peuvent être associées au décideur lui-même durant l'analyse OLAP. De fait, ce critère ne nous parait pas utile. Par contre, il est à noter que le critère "Relations" (que nous prenons en compte) est un sous-ensemble du "Contexte social".

**Contexte matériel :** Connaître le dispositif matériel utilisé pour lancer une requête OLAP est intéressant. En effet, les ordinateurs portables, les tablettes et les smartphones, sont différents au niveau matériel, logiciel et communication, nécessitant des solutions d'interopérabilité. Nguyen (2010) et la règle 11 de Codd et al. (1993) appuient l'utilité de ce critère.

Finalement, le tableau 2 résume l'utilité des 10 critères pour un SR (par filtrage collaboratif ou basé sur le contenu) dans le domaine OLAP. Les critères utiles sont donc : Temps, Individualité / Profil d'utilisateur, Activité, Relations et Contexte matériel.

Dans la section suivante, nous proposons une modélisation de ces 5 critères pour leur prise en compte dans un SR de requêtes OLAP.

# 4 Modélisation

Il existe différents modèles de contexte (Bettini et al. (2010)) : attribut / valeur, mots clés, graphes, logique, ... D'après Soualah Alila (2015), qui a fait une comparaison entre les différents modèles de contexte, seul le modèle ontologique permet une bonne validation partielle des données et une bonne formalisation du modèle. Au sein d'une ontologie, on distingue généralement deux entités globales. La première, à objectif terminologique, définit la nature des éléments qui composent le domaine de l'ontologie en question, un peu comme la définition d'une classe en programmation orientée objet définit la nature des objets qu'on va manipuler par la suite. La seconde partie d'une ontologie explicite les relations entre plusieurs instances de ces classes définies dans la partie terminologique. Ainsi, au sein d'une ontologie, les concepts sont définis les uns par rapport aux autres (Soualah Alila (2015)).

## 4.1 Temps

Selon Soualah Alila (2015), une norme internationale (ISO 8601)[1] a été définie par l'Organisation Internationale de Normalisation pour la description des instants et des intervalles de temps, avec l'objectif d'éviter tout risque de confusion dans les communications internationales en raison du grand nombre de notations nationales différentes. L'ontologie OWL-Time[2] est aujourd'hui une reférence pour la représentation du temps. Une définition complète d'OWL-Time est proposée par Pan (2007).

Au vu de son adéquation avec notre cas d'application, nous proposons d'utiliser l'ontologie OWL-Time de Pan (2007), voire sa version simplifiée de Soualah Alila (2015), pour modéliser le critère "Temps" dans notre cadre de SR de requêtes OLAP.

## 4.2 Individualité / Profil Utilisateur

Selon Soualah Alila (2015), la modélisation du profil repose sur des techniques permettant non seulement de représenter et construire le profil de l'utilisateur, mais aussi de gérer son évolution de manière dynamique au cours du temps. Une représentation sémantique du profil utilisateur, généralement basée sur une ontologie, permet de mieux représenter les différents acteurs du système en décrivant les relations sémantiques entre ces derniers, mais aussi avec les données collectées sur eux (Heckmann et al. (2007)). Chaque utilisateur du système est caractérisé par un ensemble de données. Soualah Alila (2015) propose de classer ces données en deux catégories : la première catégorie *General Information*, regroupe des données générales sur l'utilisateur (nom, prénom, date de naissance, nationalité, ...) et la deuxième catégorie *Spécifique Information*, varie en fonction des différents types d'utilisateurs (par exemple, les préférences, l'employeur, les objectifs, ...)

Au vu de son adéquation avec notre cas d'application, nous proposons d'utiliser l'ontologie relative au profil utilisateur de Soualah Alila (2015) pour modéliser le critère "Individualité / Profil utilisateur" dans notre cadre de SR de requêtes OLAP.

## 4.3 Activité

Abdalla et al. (2014) ont proposé un modèle de conception générale d'ontologie pour modéliser l'activité et pouvoir l'utiliser dans des domaines différents. L'activité se compose de plusieurs activités qui peuvent également être associées à d'autres activités. Des relations de dépendance existent comme l'enchainement des activités, les participants à l'activité ainsi que le moment de début et de fin et la durée de l'activité.

Au vu de son adéquation avec notre cas d'application, nous proposons d'utiliser l'ontologie relative à l'activité de Abdalla et al. (2014) pour modéliser le critère "Activité" dans notre cadre de SR de requêtes OLAP.

## 4.4 Relations

Pour le critère "Relations", nous avons adapté / simplifié l'ontologie proposée par Loubiri (2012) dans le cadre du réseau social Facebook. En effet, les relations existantes dans un réseau social comme Facebook sont beaucoup plus complexes que celles que nous souhaitons modéliser dans le cadre d'un SR de requêtes OLAP.

---

1. http ://www.iso.org/iso/catalogue detail ?csnumber=40874
2. http ://www.w3.org/TR/owl-time/

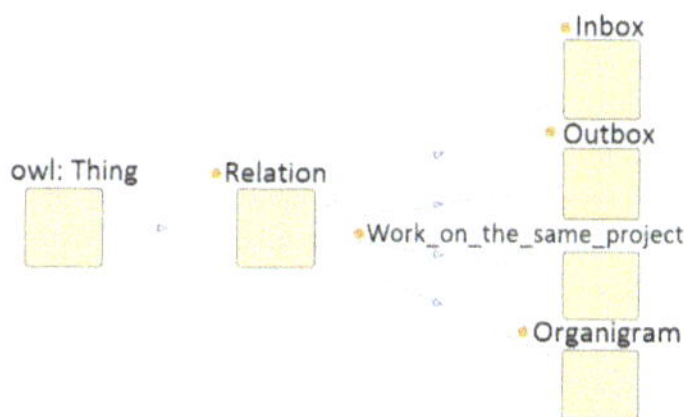

FIG. 1 – *Ontologie relative au critère de contexte "Relations"*

A partir des définitions de Zimmermann et al. (2007) et Frikha et al. (2015), où les relations sociales sont une caractéristique intrinsèque de l'être humain, et du modèle de Loubiri (2012), nous proposons une ontologie pour le critère "Relations" telle qu'illustrée Figure 1 où :
— *Inbox* correspond à la boite aux lettres électronique de l'utilisateur où sont reçus et stockés les différents mails échangés via internet ou des réseaux internes à l'entreprise ;
— *Outbox* correspond à la boite d'envoi électronique où sont stockés les mails envoyés par l'utilisateur ;
— *Organigramme* représente schématiquement les liens et les relations fonctionnelles, organisationnelles et hiérarchiques qui existent entre les éléments et les individus d'une entreprise ;
— *Work on the same project* correspond aux relations entre le décideur et les personnes qui ont travaillé sur le même projet que lui.

## 4.5   Contexte matériel

Les dispositifs matériels sont caractérisés par différentes propriétés telles que le degré de portabilité du dispositif, la résolution de l'écran, la puissance du processeur, la connectivité... et ils ont pour objectif de proposer une interface d'interaction entre le système et l'utilisateur. De nombreux travaux de recherche se réfèrent aujourd'hui à des spécifications standards pour la description des dispositifs dans un système, tels que WURFL [3] (sérialisation en XML), CC/PP [4] (sérialisation en RDF) et FIPA [5] DeviceOntology (sérialisation en OWL). Afin de modéliser le critère "contexte matériel", nous proposons d'exploiter la FIPA DeviceOntology qui est la plus en adéquation avec notre cas d'application. Par ailleurs, Soualah Alila (2015) propose de décrire un dispositif matériel selon trois principales catégories d'informations : des informations générales sur le dispositif , des informations sur la partie matérielle (*hardware*) et des informations sur la partie logicielle (*software*).

Au vu de son adéquation avec notre cas d'application, nous proposons d'utiliser l'ontologie relative au contexte matériel de Soualah Alila (2015) pour modéliser le critère "Contexte matériel" dans notre cadre de SR de requêtes OLAP.

## 4.6   Ontologie générale

Nous avons une ontologie pour chacun des 5 critères de contexte détectés utiles dans le cadre d'un système de recommandations (SR) de requêtes OLAP (Temps, Individualité / Profil

---

3.  http ://wurfl.sourceforge.net/
4.  http ://www.w3.org/TR/2007/WD-CCPP-struct-vocab2-20070430/
5.  http ://www.fipa.org/specs/fipa00091/PC00091A.html

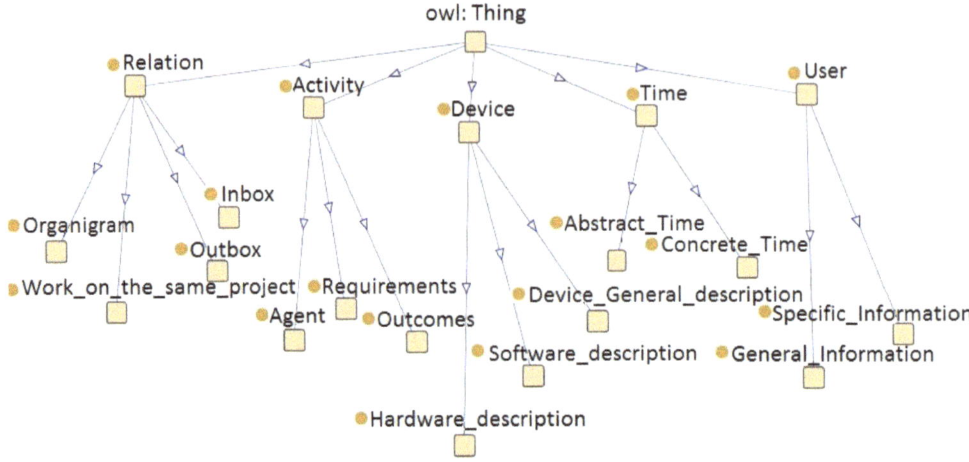


FIG. 2 – *Ontologie générale de notre modélisation de contexte (5 critères) dans le cadre d'un système de recommandations de requêtes OLAP*

Utilisateur, Activité, Relations, Contexte matériel). Selon Frikha et al. (2015), la meilleure façon pour regrouper ces cinq ontologies est de les regrouper dans une seule ontologie. Par conséquent, nous proposons de regrouper nos 5 ontologies en une seule plus générale comme illustré sur la Figure 2 (par souci de lisibilité, nous nous limitons à afficher le premier niveau de chacune des 5 ontologies - (sous Protégé [6])).

Finalement, cette ontologie générale devra être intégrée dans le SR de requêtes OLAP soit en pré-filtrage, soit en post-filtrage soit en *context modeling* (Adomavicius et Tuzhilin (2008)).

# 5  Conclusion et Perspectives

Dans cet article, nous nous intéressons à la notion de contexte qui influence les préférences, les envies, les intérêts et les décisions des utilisateurs, dans le cadre des systèmes de recommandations (SR) de requêtes OLAP [7]. En effet, intégrer les informations contextuelles dans de tels systèmes, appelés SR contextuels, permettra d'avoir des recommandations plus en adéquation avec les attentes des utilisateurs. Ici, le contexte est catégorisé en critères et nous avons détecté 5 critères (Temps, Individualité / Profil Utilisateur, Activité, Relations, Contexte matériel) utiles dans le cadre d'un SR de requêtes OLAP puisqu'ils respectent les spécificités d'OLAP. Puis nous avons proposé une modélisation de ces 5 critères sous la forme d'une ontologie (actuellement implémentée sous Protégé) à intégrer dans le SR (qui devient contextuel).

Nos perspectives de recherche incluent le développement de cette ontologie sous Java en vue de son intégration au SR de requêtes OLAP : RecoOLAP (Negre (2009)), ainsi que la réalisation d'expériences sur données réelles (avec ou sans prise en compte du contexte). De plus, un même contexte pouvant impacter différemment les utilisateurs (e.g. selon leur culture),

---

6. http ://protege.stanford.edu/

7. Ce travail a été réalisé dans le cadre d'un stage en laboratoire (de 6 mois) d'un étudiant en Master 2 Recherche (année universitaire 2015-2016).

une meilleure prise en compte de la sémantique (e.g. pour le sens et l'origine du contexte) est un champ de recherche à envisager. Finalement, d'autres approches pourront être proposées pour modéliser et intégrer le contexte dans les SR contextuels et comparées à notre ontologie.

Par ailleurs, comme d'autres travaux liés à l'acquisition et l'utilisation des données personnelles de l'utilisateur, nous sommes conscients des problèmes éthiques soulevés (Spiecker et al. (2016)).

# Références


Abdalla, A., Y. Hu, D. Carral, N. Li, et K. Janowicz (2014). An ontology design pattern for activity reasoning. In V. de Boer, A. Gangemi, K. Janowicz, et A. Lawrynowicz (Eds.), *WOP*, Volume 1302 of *CEUR Workshop Proceedings*, pp. 78–81. CEUR-WS.org.

Adomavicius, G. et A. Tuzhilin (2005). Toward the next generation of recommender systems : A survey of the state-of-the-art and possible extensions. *IEEE Trans. Knowl. Data Eng. 17*(6), 734–749.

Adomavicius, G. et A. Tuzhilin (2008). Context-aware recommender systems. In *Proceedings of the 2008 ACM Conference on Recommender Systems*, RecSys '08, New York, NY, USA, pp. 335–336. ACM.

Akermi, I., M. Boughanem, et R. Faiz (2015). Une approche de recommandation proactive dans un environnement mobile. In *INFORSID*, pp. 301–316.

Bazire, M. et P. Brézillon (2005). *Understanding Context Before Using It*, pp. 29–40. Berlin, Heidelberg : Springer Berlin Heidelberg.

Benouaret, I. (2015). Un système de recommandation sensible au contexte pour la visite de musée. In *CORIA 2015 - Conférence en Recherche d'Infomations et Applications - 12th French Information Retrieval Conference, Paris, France, March 18-20, 2015.*, pp. 515–524.

Bettini, C., O. Brdiczka, K. Henricksen, J. Indulska, D. Nicklas, A. Ranganathan, et D. Riboni (2010). A survey of context modelling and reasoning techniques. *Pervasive and Mobile Computing 6*(2), 161 – 180. Context Modelling, Reasoning and Management.

Brown, P. J., J. D. Bovey, et X. Chen (1997). Context-aware applications : from the laboratory to the marketplace. *IEEE Personal Commun. 4*(5), 58–64.

Codd, E. F., S. B. Codd, et C. T. Salley (1993). Providing OLAP (On-Line Analytical Processing) to User-Analysts : An IT Mandate. E. F. Codd and Associates.

Dey, A., D. Salber, et G. Abowd (2001). A conceptual framework and a toolkit for supporting the rapid prototyping of context-aware applications.

Frikha, M., M. Mhiri, et F. Gargouri (2015). A semantic social recommender system using ontologies based approach for tunisian tourism. *ADCAIJ 4*(1).

Giacometti, A., P. Marcel, E. Negre, et A. Soulet (2011). Query recommendations for OLAP discovery-driven analysis. *IJDWM 7*(2), 1–25.

Golfarelli, M., S. Rizzi, et P. Biondi (2011). myolap : An approach to express and evaluate olap preferences. *IEEE Trans. Knowl. Data Eng. 23*(7), 1050–1064.

Heckmann, D., E. Schwarzkopf, J. Mori, D. Dengler, et A. Kröner (2007). The user model and context ontology gumo revisited for future web 2.0 extensions. In *C&O :RR*, Volume 298 of *CEUR Workshop Proceedings*. CEUR-WS.org.

Loubiri, A. S. (2012). Utilisation d'une ontologie et du réseau social facebook pour la modélisation du contexte pour les applications mobiles dépendantes du contexte. Master's thesis, Montréal (Québec, Canada).

Mostéfaoui, G. K., J. Pasquier-Rocha, et P. Brézillon (2004). Context-aware computing : A guide for the pervasive computing community. In *ICPS*, pp. 39–48. IEEE Computer Society.

Negre, E. (2009). *Collaborative exploration of data cubes*. Ph. D. thesis, University of Tours, France.

Nguyen, C. (2010). *Conception d'un système d'apprentissage et de travail pervasif et adaptatif fondé sur un modèle de scénario*. Ph. D. thesis, Ecole Nationale Supérieure des Télécommunications de Bretagne.

Pan, F. (2007). *Representing Complex Temporal Phenomena for the Semantic Web and Natural Language*. Ph. D. thesis, Los Angeles, CA, USA. AAI3291802.

Petrelli, D., E. Not, C. Strapparava, O. Stock, et M. Zancanaro (2000). Modeling context i s like taking pictures. In *Conference on Human Factors in Computers, Workshop "The What, Who, Where, When, Why and How of Context-Awareness"*.

Sarawagi, S. (2000). User-adaptive exploration of multidimensional data. In *VLDB*, pp. 307–316.

Schilit, B. et M. Theimer (1994). Disseminating active map information to mobile hosts. *Network, IEEE 8*(5), 22 –32.

Soualah Alila, F. (2015). *CAMLearn* : une architecture de système de recommandation sémantique sensible au contexte : application au domaine du m-learning*. Ph. D. thesis. Dijon.

Spiecker, I., O. Tambou, P. Bernal, M. Hu, C. Molinaro, E. Negre, I. Wolfgang Sarlet, L. Schertel Mendes, N. Witzleb, et F. Yger (2016). Multi-country - the regulation of commercial profiling - a comparative analysis. *European Data Protection Law Review, Volume 2*.

Tamine, L., M. Boughanem, et M. Daoud (2010). Evaluation of contextual information retrieval : overview of issues and research. *Knowledge and Information Systems 24*, 1–34.

Zimmermann, A., A. Lorenz, et R. Oppermann (2007). An operational definition of context. In *CONTEXT*, Volume 4635 of *Lecture Notes in Computer Science*, pp. 558–571. Springer.

# Summary

Data warehouses store large volumes of consolidated and historized multidimensional data for analysis and exploration by decision-makers. Exploring data is an incremental OLAP (On-Line Analytical Processing) query process. In order to ease user exploration, recommender systems are used. However some recommendations can be insufficiently relevant. To overcome this problem, contextual data/information are integrated into the recommender system (RS) which becomes a context-aware RS. In this paper, we propose to determine the contextual data/information useful in OLAP applications and how to integrate it into an OLAP query RS.

# Un benchmark enrichi pour l'évaluation des entrepôts de données noSQL volumineuses et variables


Max Chevalier*, Mohammed El Malki*, Arlind Kopliku *, Olivier Teste*, Ronan Tournier *


*IRIT : Institut de Recherche en Informatique de Toulouse
118 Route de Narbonne, 31062 TOULOUSE
max.chevalier,Mohammed.el.malki,arlind.Kopliku,olivier.teste,ronan.tournier@irit.fr
http://www.irit.fr



**Résumé.** Avec le développement des données massives (Big Data), de nouveaux besoins émergent dans l'évaluation des systèmes d'information décisionnels. En particulier, les bancs d'essais (benchmarks) dédiés aux entrepôts de données multidimensionnelles doivent être adaptés aux volumes et à la diversité des données massives. Dans ce contexte, nous proposons un nouveau benchmark dédié aux entrepôts des données multidimensionnelles qui supporte plusieurs types de systèmes (relationnel, noSQL) et des modèles de données (flocon, étoile, aplati) structurées et non structurées. Pour tester des volumes très importants, il supporte la génération parallèle sur plusieurs machines (cluster). Il enrichit le processus de génération des données pour évaluer plusieurs niveaux de diversité des données. Dans ce papier, nous présentons ce benchmark, appelé KoalaBench, et les premiers résultats expérimentaux de son utilisation.


# 1 Introduction

Différents bancs d'essais (benchmarks) ont été proposés pour comparer des systèmes d'informations décisionnels. Ils fournissent des jeux de données et des scenarii d'utilisation permettant d'évaluer le comportement des systèmes, dans des conditions équivalentes, permettant ainsi une évaluation comparative. Dans le contexte des entrepôts de données multidimensionnelles (Chaudhuri et Dayal (1997)), les bancs d'essais les plus utilisés sont TPC-DS et TPC-H [1], (Zhang et al. (2004), Poess et al. (2007)). Ces solutions sont développées et optimisées pour les bases de données relationnelles (R-OLAP) et pour une utilisation sur une seule machine. La généralisation des technologies de l'information au travers de réseaux mondialisés, la diffusion massive de moyens de communications mobiles, et le développement d'objets autonomes connectés, produisent des quantités de données numérisées dans des proportions et avec un rythme sans commune mesure avec le passé. On désigne ce phénomène par le terme de mégadonnées ou "Big Data". Les Big Data remettent en cause bon nombre d'approches classiques dans les systèmes d'informations décisionnels. Ces derniers doivent faire face à

---

1. COUNCIL, Transaction Processing Performance. TPC-H (ad-hoc, decision support) benchmark. URL : http ://www. tpc. org/tpch, 2004

d'énormes quantités de données disparates, c'est à dire, très variables, structurées ou non, parfois imparfaites (Moniruzzaman et Hossain (2013)). Dans ce contexte, nous proposons un nouveau benchmark, appelé Koalabench, dédié aux entrepôts de données multidimensionnelles utilisables sur un ensemble de machines (cluster) pour pouvoir atteindre d'importants volumes, et capable de supporter la variabilité des données. Pour comprendre le besoin de faire évoluer les bancs d'essais plusieurs critères peuvent être considérés :

1. *Nouvelles technologies.* Différents systèmes noSQL ("not only SQL") existent de nos jours, pour faciliter la gestion de masses de données que les systèmes relationnels peinent à prendre en charge efficacement. Ces dernières permettent le stockage selon des modèles de données différents (documents, colonnes, graphes), introduisant une plus grande flexibilité au niveau des schémas. En termes de besoins d'évaluation, nous faisons face à une diversité de solutions à supporter.

2. *Besoin de plateformes multi-modèles.* Chaque solution noSQL supporte des formats et des modèles de données différents. Les entrepôts de données multidimensionnelles implantés avec des bases de données relationnelles (ROLAP) ont privilégié les modèles de données tels que le flocon de neige (schémas normalisés) ou l'étoile (schémas dénormalisés). Les systèmes noSQL privilégient le modèle à plat avec une dénormalisation totale (pouvant s'apparenter à la relation universelle) ou par imbrications (Chevalier et al. (2015a), Chevalier et al. (2015b)). Ces approches rompent avec le principe introduit par l'approche relationnelle de séparation stricte entre le modèle de données et les traitements effectués sur les données. Cette dépendance entre les données et les traitements, rend plus important d'avoir un support de plusieurs modèles de données adaptés à différents traitements (Stonebraker et al. (2007)).

3. *Volume.* Comparer les systèmes avec un volume de données important est devenu crucial. Plus le volume est important plus nous sommes confrontés aux limites de mémoire lors d'une configuration avec une seule machine. Les nouvelles solutions Big Data permettent le passage à l'échelle et pallient ces problèmes de mémoire. Les données sont réparties sur plusieurs machines formant un cluster, et lorsque la limite de stockage est atteinte, de nouvelles machines peuvent être facilement ajoutées. Cette technique est moins coûteuse qu'augmenter la capacité de stockage d'une seule machine serveur. Les bancs d'essai existants génèrent les données sur une seule machine.

4. *Variété.* Les modèles sur lesquels reposent les systèmes noSQL autorisent une plus grande flexibilité en supportant différents schémas pour un même ensemble de données ("schemaless"). L'intégration et l'analyse de ces données diversifiées est un processus complexe que les bancs d'essais dédiés aux systèmes décisionnels existants supportent mal.

Ils existent des solutions pour l'évaluation de données massives, mais peu d'efforts au regard des entrepôts de données, et notamment à l'organisation multidimensionnelle qui caractérise ces derniers (Dehdouh et al. (2014), Chevalier et al. (2015c)). Dans le contexte des entrepôts de données multidimensionnelles et l'analyse OLAP, plusieurs solutions existent telles que TPC-DS (Poess et al. (2007)), TPC-H (Zhang et al. (2004)) et SSB O'Neil et al. (2009), mais ces solutions ne sont définies ni pour une utilisation dans un environnement distribué, ni pour des bases de données noSQL. Leur processus de génération de données est relativement sophistiqué et intéressant mais elles nécessitent beaucoup plus de temps lorsqu'il est question dévaluer un important volume de données (téraoctet et plus). Une autre limite importante est qu'il n'est pas prévu de supporter des données à structures variables.

Dans ce contexte, et en l'absence d'un benchmark décisionnel conçu pour les systèmes noSQL avec une prise en charge efficace du volume et de la variabilité des données, nous proposons une extension du TPC-H, un banc d'essai très populaire dans le contexte de laide à la décision (DSS). Nous étendons les fonctionnalités du système à la génération distribuée des données au niveau du système de fichiers distribués Hadoop Data File System, HDFS (Lee et al. (2012)). Les données peuvent être générées en mode normalisé (adapté aux bases de données relationnelles) mais également en mode dénormalisé (adapté aux systèmes noSQL) avec un schéma fixe ou un schéma variable. Les données peuvent être générées en différents formats (non exclusivement csv). Générer des données directement dans un format spécifique peut s'avérer intéressant pour les solutions noSQL dont le processus de chargement est facilité par un format approprié ; par exemple MongoDB privilégie les fichiers au format json (Dede et al. (2013)).

Les nouvelles fonctionnalités de ce banc d'essai, dénommé KoalaBench, se résument comme suit :
— génération de données pour différents systèmes de stockage relationnel et noSQL ;
— génération parallèle et distribuée des données nativement dans HDFS ;
— génération conforme à plusieurs modèles de données sont disponibles ;
— génération de données conformes à un schéma fixe ou variables suivant des schémas variables (schéma dynamique).

Cet article est organisé comme suit. La section 2 détaille l'état de lart des benchmarks existants. La section 3 décrit notre proposition de benchmark. La section 4 présente nos premières d'expérimentations avec cet outil.

# 2   Etat de l'art

Il existe de nombreux travaux dans le domaine du développement des bancs d'essai dédiés à la gestion de données et aux systèmes dinformations décisionnels. L'évolution et le développement des systèmes de stockage suscitent une évolution continue des bancs d'essai. Nous distinguons deux familles de bancs d'essai, ceux utilisés dans le contexte d'aide à la décision et ceux dédiés au contexte Big Data. En ce qui concerne la première famille, nous détaillons les méthodes basées sur les bancs d'essai TPC qui concernent les systèmes d'aide à la décision. Quant à la deuxième famille d'approches, nous détaillons des bancs d'essai qui supportent les systèmes distribués.

## 2.1   Les bancs d'essai décisionnels (DSS)

Les bancs d'essai dédiés aux systèmes décisionnels, DSS (Decision Support System) sont édités par TPC (Transaction Processing Council). Ils représentent les systèmes les plus utilisés pour évaluer les performances des bancs d'essai DSS. Le premier banc d'essai est l'APB-1 l'argement exploité dans les années 90 mais devenu obsolète et inadapté pour la plupart des cas d'évaluation expérimentale (Darmont (2009)). Par la suite, le banc d'essai TPC-D a été proposé. C'est le système à partir duquel ont été dérivés les deux systèmes TPC-H et TPC-R. Le modèle de TPC-H est plus riche, normalisé et permet de supporter une centaine de requêtes, classées en 4 catégories : requêtes OLAP interactives, requêtes d'aide à la décision ad-hoc, requêtes d'extraction et requêtes de rapports. Les données sont structurées conformément à un schéma fixe en flocon. En 2009, un autre banc d'essai avec un schéma en étoile (dénormalisation des dimensions) a été proposé. Il s'agit de SSB (Start Schema Benchmark). Il introduit un certain niveau de dénormalisation des données pour des raisons de simplicité. Il modélise un schéma en étoile composé d'un unique fait et quatre dimensions. Nous rencontrons dans ce contexte, deux des rares efforts pour adapter le benchmark SSB aux systèmes noSQL, il s'agit du banc d'essai CNSSB (Dehdouh et al. (2014)) et le banc d'essai SBB+ (Chevalier et al. (2015c)). Le CNSSB supporte un modèle de données orientés colonnes et propose deux modèles logiques pour structurer le modèle conceptuel en étoile. Le banc d'essai SBB+ est adapté pour les modèles orientés colonnes et orientés documents, et offre 4 modèles logiques pour chacun des systèmes noSQL supportés. Ces deux dernières solutions reposent sur un jeu de requêtes simples contrairement à TPC qui offre un jeu de requêtes plus riche avec un degré de complexité plus important. De plus, elles se limitent à la génération de données fortement structurées, conformes à un schéma fixe, sans support de données variables au niveau du fait et des dimensions. Les bancs d'essai TPC demeurent la référence la plus utilisée pour les systèmes d'aide à la décision. Ils sont bien adaptés aux systèmes R-OLAP mais ne peuvent pas être facilement mis en œuvre avec des bases de données noSQL en cluster et avec une approche par schémas dynamiques (variabilité des données).

## 2.2   Les bancs d'essai Big Data

Les bancs d'essai dédiés aux Big Data visent à comparer les nouveaux systèmes qui stockent des données massivement distribuées et supportent des calculs parallèles. Le service Yahoo Cloud est l'un des outils les plus populaires (Cooper et al. (2010)). Il est utilisé pour comparer les opérations CRUD élémentaires (Create, Read, Update et Delete). Il a déjà été exploité pour la plupart des systèmes noSQL et offre de bonnes performances en termes de chargement de données. De la même manière, Bigframe est un banc d'essai qui se focalise principalement sur les problèmes de volume, de variété et de vélocité dans le contexte Big Data (Big). Avec plus de fonctionnalités, BigBench propose un cadre d'évaluation plus riche que les deux premiers (Ghazal et al. (2013)). Ce dernier modélise des lignes de commandes. Il comprend 3 types de données : structurées (issues du TPC-DS), semi-structurées (flux de clics dans les sites web), et non structurées (commentaires de clients). Contrairement aux bancs d'essai traditionnels, les bancs d'essai Big Data sont orientés sur la flexibilité de l'information, des données massives et évolutives et n'évaluent pas les mêmes critères que les bancs d'essai DSS.

D'autres bancs d'essai ont été aussi proposés. HadoopToSQL (Iu et Zwaenepoel (2010)), évalue les performances de MapReduce pour la charge de travail. Les requêtes MapReduce sont transformées pour utiliser l'indexation, le regroupement et l'agrégation des attributs fournis par les bases de données SQL. De la même façon, dans les travaux de (Lee et al. (2011)), les auteurs proposent la solution YSmart, un banc d'essai construit au-dessus de la plate-forme Hadoop qui permet de traduire des requêtes SQL en requêtes MapReduce. La traduction est assurée via un ensemble de fonctions MapReduce. Dans les travaux de (Moussa (2012)), l'auteur définit un ensemble de règles pour traduire le jeu de requêtes TPC-H de SQL en Pig Latin. Il propose une approche de construction des requêtes en Pig pour maximiser les performances.

# 3   Le banc d'essai KoalaBench

Le banc d'essai KoalaBench est conçu pour répondre aux besoins des systèmes décisionnels basés sur des entrepôts de données multidimensionnelles massives. Il est dérivé du banc d'essai TPC-H, le banc d'essai de référence, pour évaluer les systèmes décisionnels. Le générateur de données est développé en Java à partir du TPC-H. Il supporte :
— des modèles logiques différents (plat, étoile, flocon et plat flexible) ;
— des formats multiples compatibles avec les systèmes de stockage relationnel et noSQL ;
— une génération parallèle des données avec le système de fichiers distribués HDFS.

## 3.1   Modèle de données

La nouvelle extension enrichit le banc d'essai de base et permet à l'utilisateur de choisir le modèle de données approprié lors du processus de génération. En effet, les modèles noSQL se caractérisent par une forte dépendance au traitement : l'efficacité d'une structure de données dépend du type d'analyses appliquées (contrairement à la modélisation relationnelle dont les formes normales sont définies indépendamment des traitements). Ainsi, suivant le type d'analyse, le choix de structuration peut être différent. Il est même parfois nécessaire de concevoir un entrepôt de données combinant deux implantations logiques ou plus, chacune favorisant un type d'analyse. De plus, les données à manipuler sont de moins en moins homogènes, avec un schéma pouvant varier d'un enregistrement à l'autre. Désormais, il devient important d'avoir des modèles de données qui considèrent la diversité des schémas. A cet effet, l'extension que nous proposons permet de générer plusieurs modèles de données que nous classons en deux catégories de modèles : modèles fortement structurées et modèles flexibles.

Plus précisément, le banc d'essai supporte les modèles suivants :
— Schéma en flocon : ceci est le modèle de données référencé sur le banc TPC-H ; il est préféré pour les entrepôts de données implantés sur des bases de données relationnelles.
— Schéma en étoile : ce modèle est une simplification du modèle flocon. Nous utilisons le même que celui utilisé dans SSB. Il est également adapté pour une utilisation avec des bases de données relationnelles.
— Schéma plat : il est préféré par la majorité des systèmes noSQL, en évitant les calculs de jointures.

### 3.1.1   Modèle de données en flocon

Ce premier modèle de données est très proche de celui proposé dans le banc d'essai TPC -H avec des modifications mineures. Il correspond aux modèles de données en flocon. La redondance des données est très réduite ; par exemple, un client peut référencer un pays référençant à son tour une région (Europe). Les *régions* et les *pays* sont générés dans des fichiers différents. Le schéma de données est représenté sur la Fig 1. Dans ce modèle, les données sont générées dans 9 fichiers qui serviront à alimenter la base de données.

### 3.1.2   Modèle de données en étoile

Ce modèle de données correspond au modèle de données en étoile utilisé dans le benchmark SSB. Il est dérivé du modèle de données en flocon, mais il est simplifié pour considérer

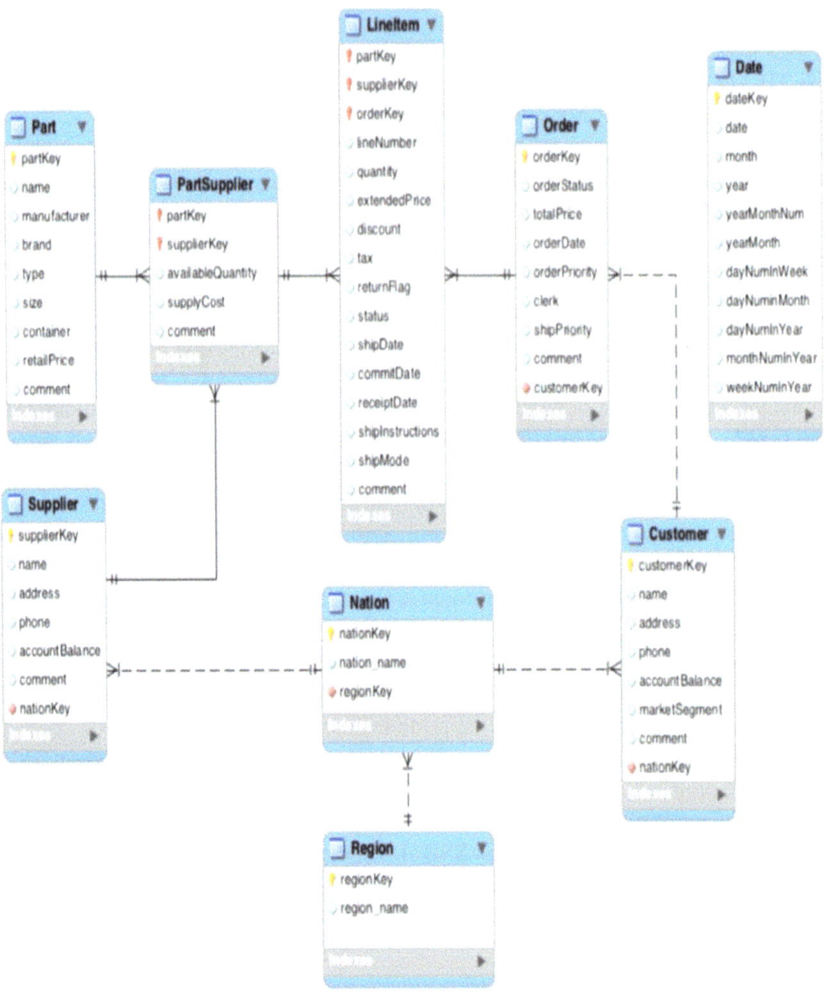



FIG. 1 – *Modèle de données flocon de neige*

une seule entité pour le fait et une seule entité par dimension (Ravat et al. (2009), Morfonios et al. (2007)). Les données des dimensions sont ainsi dénormalisées, comportat alors des redondances (les données fonctionnellement dépendantes) ; par exemple, un client est associé à un pays, lui-même associé à une région. Dans le modèle en étoile, nous ne générons plus qu'un seul fichier pour les données du pays et les données de la région, en répétant le pays pour chaque région qui lui correspond.

Nous ajoutons aussi une nouvelle table "date". La date devient une dimension explicite, décrite selon plusieurs attributs tels que "week number", "day of week" et "day in year". Au final, avec ce modèle, un fichier plat est généré par concept multidimensionnel (fait et dimensions) avec un total de 5 fichiers.

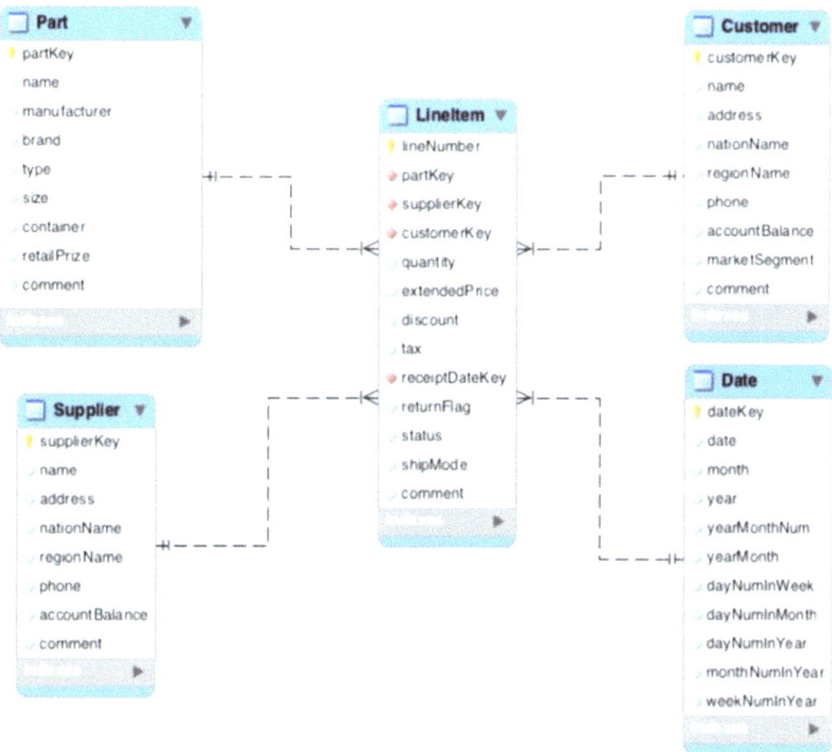


FIG. 2 – *Modèle de données en étoile*

### 3.1.3   Modèle de données plat

Ce modèle de données favorise la dénormalisation complète des données en regroupant le fait et les dimensions dans une seule structure. Il est adapté aux bases de données noSQL qui supportent difficilement les jointures. Par conséquent, il induit une importante redondance des données des dimensions. Avec ce modèle, un seul fichier est généré regroupant les mesures et attributs des dimensions.

### 3.1.4   Diversité des schémas

KoalaBench permet à l'utilisateur de générer des données avec des schémas hétérogènes (schéma flexible). Cette diversité de données est spécifique aux bases de données noSQL, car il considère la variabilité, autrement dit un relâchement au niveau de la structure du schéma. Désormais dans cette nouvelle version, l'utilisateur peut évaluer la volumétrie des données mais aussi la diversité des schémas. Ainsi, nous ajoutons un fichier de configuration du générateur des données permettant à l'utilisateur de choisir deux options :

— diversity : indique le nombre de classes de schémas possibles. Les schémas d'une même classe sont homogènes.
— homogeneity : indique la répartition des données en fonction de la diversité, c'est à dire le nombre d'enregistrements par classe de schémas.

Pour illustrer, considérons $A$ l'ensemble de tous les attributs tel que $A = [a_1, a_2, ..., a_n]$ et $T$ l'ensemble des enregistrements tel que $T = [t_1, t_2, ..., t_m]$. Avec un degré de diversité égal à 2, nous obtenons deux classes de schémas :

— $C_{S1} = [b_1, b_2, ..., b_p]$ un ensemble d'attributs, $\forall j \in [1..p], b_j \in A$
— $C_{S2} = [c_1, c_2, ..., c_q]$ un ensemble d'attributs, $\forall j \in [1..q], c_j \in A$

Le choix des attributs est déterminé par l'utilisateur, dans un fichier de configuration des schémas et de leur distribution ; $C_{S1} \cup C_{S2} = A$. L'utilisateur détermine depuis ce fichier les schémas et le pourcentage des distributions. L'homogénéité spécifie la distribution des données pour les différents schémas possibles ; le degré d'homogénéité est proportionnel au degré de la diversité. Par exemple, avec un degré de diversité à 2, l'homogénéité est égale à $+$ , formant deux ensembles de données tels que $T1 \cup T2 = T$ et $T1 \cap T2 = \emptyset$ :

— $T_1$ : 50% d'enregistrements avec un schéma de données de classe $C_{S1}$.
— $T_2$ : 50% d'enregistrements avec un schéma de données de classe $C_{S2}$.

**Remarque 1** : Dans cette extension la flexibilité ne concerne pas les attributs racines (identifiant) des dimensions.

**Remarque 2** : L'absence de certains attributs dans les schémas de données qui sont potentiellement divers, a une conséquence directe sur les résultats et l'utilisation des requêtes. Certaines requêtes peuvent devenir invalides, si les attributs qui apparaissent en elles n'apparaissent dans aucun des schémas. Pour répondre à cette problématique, nous recommandons le choix de classes de schémas qui couvrent tous les attributs $C_{S1} \cup C_{S2} = A$


## 3.2   Formats de fichiers et systèmes supportés

Plusieurs formats de fichiers sont possibles : tbl, csv, json et xml. Afin d'optimiser la phase de chargements des données dans les systèmes noSQL, le générateur offre à l'utilisateur la possibilité de spécifier le format approprié au système noSQL utilisé. Par exemple, dans le modèle orienté documents, MongoDB est un système qui stocke les données en bjson (binary json), il est optimisée pour un chargement à partir de fichiers json. Charger un fichier de format csv dans MongoDB est possible mais nécessitera une conversion en json qui augmente considérablement le temps de chargement.

En fonction des formats et modèles de données générés, plusieurs gestionnaires de base de données sont supportés.

— bases de données relationnelles : PostgreSQL, MySQL, Oracle qui acceptent des fichiers sous format csv, tbl ou xml.
— bases de données XML ou orienté objet qui acceptent des fichiers du format xml.
— bases de données orientés documents : MongoDB, CouchDB, qui acceptent des fichiers du format json.
— bases de données orientés colonnes : HBase, Cassandra qui acceptent des fichiers au format csv.
— bases de données orientées graphes : Neo4j qui acceptent des fichiers au format csv.

## 3.3   Génération massivement distribuée

Le générateur de données a été adapté pour générer les données sur plusieurs machines en même parallèle. Il est possible de générer les données sur le système de fichiers distribués HDFS qui constitue un système de fichiers très populaire. La génération distribuée se base sur les deux principaux composants du système de fichiers distribués Hadoop :
— HDFS : est utilisé pour stocker le résultat de chaque tâche Map.
— MapReduce : assure la distribution du processus de génération des données.
Notons que nous avons uniquement besoin de la phase Map, la phase Reduce nest pas nécessaire dans la distribution de la génération des données.

## 3.4   Impact de l'indicateur d'échelle

Dans cette section, nous expliquerons l'impact de l'indicateur d'échelle ($sf$) sur le volume des données générées. L'indicateur d'échelle permet de spécifier le volume de données à générer. Par exemple pour générer un volume de données de 10GB il convient d'utiliser un indicateur d'échelle $sf = 10$. Nous discutons ces détails pour un $sf=1$, pour les autres indicateurs d'échelle, les proportions sont quasi-linéaires.

**Flocon**. Nous générons 8 fichiers, à raison d'un fichier par entité. Nous obtenons 5247925 line items, 1500000 orders, 150000 customers, 800000 supplied parts, 200000 parts, 10000 suppliers, 25 nations, 5 regions. Le total de l'espace de stockage nécessaire dépend du format de fichiers, plus précisément, cela nécessite 3.87GB en xml, 2.33GB en json, 1.16GB en tbl et csv.

**Star**. Nous générons 5 fichiers, à raison d'un fichier par entité. Nous obtenons 5247925 line items, 150000 customers, 200000 parts, 10000 suppliers et 2556 dates. En terme d'espace de stockage, nous avons 2.52GB en xml, 1.47GB en json, 0.68GB en tbl et csv.

**Plat** : Nous générons 1 seul fichier. Nous obtenons un total de 5247925 line items. En terme d'espace de stockage, nous avons 8.21GB en xml, 4.67GB en json, 2.38GB en tbl et csv.

L'ensemble des résultats est résumé dans le tableau 1 :

| Modèle/Format | .xml | .json | .tbl | .csv |
|---|---|---|---|---|
| Flocon | 3.87 GB | 2.33 GB | 1.16 GB | 1.16 GB |
| Etoile | 2.52 GB | 1.47 GB | 0.68 GB | 0.68 GB |
| Plat | 8.21 GB | 4.67 GB | 2.38 GB | 2.38 GB |
| Plat Flexible | 6.48 GB | 4.12 GB | 2.13 GB | 2.13 GB |

TAB. 1 – *Taille des fichiers par modéle*

## 3.5   Le jeu de requêtes

Nous conservons le générateur QGEN d'origine. Les requêtes générées sont écrites en SQL. Nous ne fournissons pas à l'heure actuelle la traduction des requêtes selon différents systèmes car les systèmes noSQL et leur langages d'interrogation sont spécifiques et en constante évolution. Le générateur de requêtes a un nombre important de requêtes mais certaines ne peuvent pas être traduites dans un langage d'interrogation noSQL du fait qu'elles ne sont pas adaptées pour les modèles de données dénormalisées ou que certains critères n'ont pas à être évalués tels que les jointures. Ce travail d'adaptation reste donc à la charge des équipes d'utilisateurs de KoalaBench.

Pour nos propres expériences, nous avons réécrit les requêtes pour les adapter aux modèles de données dénormalisées et les avons traduites dans les langages des bases de données noSQL cibles : Hive pour une utilisation avec HBase, CQL pour une utilisation avec *Cassandra*, dans le langage de requête *MongoDB* pour une utilisation avec *MongoDB* et dans le langage *Cypher* pour une utilisation avec *Neo4j*. Ces requêtes peuvent être classées selon deux critères :

— La dimensionnalité affecte le nombre de dimensions dans les clauses de regroupement (équivalent à la clause Group By en SQL) : 1D pour une dimension, 2D pour deux dimensions, 3D pour trois dimensions et 4D pour quatre dimensions.

— La sélectivité affecte le degré de filtrage des données quand des conditions sont appliquées.

# 4   Expérimentations

Dans cette section, nous présentons les résultats des premières expériences menées avec KoalaBench :

— comparaison de l'espace mémoire disque ;
— comparaison du temps de génération des données ;
— comparaison du temps de chargement dans les systèmes Cassandra et MongoDB.

Pour chaque configuration, nous faisons varier l'indicateur d'échelle pour faire des comparaisons avec différents volumes.

**Environnement de test**. Pour réaliser ces expérimentations nous avons mis en place un environnement distribué basé sur la plateforme Hadoop 2.7.2 et le système de gestion de données noSQL orienté colonnes Cassandra 3.0 et orienté documents MongoDB 3.2. L'architecture distribuée est un cluster composé de trois nœuds. Chaque nœud est une machine Unix (Centos 7) avec 4 Core-i5 et une mémoire RAM de 8Go. Chaque nœud dispose d'un espace de stockage de 2x2To et une connexion réseau de 1Gb/s. Chaque nœud est utilisé pour jouer le rôle de datanode et l'un deux joue en plus le rôle de namenode. Pour le système de gestion orienté documents, nous avons installé MongoDB au niveau du cluster. Nous avons installé MongoDB v3.2 dans chaque nœud. Dans la terminologie MongoDB, cette configuration correspond à trois shards (un par machine) et l'un deux agit comme maître, gérant la répartition et les traitements (shardings). Pour le système de gestion orienté colonnes, nous avons installé une instance Cassandra sur chacun des trois nœuds. Contrairement à MongoDB qui repose sur une communication "maître-esclave", l'architecture de Cassandra repose sur une communication "maître-maître ". Nous adoptons ces deux systèmes parce qu'il offrent :

— deux architectures différentes de communication, maître-maître pour Cassandra et maître-esclave pour MongoDB ;

— un outil de chargement intégré facilitant le chargement de données importantes (en bulk) ;

— un outil de supervision permettant de suivre le chargement.

**Expérimentation 1 : Utilisation de la mémoire.**

Dans le Tab 2, nous reportons le temps nécessaire pour générer les données en utilisant différents indicateurs d'échelle (*sf=1, sf=10, sf=100 et sf=1000*) pour les différents modèles de données. Le format du fichier impacte significativement la mémoire disque, comme nous pouvons l'observer dans le Tab 3 ; par exemple pour un *sf=1000*, nous avons, selon le modèle plat, 2380GB pour le format csv et 4670GB pour le format json, soit environ le double. Cette différence impacte significativement le temps de génération, puisque les fichiers avec un format expressif (json ou xml) nécessitent de 3 à 4 fois plus de temps ; par exemple pour générer un sf=1000, selon le modèle plat, nous avons besoin de 17883 secondes pour un fichier csv contre 69872 secondes pour un fichier json. Une autre observation peut être faite entre la génération fixe et flexible sur le modèle à plat. On remarque que la génération flexible est plus rapide, ce qui s'explique par la moindre volumétrie générée.

| | | sf1 | sf10 | sf100 | sf1000 |
|---|---|---|---|---|---|
| Flocon | xml | 50.2s | 386s | 3634s | 35902s |
| | json | 39.2s | 298s | 2873 | 27453s |
| | csv | 23.7s | 173s | 1877 | 17832s |
| | tbl | 23.7s | 173s | 1877 | 17832s |
| Etoile | xml | 30.5s | 192s | 2028 | 18973s |
| | json | 40.5s | 244s | 2351 | 21839 |
| | csv | 20.8s | 123s | 1312s | 12893s |
| | tbl | 20.8s | 123s | 1312s | 12893s |
| Plat flexible | xml | 122s | 1143s | 11165s | 104321s |
| | json | 71s | 561s | 5835s | 56348s |
| | csv | 21s | 136s | 1560s | 14902s |
| | tbl | 21s | 136s | 1560s | 14902s |
| Plat | xml | 154s | 1372s | 13767 | 132756s |
| | json | 87s | 691s | 7003s | 69872s |
| | csv | 31s | 164s | 1873s | 17883s |
| | tbl | 31s | 164s | 1873s | 17883s |

TAB. 2 – *Temps de génération par modèle et par indicateur d'échelle*

**Expérimentation 2 : Temps de chargement**

Dans le Tab 4, nous reportons le temps nécessaire pour charger les données en utilisant différents indicateurs d'échelle (*sf=1, sf=10, sf=100*) pour les différents modèles de données. Nous avons procédé uniquement au chargement de format approprié pour chaque outil, soit json pour MongoDB et csv pour Cassandra. Nous pouvons constater que le temps de chargement nécessaire est moins important dans Cassandra que dans MongoDB ; par exemple, pour un *sf=1*, nous avons besoin de 672 secondes pour Cassandra contre 3967 secondes pour MongoDB soit plus de 4 fois. Cela s'explique par le format de fichier utilisé. Dans MongoDB, le format json utilisé est 4 fois plus volumineux qu'un fichier csv. En outre, cela engendre plus de transfert entre le nœud maître et le nœud esclave. La communication dans Cassandra via son architecture maître-maître semble moins coûteuse. MongoDB crée un nombre important d'index pour pouvoir optimiser la phase d'interrogation.

|  |  | sf1 | sf10 | sf100 | sf1000 |
|---|---|---|---|---|---|
| Flocon | xml | 3.87 GB | 38.7 GB | 387 GB | 3870 GB |
|  | json | 2.33 GB | 23.3 GB | 233 GB | 2330 GB |
|  | csv | 1.16 GB | 11.6 GB | 116 GB | 1160 GB |
|  | tbl | 1.16 GB | 11.6 GB | 116 GB | 1160 GB |
| Etoile | xml | 2.52 GB | 25.2 GB | 252 GB | 2520 GB |
|  | json | 1.47 GB | 14.7 GB | 147 GB | 1470 GB |
|  | csv | 0.68 GB | 6.8 GB | 68 GB | 680 GB |
|  | tbl | 0.68 GB | 6.8 GB | 68 GB | 680 GB |
| Plat flexible | xml | 6.48 GB | 64.8 GB | 64.8 GB | 6480 GB |
|  | json | 4.12 GB | 41.2 GB | 412 GB | 4120 GB |
|  | csv | 2.13 GB | 21.3 GB | 213 GB | 2130 GB |
|  | tbl | 2.13 GB | 21.3 GB | 213 GB | 2130 GB |
| Plat | xml | 8.21 GB | 82.1 GB | 821 GB | 8210 GB |
|  | json | 4.67 GB | 46.7 GB | 467 GB | 4670 GB |
|  | csv | 2.38 GB | 23.8 GB | 238 GB | 2380 GB |
|  | tbl | 2.38 GB | 23.8 GB | 238 GB | 2380 GB |

TAB. 3 – *espace mémoire (en GB) par modèle et par indicateur d'échelle.*

|  | sf=1 | sf=10 | sf=100 |
|---|---|---|---|
| Cassandra (Etoile) | 672s | 6643s | 69025s |
| MongoDB (Plat) | 3967s | 38632s | 381142s |

TAB. 4 – *Temps de chargements par modèle et par indicateurs dans les deux systémes Cassandra et MongoDB (en secondes)*

# 5   Conclusion

Cet article présente le benchmark KoalaBench conçu pour répondre aux besoins des systèmes décisionnels basés sur des entrepôts de données multidimensionnelles massives (Big Data). Il repose sur une extension du benchmark de référence TPC-H. Cette extension réside dans sa capacité à fonctionner en mode distribué pour atteindre des volumétries massives, et sa capacité d'engendrer des données variables au sein des faits et des dimensions. Les données peuvent être générées dans différents formats (tbl, csv, xml, json) et dans différents modèles de données. KoalaBench n'est pas restreint au modèle relationnel, il peut générer les données dans plusieurs systèmes noSQL. Ce nouveau benchmark est adapté aux systèmes noSQL orientées colonnes, orientées graphes et orientées documents. Les données peuvent être générées avec un schéma flexible ou fixe, dans une architecture distribuée utilisant la plateforme Hadoop. Ce nouveau benchmark propose également un script de chargement spécifique à chaque système évalué. Nos expérimentations montrent que KoalaBench apporte de nombreux avantages par rapport à la version d'origine TPC-H. Il facilite la phase de chargement en permettant le chargement des données dans un environnement distribué Hadoop. Il permet également d'évaluer la diversité des schémas, très spécifique aux approches noSQL. Cette fonctionnalité permet d'introduire une option permettant la génération des données avec un schéma dynamique.

# Annexe

### Instructions d'utilisation

Le benchmark KoalaBench est écrit en java et nécessite les librairies suivantes :
— guava-18.0
— hadoop commons

Nous recommandons de l'ouvrir avec Eclipse en important le dossier KoalaBech avec Maven. Il est aussi possible de le lancer depuis une ligne de commande mais après l'avoir compilé avec Maven. La génération des données se fait en appelant la classe DBGen comme suit : java DBGen Par défaut, les données sont générées suivant le format tbl et suivant le modèle en flocon avec l'indicateur d'échelle *sf=1*. Dans ce qui suit, nous listons les options possibles :

- Format : permet de spécifier le type de format de données, les valeurs possibles sont csv, json, xml ou tbl.
- Modèle de données : permet de spécifier un modèle de données, les valeurs possibles sont : plat, flocon, flexible et star.
- Répertoire de stockage : permet de spécifier le répertoire de stockage des données à générer. Le chemin absolue doit être indiqué précédé du symbole  ">", par exemple : $> /usr/local/data/tmp\_dir/$.
- Répertoire HDFS : permet de spécifier le chemin d'accès au répertoire de stockage HDFS précédé de hdfs sans espace ($hdfs : //nn1.example.com/user/hadoop/dir$)
- Diversité : permet de spécifier le nombre de classes de schémas. Les valeurs possibles sont comprises entre 1 et 10. La valeur doit être précédée de dv (exemple : dv 2).
- Homogénéité : permet de spécifier la proportion des enregistrements par classe de schémas. Les valeurs possibles sont comprises entre 1 et 100 et représente le pourcentage de chaque distribution. Le nombre de valeurs est égal au degré de diversité (exemple pour un dv = 2, peut avoir h 75-25, soit 75 % pour la première distribution et 25% pour la seconde).

Par exemple :
- java DBGen json flat sf25 : génère des données suivant le modèle plat en format json avec un sf=25.
- java DBGen json flat sf25 dv 2 h 50-50 : génère des données selon le plat en format json avec un sf=25. Les enregistrements sont divisés en deux proportions chacune avec un schéma.
- java DBGen snow sf10 csv : génère des données suivant le modèle en flocon avec un format csv L'ordre des paramètres n'est pas important.

# Références

Bigframe user guide, 2013 - https ://github.com/bigframeteam/bigframe/wiki/.

Chaudhuri, S. et U. Dayal (1997).  An overview of data warehousing and olap technology. *SIGMOD Rec.*, 65–74.

Chevalier, M., M. El Malki, A. Kopliku, O. Teste, et R. Tournier (2015a). Implantation not only sql des bases de données multidimensionnelles. In *4eme Seminaire de Veille Strategique, Scientifique et Technologique (VSST 2015)*, pp. 0.

Chevalier, M., M. El Malki, A. Kopliku, O. Teste, et R. Tournier (2015b). Implementation of multidimensional databases in column-oriented nosql systems. In *East European Conference on Advances in Databases and Information Systems*, pp. 79–91. Springer International Publishing.

Chevalier, M., M. E. Malki, A. Kopliku, O. Teste, et R. Tournier (2015c). Benchmark for olap on nosql technologies comparing nosql multidimensional data warehousing solutions. In *2015 IEEE 9th International Conference on Research Challenges in Information Science (RCIS)*, pp. 480–485.

Cooper, B. F., A. Silberstein, E. Tam, R. Ramakrishnan, et R. Sears (2010). Benchmarking cloud serving systems with ycsb. In *Proceedings of the 1st ACM Symposium on Cloud Computing*, pp. 143–154.

Darmont, J. (2009). *Data warehouse benchmarking with DWEB*, Volume 3 of *Advances in Data Warehousing and Mining*, pp. 302–323.

Dede, E., M. Govindaraju, D. Gunter, R. S. Canon, et L. Ramakrishnan (2013). Performance evaluation of a mongodb and hadoop platform for scientific data analysis. In *Proceedings of the 4th ACM Workshop on Scientific Cloud Computing*, pp. 13–20.

Dehdouh, K., O. Boussaid, et F. Bentayeb (2014). *Columnar NoSQL Star Schema Benchmark*.

Ghazal, A., T. Rabl, M. Hu, F. Raab, M. Poess, A. Crolotte, et H.-A. Jacobsen (2013). Bigbench : Towards an industry standard benchmark for big data analytics. In *Proceedings of the 2013 ACM SIGMOD International Conference on Management of Data*, SIGMOD '13.

Iu, M.-Y. et W. Zwaenepoel (2010). Hadooptosql : A mapreduce query optimizer. In *Proceedings of the 5th European Conference on Computer Systems*, EuroSys '10.

Lee, K.-H., Y.-J. Lee, H. Choi, Y. D. Chung, et B. Moon (2012). Parallel data processing with mapreduce : A survey. *SIGMOD Rec. 40*(4).

Lee, R., T. Luo, Y. Huai, F. Wang, Y. He, et X. Zhang (2011). Ysmart : Yet another sql-to-mapreduce translator. In *Distributed Computing Systems (ICDCS), 2011 31st International Conference on*, pp. 25–36.

Moniruzzaman, A. et S. A. Hossain (2013). Nosql database : New era of databases for big data analytics-classification, characteristics and comparison. *International Journal of Database Theory and Application 6*(4), 1–14.

Morfonios, K., S. Konakas, Y. Ioannidis, et N. Kotsis (2007). Rolap implementations of the data cube. *ACM Comput. Surv. 39*(4).

Moussa, R. (2012). Tpc-h benchmarking of pig latin on a hadoop cluster. In *Communications and Information Technology (ICCIT), 2012 International Conference on*, pp. 85–90.

O'Neil, P. E., E. J. O'Neil, X. Chen, et S. Revilak (2009). The star schema benchmark and augmented fact table indexing. In *Performance Evaluation and Benchmarking, First TPC Technology Conference, TPCTC 2009, Lyon, France, August 24-28, 2009, Revised Selected Papers*, pp. 237–252.

Poess, M., R. O. Nambiar, et D. Walrath (2007). Why you should run tpc-ds : A workload analysis. In *Proceedings of the 33rd International Conference on Very Large Data Bases*, VLDB '07.

Ravat, F., O. Teste, R. Tournier, et G. Zurfluh (2009). Algebraic and graphic languages for olap manipulations. *Strategic Advancements in Utilizing Data Mining and Warehousing Technologies : New Concepts and Developments : New Concepts and Developments*, 60.

Stonebraker, M., S. Madden, D. J. Abadi, S. Harizopoulos, N. Hachem, et P. Helland (2007). The end of an architectural era : (it's time for a complete rewrite). In *Proceedings of the 33rd International Conference on Very Large Data Bases*, VLDB '07.

Zhang, J., A. Sivasubramaniam, H. Franke, N. Gautam, Y. Zhang, et S. Nagar (2004). Synthesizing representative i/o workloads for tpc-h. In *Software, IEE Proceedings-*, pp. 142–142.

# Summary

With the advent of Big Data technologies, there is a need for new benchmarks to evaluate information decision systems. In particular, existing benchmarks for multidimensional data warehouses need to be adapted to increasing volume and diversity of data. In this context, we propose a new benchmark dedicated to data warehouses that can support different information systems (relational and NoSQL) and data models (snowflake, star, flat) structured or non structured. In order to scale in volume, it supports parallel generation of data on multiple computers (cluster). It can generate diverse data structures, by supporting generation of multiple different schemas. In this paper, we present a new benchmark for Big data, called KoalaBench and the first experimental results of its use.

# Tableaux de bord adaptifs pour le Spatial OLAP

Ali Hassan, Sandro Bimonte

Irstea, TSCF
9, av. Blaise Pascale, 63178 Aubière, France
{ali.hassan, sandro.bimonte}@irstea.fr

**Résumé.** Les entrepôts des données spatiales (EDS) et OLAP Spatial (SOLAP) intègrent les outils d'analyse spatiale et de géovisualisation offerts par les Systèmes d'Information Géographique (SIG) aux fonctionnalités OLAP. Peu de travaux étudient les problèmes de géovisualisation dans les systèmes SOLAP et aucun travail ne propose d'outils pour des affichages cartographiques SOLAP lisibles. Par conséquent, les décideurs font manuellement la configuration de la visualisation cartographique dans les outils SOLAP existants. Donc, nous présentons dans cet article une nouvelle méthodologie de géovisualisation pour les résultats des requêtes SOLAP qui donne des cartes lisibles.

## 1  Introduction

Un système SOLAP a été défini comme "*Une plateforme visuelle spécialement conçue pour supporter l'analyse et l'exploration spatio-temporelles rapides et faciles des données multidimensionnelles composées de plusieurs niveaux d'agrégation à l'aide d'affichages cartographiques aussi bien qu'à l'aide de tableaux et diagrammes statistiques*" (Andrienko et Andrienko, 1999). Les systèmes SOLAP permettent d'analyser des grands volumes de données géoréférencées par des opérateurs d'exploration de données interactives et simples.

Les règles de sémiologie permettent une bonne lisibilité des informations (spatiales et alphanumériques) affichées sur une carte. Ces règles dépendent de plusieurs facteurs, tels que le nombre et le type (par exemple, numérique, ordinal, etc.) des variables (c'est-à-dire les éléments d'information représentés) et le type de géométrie (points, lignes, etc.) (Harrie et al., 2015).

Contrairement aux SIG, les affichages cartographiques SOLAP sont représentés par des cartes interactives créées en ligne à l'aide des opérateurs SOLAP. Le choix de la variable visuelle correcte est effectué manuellement par les décideurs au cours du processus d'analyse en utilisant des assistants (wizards). Ces assistants ne permettent pas la spécification de configurations basée sur les dimensions (par exemple, l'utilisation des cartes animées sur la dimension temporelle), et leur utilisation est assez longue et fastidieuse.

Afin de surmonter ces limitations, *nous présentons dans cet article un outil générique pour la visualisation correcte (lisible) des résultats des requêtes SOLAP.*

## 2   État de l'art

Les systèmes SOLAP académiques et industriels existants proposent l'utilisation de méthodes de visualisation géographique simples, telles que les cartes choroplèthes, les cartes thématiques et les multicartes (Bimonte, 2014), (Golfarelli et al., 2013), (Malinowski, 2014). En effet, seulement quelques travaux proposent des méthodes de géovisualisation particulières (un état de l'art détaillé se trouve dans (Bimonte, 2014)). Par exemple, (Leonardi et al., 2014) ont étudié une nouvelle méthode de géovisualisation pour les entrepôts des données des trajectoires. (Bédard et al., 2006) ont ajouté des éléments multimédias, tels que des photos, des vidéos, etc., aux données d'entrepôt de données spatiales. Enfin, (Johany et Bimonte, 2016) ont étudié l'utilisation des chorèmes pour enrichir les variables visuelles d'affichage SOLAP. À notre connaissance, seuls (Silva et al., 2012) ont étudié la lisibilité des cartes SOLAP, ce qui a été accompli en fournissant des méthodes de visualisation SOLAP basées sur le clustering pour éviter la surcharge visuelle.

Plusieurs travaux de SIG fournissent des frameworks pour la création de cartes thématiques lisibles (Andrienko et Andrienko, 1999), (Bertin, 1983). Cependant, en dehors de quelques règles simples basées sur "une ou plusieurs variables", les systèmes SOLAP existants ne mettent pas en œuvre ces frameworks. Donc, ils fournissent toujours aux décideurs des cartes illisibles et laissent la responsabilité de sélectionner la configuration de variable visuelle (c'est-à-dire l'association de mesures avec des variables visuelles) pour chaque requête SOLAP.

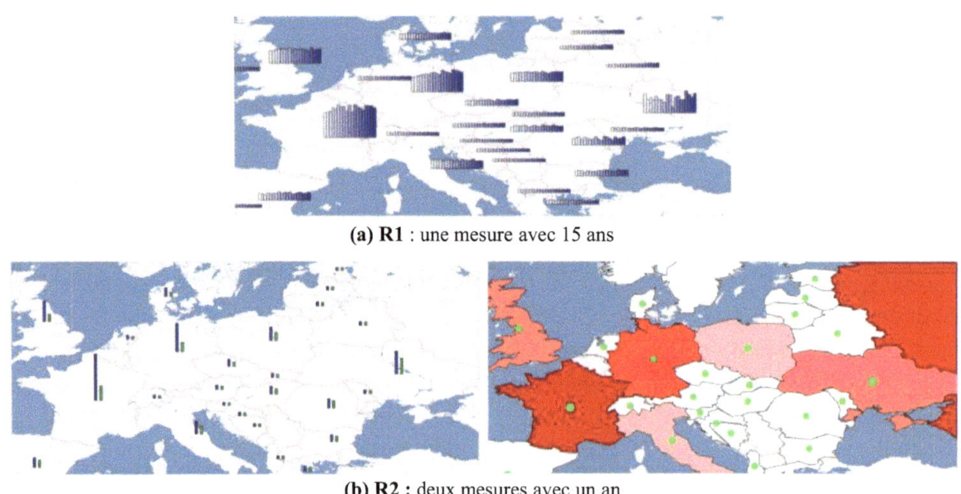

(a) **R1** : une mesure avec 15 ans

(b) **R2** : deux mesures avec un an

FIG. 1 – *Cartes SOLAP.*

## 3   Motivation

A l'aide d'un EDS de FAO (Food and Agriculture Organization of the United Nations) développé dans (Johany et Bimonte, 2016), qui permet d'analyser la surface cultivée et la production agricole par année, pays et culture, il est possible de répondre à des requêtes telles que

"Quelle était la production de blé par pays et par année au cours des 15 dernières années ? " (**R1**). Le résultat compte 15 valeurs (la production par an) par pays. Par conséquent, une carte classique thématique de graphique à barres comme le montre la Figure 1 (a) semble illisible car elle transmet trop d'informations (Bertin, 1983). Donc, une autre méthode de géovisualisation, comme une carte dynamique qui permet d'afficher un ensemble de cartes comme une série temporelle (Harrower et Fabrikant, 2008), devrait être utilisée. Ce problème existe car le nombre de variables visuelles qui peuvent être affichées dans une carte est inférieur au nombre d'informations lisibles affichées dans une table croisée.

Considérons la requête suivante : "Quelles étaient la production de blé et la surface cultivée par pays en 1990 ?" (**R2**). Les résultats de cette requête peuvent être affichés à l'aide d'un graphique à barres avec deux barres (côté gauche de la Figure 1 (b)). Bien que la carte soit lisible en termes de nombre de variables visuelles, elle n'est pas adéquate pour représenter deux mesures différentes ayant des domaines numériques différents (hectares et tonnes). L'utilisation de variables visuelles différentes pour différentes mesures est donc recommandée (Johany et Bimonte, 2016), comme illustré sur le côté droit de la Figure 1 (b).

# 4   Framework pour la visualisation SOLAP

Afin d'éviter la configuration manuelle des affichages cartographiques SOLAP et d'éviter les problèmes d'illisibilité liés au nombre de variables visuelles ($nb$), nous proposons un nouveau framework pour la géovisualisation basé sur des "règles d'affichage". Tout d'abord, il est nécessaire de définir le nombre d'informations maximal à afficher pour un seul élément spatial ($nb_{max}$). Autrement dit, le nombre de variables visuelles qui peuvent être présentées sur la carte dans une seule zone spatiale. Ensuite, un ensemble de règles peut être spécifié. Pour chaque règle, nous devrons définir :

**Préférence :** détermine quelle règle doit être utilisée si plusieurs règles sont applicables.

**Conditions :** détermine quand la règle doit être utilisée en fonction du nombre d'information à afficher. Plusieurs conditions pourraient être spécifiées :
— Rang de nombres totaux d'informations à afficher dans une zone spatiale : $nb = [x_{min}, x_{max}]$,
— Rang de nombres de mesures utilisées dans la requête SOLAP : $n_{Measure} = [x_{min_M}, x_{max_M}]$,
— Rang de nombres de membres de chaque dimension (sauf la dimension spatiale) auquel la règle sera appliquée : $n_{di} = [x_{min_{di}}, x_{max_{di}}]$.

**Actions :** détermine comment les informations seront visualisées sur la carte (choroplèthe, graphique à barres, carte dynamique, etc.) si toutes les conditions sont atteintes.

**Exemple :**   Dans le contexte de l'exemple FAO, afin d'éviter les méthodes de géovisualisation illisibles (voir Figure 1 (a)) ou inadéquates (voir le côté gauche de la figure 1 (b)), nous pouvons définir les règles du Tableau 1. R1 impose l'utilisation d'une carte choroplèthe lorsqu'une seule information doit être affichée dans chaque zone spatiale ($nb = 1$). S'il y a deux informations, chacune pour une mesure différente, alors R2 impose l'affichage de la mesure "Production" par une variable choroplèthe et la mesure "Surface" par des cercles, ce qui correspond au côté droit de la Figure 1 (b). Si $nb$ est entre deux et quatre, les informations peuvent être affichées par des barres (R3). Pour empêcher la méthode de géovisualisation du côté gauche de la Figure 1 (b), R2 a une valeur de préférence deux donc cette règle est préférée à R3 qui a une valeur de préférence trois. Selon R4, si une mesure doit être affichée pour une culture sur plusieurs années, une carte dynamique est utilisée (R4). Si le nombre d'information à afficher sur plusieurs années est supérieur ou égale à cinq, alors plusieurs cartes (multicartes) doivent être utilisées (R5). L'utilisation de "*" dans la condition signifie qu'il n'y a pas de limite.

Notons que ces règles ont été définies par des experts en EDS en collaboration avec les décideurs.

| R1 | R2 | R3 | R4 | R5 |
|---|---|---|---|---|
| **Préférence** = 1 | **Préférence** = 2 | **Préférence** = 3 | **Préférence** = 2 | **Préférence** = 4 |
| **Conditions :** | **Conditions :** | **Conditions :** | **Conditions :** | **Conditions :** |
| $nb = [1]$ | $nb = [2]$ | $nb = [2, 4]$ | $nb = [2, *]$ | $nb = [5, *]$ |
| **Actions :** | $n_{Measure} = [2]$ | **Actions :** | $n_{Measure} = [1]$ | $n_{Time} = [2, *]$ |
| Cloropeth map | **Actions :** | Bars | $n_{Time} = [2, *]$ | **Actions :** |
| | Production : | | $n_{Crops} = [1]$ | Multi maps |
| | cloropeth | | **Actions :** | |
| | Surface : circles | | Dynamic map | |

TAB. 1 – Règles d'affichage pour l'exemple FAO.

Une fois que les règles ont été définies, en tenant compte du nombre de variables visuelles à afficher, le système doit garantir qu'un affichage visuel existe pour chaque table croisée possible. En d'autres termes, nous devons définir un moyen de vérifier que les règles définies permettent d'afficher toutes les tables croisées possibles. Par conséquent, par exemple, considérant que le nombre maximal d'informations à afficher ($nb_{max}$) de 15 est choisi, les règles d'affichage devraient couvrir toutes les analyses possibles qui correspondent à ce nombre.

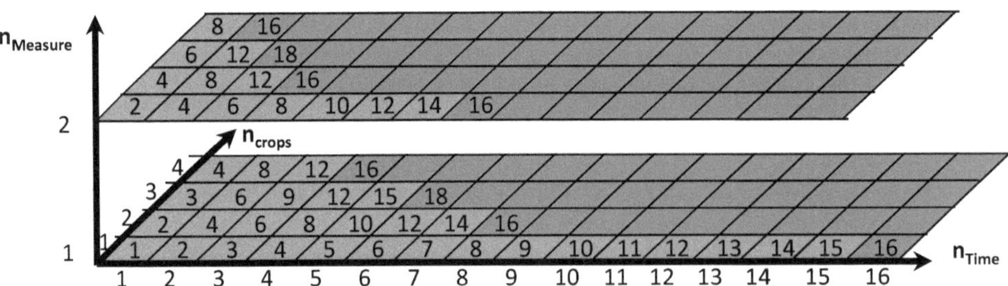


FIG. 2 – Matrice multidimensionnelle (T) avec le nombre d'informations (nb).

En utilisant une matrice multidimensionnelle (Figure 2), nous pouvons présenter le nombre d'informations à afficher ($nb$) pour chaque analyse en fonction du nombre de mesures et des membres de chaque dimension non spatiale. Dans notre exemple :

$$nb = n_{Measure} \times n_{Time} \times n_{Crops}$$

Dans la Figure 2, les cellules rouges correspondent au nombre d'information supérieur à $nb_{max}$, donc les règles d'affichage ne concernent pas ces cas d'analyse. Par contre, elles devraient couvrir toutes les cellules vertes qui ont un nombre inférieur à $nb_{max}$. Pour vérifier cela, nous utilisons l'algorithme ci-dessous.

---

**Algorithm** Vérification

---

**Input :** Règles d'affichage,
        matrice multidimensionnelle(T) avec le nombre d'informations
**Output :** result,
        matrice multidimensionnelle (T1) avec les règles applicables
**Begin**
**1 :**    result = true
**2 :**    **for each** Cellule verte $C_i$ in T :
**3 :**       found_rule = false
**4 :**       **for each** Règle $R_j$ in Règles d'affichage :
**5 :**          **If** ($C_i$.nb < $nb_{max}$ and $C_i$.nb $\in$ $R_j$.nb) **then**
**6 :**            applicable_rule = true ;
**7 :**            **for each** dimension $D_k$ of T :
**8 :**               **If** ($C_i$.$n_{D_k}$ $\notin$ $R_j$.$n_{D_k}$) **then**
**9 :**                 applicable_rule = false ;
**10 :**              found_rule = (found_rule OR applicable_rule)
**11 :**            **If** applicable_rule **then**
**12 :**              $C_i$.add($R_j$) ;
**13 :**    result = (result and found_rule) ;
**End**

---

Cet algorithme prend en entrée les règles d'affichage (Tableau 1) et la matrice multidimensionnelle (Figure 2). Il donne comme résultats :

— Une valeur booléenne indiquant si les règles couvrent tous les cas requis ou non ;
— La matrice multidimensionnelle avec les règles d'affichage applicables (Figure 3).

Pour se faire, l'algorithme vérifie si chaque cellule verte (ligne 2) atteint toutes les conditions (de la ligne 5 à 9) pour chaque règle (ligne 4). Si c'est le cas, la règle est ajoutée à la matrice multidimensionnelle (lignes 11-12). Si l'algorithme ne trouve aucune règle à appliquer pour une cellule, la valeur booléenne résultante devient "false" (ligne 13), indiquant que les règles ne couvrent pas tous les cas requis.

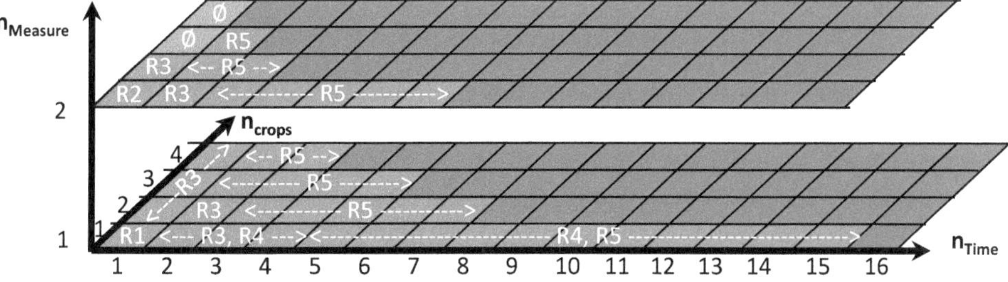


FIG. 3 – *Matrice multidimensionnelle (T1) avec les règles d'affichage applicables.*

Le résultat de l'application de cet algorithme à notre exemple (c'est-à-dire aux règles d'affichage du Tableau 1 et à la matrice multidimensionnelle de la Figure 2) est présenté dans la Figure 3. Ce résultat montre qu'il existe deux cas d'analyse (cellules grises) avec $n_{Measure} = 2$, $n_{Time} = 1$ et $n_{Crops} = 3$ et 4 qui ne sont pas couverts par les règles d'affichage. Cela nécessite soit l'ajout d'une nouvelle règle pour couvrir ces cas, soit une modification des conditions d'une règle existante pour les couvrir.

## 5   Implémentation

Parce que nos travaux précédents (Bimonte, 2014), (Bimonte et al., 2016) ne supportent pas les règles d'affichage, nous les étendons en ajoutant une représentation XML de ces règles (Figure 4). Cette représentation comprend deux balises principales <Maps>, <Display_rule>.

(a) Types d'affichage       (b) Règles d'affichage

FIG. 4 – Implémentation des règles d'affichage.

**Balise <Maps>** : elle contient plusieurs balises différentes (les noms des balises sont différents <Map_1>, <Map_2>, ...). Chacune de ces balises définit un type d'affichage et elle définit également ses différents paramétrages nécessaires. Par exemple, la balise <Map_2> dans la figure 4 (a) définit un type d'affichage par des cercles et elle définit :

— <count_levels> : le nombre de variations de diamètre utilisées avec une distribution uniforme selon les valeurs des mesures,

— <size_min> : le diamètre qui correspond à la valeur minimale de mesure,

— <size_max> : le diamètre qui correspond à la valeur maximale de mesure.

**Balise <Display_rule>** : elle spécifie les différents règles d'affichages (préférence, conditions et actions) qui précisent dans quel cas d'analyse il faut utiliser quel type d'affichage (prédéfini dans la première balise <Maps>) et quelle couleur pour chaque mesure. La figure 4 (b) spécifie la règle (R2) de Tableau 1. Cette règle d'affichage relie la mesure "Production" au type d'affichage par choroplèthe (Map_3) en utilisant la couleur "#991055" et la mesure "Surface" au type d'affichage par des cercles (Map_2) en utilisant la couleur "#109955". Les couleurs sont définies selon le système de codage (RGB).

Une fois que les règles ont été définies par les décideurs et les experts en EDS, notre outil OLAP2MAP garantit la bonne visualisation pour chaque requête SOLAP. Sur la base de nos travaux précédents (Bimonte, 2014), (Bimonte et al., 2016), l'architecture de notre prototype est composée de trois niveaux : l'entrepôt de données spatiales (EDS), le serveur SOLAP et le client SOLAP (Figure 5).

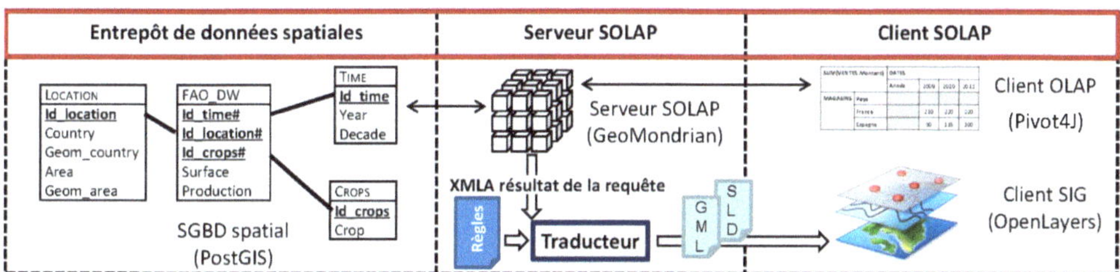


FIG. 5 – *l'architecture du prototype.*

**L'EDS** est implémenté à l'aide de "PostGIS" qui est un système de gestion de base de données spatiales. Ce niveau est responsable du stockage des données multidimensionnelles alphanumériques et spatiales.

**Le Serveur SOLAP** est responsable de la mise en œuvre des opérateurs SOLAP pour calculer et naviguer au sein des cubes de données spatiales. Dans notre prototype, le serveur SOLAP utilisé est "GeoMondrian" qui implémente XMLA (XML for Analysis).

**Le client SOLAP** se compose d'un client OLAP et un client SIG :
— Le client OLAP "Pivot4J" est responsable de la visualisation tabulaire de données. Il échange les données avec le serveur SOLAP en utilisant XMLA ;
— Le client SIG "OpenLayers" est responsable de la visualisation cartographique. Pour l'affichage cartographique d'une requête SOLAP basée sur les règles d'affichage, nous fournissons un traducteur automatique de XMLA du résultat de la requête en GML (Geography Markup Language) et SLD (Styled Layer Descriptor), plus de détails dans (Bimonte, 2014). GML et SLD sont des représentations (dérivées du XML) des données spatiales et leur apparence respectivement.

Les règles d'affichage ont été intégrées dans le client SOLAP et sont automatiquement déclenchées lors de chaque requête SOLAP.

Dans la Figure 6, les décideurs visualisent leur table croisée dynamique et leur carte thématique de graphique à barres associée. Ensuite, en modifiant la table croisée pour afficher le résultat d'une requête SOLAP ayant deux mesures et trois ans (flèche 1), la visualisation cartographique est automatiquement adaptée à l'aide de la règle R5 comme décrit précédemment (flèche 2).

Une vidéo d'un exemple de l'utilisation de l'outil apparaît à https ://youtu.be/sxji8pU4WhE

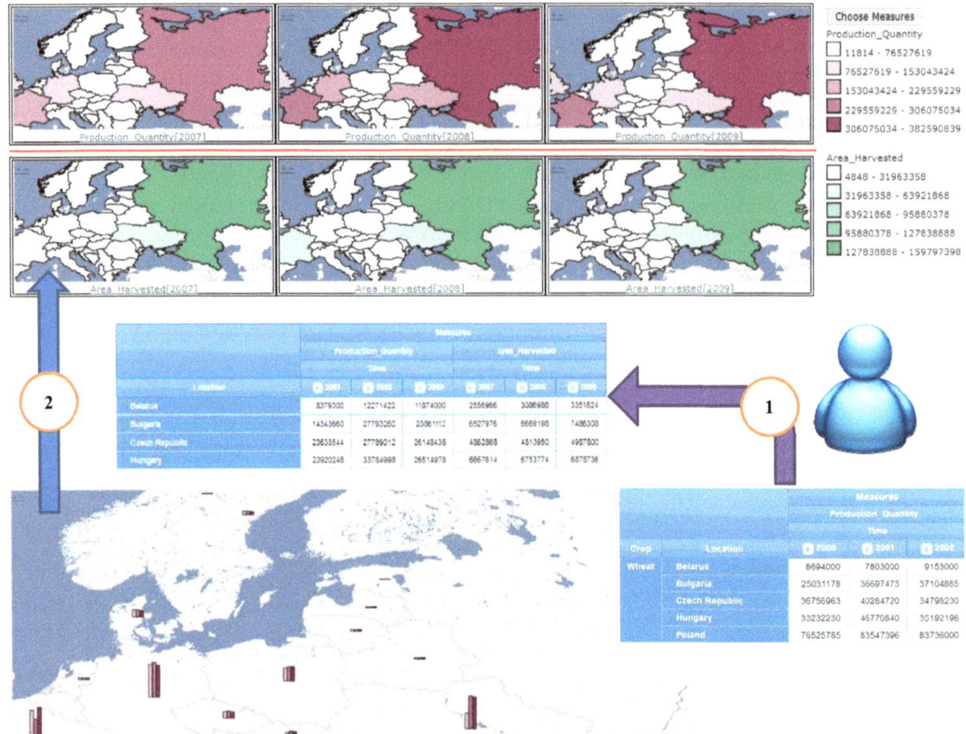

FIG. 6 – *Exemple de géovisualisation utilisant des règles d'affichage.*

# 6   Conclusion

Motivés par l'importance des outils de géovisualisation dans l'analyse SOLAP, nous avons présenté dans cet article une nouvelle méthodologie pour l'affichage cartographique des résultats de requêtes SOLAP. Cette méthodologie permet l'adaptation automatique de l'affichage cartographique avec les résultats des requêtes SOLAP. Par ailleurs, comme les décideurs ne sont pas toujours des experts SIG, nous envisageons de développer notre outil pour générer automatiquement les cartes et les règles d'affichage à partir du schéma d'EDS. Nous envisageons également d'enrichir notre modèle de règles d'affichage pour qu'il puisse prendre en compte une hiérarchisation de préférences.

# Remerciement

Ce travail a été financé par le projet Captiven d'Irstea dans le cadre de l'ANR 11- CNRT-0003 programme "investissements d'Avenir" valorisation PME.

# Références


Andrienko, G. L. et N. V. Andrienko (1999). Interactive maps for visual data exploration. *International Journal of Geographical Information Science 13*(4), 355–374.

Bédard, Y., M.-J. Proulx, S. Rivest, et T. Badard (2006). *Merging Hypermedia GIS with Spatial On-Line Analytical Processing : Towards Hypermedia SOLAP*, Chapter Geographic Hypermedia : Concepts and Systems, pp. 167–187. Springer Berlin Heidelberg.

Bertin, J. (1983). *Semiology of Graphics*. University of Wisconsin Press.

Bimonte, S. (2014). A generic geovisualization model for spatial OLAP and its implementation in a standards-based architecture. *Ingénierie des Systèmes d'Information 19*(5), 97–118.

Bimonte, S., A. Hassan, et P. Beaune (2016). Une architecture orientée services pour l'olap spatial. *Revue des Nouvelles Technologies de l'Information XIIe journées francophones sur les Entrepôts de Données et l Analyse en Ligne, RNTI-B-12*, 17–24.

Golfarelli, M., M. Mantovani, F. Ravaldi, et S. Rizzi (2013). Lily : A geo-enhanced library for location intelligence. *DaWaK 8057*, 72–83.

Harrie, L., H. Stigmar, et M. Djordjevic (2015). Analytical estimation of map readability. *ISPRS International Journal of Geo-Information 4*(2), 418–446.

Harrower, M. et S. I. Fabrikant (2008). The role of map animation in geographic visualization. In M. Dodge (Ed.), *Geographic Visualization : Concepts, Tools and Applications*, pp. 49–65. Chichester, UK : Wiley.

Johany, F. et S. Bimonte (2016). *A Framework for Spatio-Multidimensional Analysis Improved by Chorems : Application to Agricultural Data*, pp. 59–80. Cham : Springer International Publishing.

Leonardi, L., S. Orlando, A. Raffaetà, A. Roncato, C. Silvestri, G. Andrienko, et N. Andrienko (2014). A general framework for trajectory data warehousing and visual olap. *GeoInformatica 18*(2), 273–312.

Malinowski, E. (2014). Geobi architecture based on free software. In *Geographical Information Systems Trends and Technologies*. Elaheh Pourabbas CRC Press.

Silva, R., J. a. Moura-Pires, et M. Y. Santos (2012). Spatial clustering in solap systems to enhance map visualization. *International Journal of Data Warehousing and Mining (IJDWM) 8*(2), 23–43.


# Summary


Spatial Data Warehouse (SDW) and Spatial OLAP (SOLAP) systems integrate spatial analysis and geovisualization tools offered by Geographic Information Systems to OLAP functionalities. Few works investigate geovisualization issues in SOLAP systems, and no works investigate tools for readable SOLAP cartographic displays. Therefore, decision-makers manually make the configuration of the cartographic visualization in existing SOLAP tools. Therefore, we present in this paper a new geovisualization methodology for SOLAP queries that yields readable maps.

# Approximate Integration of streaming data

Michel de Rougemont[*,**]  Guillaume Vimont[*,**]

[*]University Paris II
mdr@irif.fr
[**]IRIF-CNRS
vimontguillaume@gmail.com

**Abstract.** We approximate analytic queries on streaming data with a weighted reservoir sampling. For a stream of tuples of a Datawarehouse we show how to approximate some OLAP queries. For a stream of graph edges from a Social Network, we approximate the communities as the large connected components of the edges in the reservoir. We show that for a model of random graphs which follow a power law degree distribution, the community detection algorithm is a good approximation. Given two streams of graph edges from two Sources, we define the *Community Correlation* as the fraction of the nodes in communities in both streams. Although we do not store the edges of the streams, we can approximate the Community Correlation and define the *Integration of two streams*. We illustrate this approach with Twitter streams, associated with TV programs.

# 1   Introduction

The integration of several Sources of data is also called the composition problem, in particular when the Sources do not follow the same schema. It can be asked for two distinct Datawarehouses, two Social networks, or one Social network and one Datawarehouse. We specifically study the case of two streams of labeled graphs from a Social network and develop several tools using randomized streaming algorithms. We define several correlations between two streaming graphs built from sequences of edges and study how to approximate them.

The basis of our approach is the approximation of analytical queries, in particular when we deal with streaming data. In the case of a Datawarehouse, we may have a stream of tuples $t$ following an OLAP schema, where each tuple has a measure, and we may want to approximate OLAP queries. In the case of a Social network such as Twitter, we have a stream of tweets which generate edges of an evolving graph, and we want to approximate the evolution of the communities as a function of time.

The main randomized technique used is a *k-weighted reservoir sampling* which maps an arbitrarly large stream of tuples $t$ of a Datawarehouse to $k$ tuples whose weight is the measure $t.M$ of the tuple. It also maps a stream of edges $u$ of a graph, to $k$ edges and in this case the measure of the edges is 1. We will show how we can approximate some OLAP queries and the main study will be the approximate dynamic community detection for graphs, using only the reservoir. We store the nodes of the graph in a database, but we do not store the edges. At any given time, we maintain the reservoir with $k$ random edges and compute the connected components of these edges. We interpret the large connected components as communities and follow their evolution in time.

Edges of the reservoir are taken with a uniform distribution over the edges, hence the nodes of the edges are taken with a probability proportional to their degrees. Random graphs observed in social networks often follow a power law degree distribution and random edges are likely to connect nodes of high degrees. Therefore, the connected components of the random edges are likely to occur in the dense subgraphs, i.e. in the communities. We propose a formal model of random graphs which follows a power law degree distribution with $p$ communities and will quantify the quality of the approximation of the communities.

A finite stream $s$ of edges can then be *compressed* in two parts: first the set $V$ of nodes stored in a classical database, and then the communities, i.e. sets $C_1, .. C_l$ of size greater then a threshold $h$, at times $\tau, 2.\tau, ....$ for some constant $\tau$. Given two finite streams $s_1, s_2$, the *node correlation* $\rho_V$ is the proportion of nodes in common and the *edge correlation* $\rho_E$ is the proportion of edges connecting common nodes.

We introduce the *community correlation* $\rho_C$ as the proportion of nodes in both communities among the common nodes. In our model, we compute the node correlation, approximate the community correlation, but cannot compute the edge correlation as we do not store the edges. This new parameter can enrich the models of value associated with analytical queries such as the ones presented in de Rougemont and Vimont (2015) or in the Easley and Kleinberg (2010) book for general mechanisms.

The integration of two streams of edges defining two graphs $G_i = (V_i, E_i)$ for $i = 1, 2$ can then be viewed as the new structure $H = (V_1, V_2, V_1 \cap V_2, C_1^1, .. C_l^1, C_1^2, .. C_p^2, \rho_C)$ without edges, where $C_i^j$ is the $i$-th community of $G_j$ and $\rho_C$ is the Community Correlation. All the sets are exactly or approximately computed from the streams with a database for $V$ and a finite memory, the size of the reservoir for the edges.

Our main application is the analysis of Twitter streams: a stream of graph edges for which we apply our $k$-reservoir. We temporarily store a random subgraph $\widehat{G}$ with $k$-edges and only store the large connected components of $\widehat{G}$, i.e. of size greater than $h$ and their evolution in time. We give examples from the analysis of streams associated with TV shows on French Television (#ONPC) and their correlation.

Our main results are:

— An approximation algorithm of simple OLAP queries for a Datawarehouse stream.
— An approximation algorithm for the community detection for graphs following a degree power law with a concentration,
— A concrete analysis on Twitter streams to illustrate the model, and the community correlation of Twitter streams.

We review the main concepts in section 2. We study the approximation of OLAP queries in a stream in section 3. In section 4, we consider streams of edges in a graph and give an approximate algorithm for the detection of communities. In section 5, we define the integration of streams and explain our experiments in section 6.

# 2  Preliminaries

The introduce our notations for OLAP queries and Social Networks, and the notion of approximation used.

## 2.1  Datawarehouses and OLAP queries

A Datawarehouse $I$ is a large table storing tuples $t$ with many attributes $A_1, ...A_m, M$, some $A_i$ being foreign keys to other tables, and $M$ a measure. Some auxiliary tables provide additional attributes for the foreign keys. An OLAP or star schema is a tree where each node is a set of attributes, the root is the set of all the attributes of $t$, and an edge exists if there is a functional dependency between the attributes of the origin node and the attributes of the extremity node. The *measure* is a specific node at depth 1 from the root. An OLAP query for a schema $S$ is determined by: a filter condition, a *measure*, the selection of dimensions or classifiers, $C_1, ...C_p$ where each $C_i$ is a node of the schema $S$, and an aggregation operator (COUNT, SUM, AVG, ...).

A filter selects a subset of the tuples of the Datawarehouse, and we assume for simplicity that SUM is the Aggregation Operator. The answer to an OLAP query is a multidimensional array, along the dimensions $C_1, ...C_p$ and the *measure* $M$. Each tuple $c_1, ..., c_p, m_i$ of the answer where $c_i \in C_i$ is such that $m_i = \dfrac{\sum_{t:t.C_1=c_1,...t.C_p=c_p} t.M}{\sum_{t \in I} t.M}$. We consider relative *measures* as answers to OLAP queries and write $Q_C^I$ as the distribution or density vector for the answer to $Q$ on dimension $C$ and on data warehouse $I$, as in Figure 2.

**Example 1** *Consider tuples $t$(ID, Tags, RT, Time, User, SA) storing some information about Twitter tweets. Let* Content=*{Tags, RT} where Tags is the set of tags of the Tweet and RT=1 if the tweet is a ReTweet and RT=0 otherwise. The measure $t.SA$ is the Sentiment Analysis of the tweet, an integer value in $[1, 2, ...10]$. The sentiment is negative if $SA < 5$ and positive when $SA \geq 5$ with a maximum of $10$. The simple OLAP schema of Figure 1 describes the possible dimensions and the measure $SA$. The edges indicate a functional dependency between sets of attributes.*

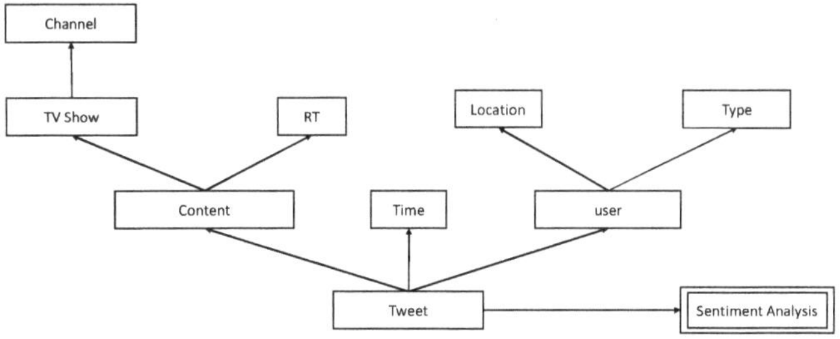


FIG. 1 – *An OLAP schema for a Datawarehouse storing tuples $t$ for each Twitter tweet, with* Sentiment Analysis, *an integer in $[1, 2, ...10]$ as a measure.*

*Consider the analysis on the dimension* C=Channel, *with two possible values $c$ in the set {CNN, PBS}. The result is a distribution $Q_C$ with $Q_{C=CNN}^I = 2/3$ and $Q_{C=PBS}^I = 1/3$ as* *in Figure 2 . The approximation of $Q_C$ is studied in section 3. In this case $\mid C \mid = 2$, i.e. $\mid C \mid$ is the number of values of the dimension $C$.*

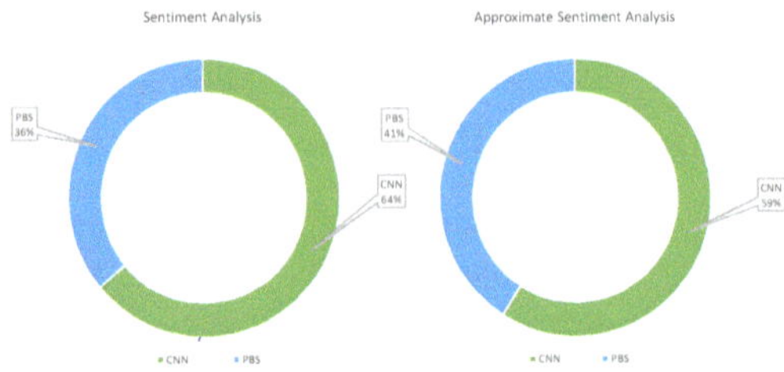


FIG. 2 – *An OLAP query for the Sentiment Analysis per Channel. The exact solution $Q^I_{C=CNN} = 0.66$ and the approximate solution $Q^I_{C=CNN} = 0.61$ with a reservoir.*

## 2.2  Social Networks

A social network is a labeled graph $G = (V, E)$ with domain $V$ and edges $E \subseteq V.V$. In many cases, it is built as a stream of edges $e_1, .....e_m$ wich define $E$. Given a set of tags, Twitter provides a stream of tweets represented as Json trees. We construct the *Twitter Graph* of the stream, i.e. the graph $G = (V, E)$ with multiple edges $E$ where $V$ is the set of tags ($\#x$ or $@y$ ) seen and for each tweet sent by $@y$ which contains tags $\#x$ ,$@z$ we construct the edges $(@y, \#x)$ and $(@y, @z)$ in $E$.

Social Networks graphs have a specific structure. The graphs are mostly connected, the degree distribution of the nodes follows a power law and the *communities*  are defined as the dense subgraphs. The detection of communities is a classical problem, viewed by many techniques such as Mincuts, hierarchical clustering or the Girwan-Newman algorithm based on the edge connectivity. All these methods require to store the whole set of edges.

By contrast, we will detect communities without storing the edges, from the stream of edges, and approximate the dynamic of the communities. We will also use this technique to compress a stream and to integrate two streams.

## 2.3  Approximation

In our context, we approximate density values less than 1 of the OLAP queries or communities of a graph. We use randomized algorithms with an additive approximation, and the probabilistic space $\Omega$ for a stream $s$ of $m$ tuples (resp. edges) is a subset of $k$ tuples (resp. edges) where each edge occurs with some probability $p$. In the case of edges, the probability $p$ is uniform, i.e. $p = 1/m$. There are usually two parameters $0 \leq \varepsilon, \delta \leq 1$ for the approximation of randomized algorithms, where $\varepsilon$ is the error, and $1 - \delta$ the confidence.

In the case of the density value, i.e. a function $F : \Sigma^* \to \mathsf{R}$ where $\Sigma$ is the set of possible tuples, let $A$ be a randomized algorithm with input $s$ and output $y = A(s)$ where $y \in \mathsf{R}$ is the density value. The algorithm $A(s)$ will $(\epsilon, \delta)$-approximate the function $F$ if for all $s$,

$$Prob_\Omega[F(s) - \varepsilon \leq A(s) \leq F(s) + \varepsilon] \geq 1 - \delta$$

In the case of a density vector $Q$, we use the $L_1$ distance between vectors. The algorithm $A(s)$ approximates $Q$ if $Prob_\Omega[|\ Q - A(s)\ |_1 \leq \varepsilon] \geq 1 - \delta$. The randomized algorithm $A$ takes samples $t \in I$ from the stream with different distributions, introduced in the next subsection and in section 3.

In the case of the community detection, it is important to detect a community $S \subseteq V$ in a graph $G = (V, E)$ with a set $C \subseteq V$ which intersects $S$. The function $F : \Sigma^* \to 2^V$ takes a stream $s$ of edges as input and $F(s) \subseteq V$. The algorithm $A$ $\delta$-approximates the function $F$ if for all $s$,

$$Prob_\Omega[A(s) \cap F(s) \neq \emptyset] \geq 1 - \delta$$

The randomized algorithm $A$ takes sample edges from the stream $s$ with a uniform distribution and outputs a subset $A(s) = C$ of the nodes. If there is no output then $A(s) = \emptyset$. Approximate algorithms for streaming data are studied in Muthukrishnan (2005), with a particular emphasis on the space required. The algorithms presented require a space of $|\ V\ | + k . \log |\ V\ |$.

### 2.3.1 Reservoir Sampling

A classical technique, introduced in Vitter (1985) is to sample each new tuple (edge) of a stream $s$ with some probability $p$ and to keep it in a set $S$ called the *reservoir* which holds $k$ tuples. In the case of tuples $t$ of a Datawarehouse with a measure $t.M$, we keep them with a probability proportional to their measures.

Let $s = t_1, t_2, ....t_n$ be the stream of tuples $t$ with the measure $t.M$, and let $T_n = \sum_{i=1,...n} t_i.M$ and let $\widehat{S_n}$ be the reservoir at stage $n$. We write $\widehat{S}$ to denote that $S$ is a random variable.

**$k$-Reservoir sampling: A(s)**
— Initialize $S_k = \{t_1, t_2, ....t_k\}$,
— For $j = k + 1, ....n$, select $t_j$ with probability $(k * t_j.M)/T_j$. If it is selected replace a random element of the reservoir (with probability $1/k$) by $t_j$.

The key property is that each tuple $t_i$ is taken proportionally to its measure. It is a classical simple argument which we recall.

**Lemma 1** *Let $S_n$ be the reservoir at stage $n$. Then for all $n > k$ and $1 \leq i \leq n$:*

$$Prob[t_i \in S_n] = k.t_i.M/T_n]$$

**Proof :** Let us prove by induction on $n$. The probability at stage $n + 1$ that $t_i$ is in the reservoir $Prob[t_i \in S_{n+1}]$ is composed of two events: either the tuple $t_{n+1}$ does not enter the reservoir, with probability $(1 - k.t_{n+1}/T_{n+1})$ or the tuple $t_{n+1}$ enters the reservoir with probability $k.t_{n+1}/T_{n+1}$ and the tuple $t_i$ is maintained with probability $(k - 1)/k$. Hence:

$$Prob[t_i \in S_{n+1}] = k.t_i.M/T_n((1 - k.t_{n+1}/T_{n+1}) + k.t_{n+1}/T_{n+1} .(k - 1)/k)$$

$$Prob[t_i \in S_{n+1}] = k.t_i.M/T_n(1 - t_{n+1}/T_{n+1}) = k.t_i.M/T_{n+1}$$

In the case of edges, the measure is always 1 and all the edges are uniform.

# 3 Streaming Datawarehouse and approximate OLAP

Two important methods can be used to sample a Datawarehouse stream $I$:

— Uniform sampling: we select $\widehat{I}$, made of $k$ distinct samples of $I$, with a uniform reservoir sampling on the $m$ tuples,
— Weighted sampling: we select $\widehat{I}$ made of $k$ distinct samples of $I$, with a *k-weighted reservoir sampling* on the $m$ tuples. The measure of the samples is set to 1.

We concentrate on a $k$-weighted reservoir. Let $\widehat{Q_C}$ be the density of $Q_C$ on $\widehat{I}$ as represented in Figure 2, with the weighted sampling, i.e. $\widehat{Q}_{C=c}$ be the density of $Q$ on the value $c$ of the dimension $C$, i.e. the number of samples such that $C = c$ divided by $k$. The algorithm $A(s)$ simply interprets the samples with a measure of 1, i.e. computes $\widehat{Q}_C$.

In order to show that $\widehat{Q}_C$ is an $(\varepsilon, \delta)$-approximation of $Q_C$, we look at each component $Q_{C=c}$. We show that $I\!E(\widehat{Q}_{C=c})$ the expected value of $\widehat{Q}_{C=c}$ is $Q_{C=c}$. We then apply a Chernoff bound and a union bound.

**Theorem 1** $Q_C$, *i.e. the density of $Q$ on the dimension $C$ can be $(\varepsilon, \delta)$-approximated by $\widehat{Q}_C$ if $k \geq \frac{1}{2}.(\frac{|C|}{\varepsilon})^2. \log \frac{1}{\delta}$.*

**Proof :** Let us evaluate $I\!E(\widehat{Q}_{C=c})$, the expectation of the density of the samples. It is the expected number of samples with $C = c$ divided by $k$ the total number of samples. The expected number of samples is $\sum_{t:t.C=c} \frac{k.t.M}{T}$ as each $t$ such that $C = c$ is taken with probability $\frac{k.t.M}{T}$ by the weighted reservoir for any total weight $T$. Therefore:

$$I\!E(\widehat{Q}_{C=c}) = \frac{\sum_{t:t.C=c} \frac{k.t.M}{T}}{k} = \frac{\sum_{t:t.C=c} t.M}{T} = Q_{C=c}$$

i.e. the expectation of the density $\widehat{Q}_{C=c}$ is precisely $Q_{C=c}$. As the tuples of the reservoir are taken *independently* and as the densities are less than 1, we can apply a Chernoff-Hoeffding bound Hoeffding (1963):

$$Prob[|\,Q_{C=c} - I\!E(\widehat{Q}_{C=c})\,| \geq t] \leq e^{-2t^2.k}$$

In this form, $t$ is the error and $1 - \delta = 1 - e^{-2t^2.k}$ is the confidence. We set $t = \frac{\varepsilon}{|C|}$, and $\delta = e^{-2t^2.k}$. We apply the previous inequality for all $c \in C$. With a union bound, we conclude that if $k > \frac{1}{2}.(\frac{|C|}{\varepsilon})^2. \log \frac{1}{\delta}$ then:

$$Prob[|\,Q_C - I\!E(\widehat{Q}_C)\,| \leq \varepsilon] \geq 1 - \delta$$

This result generalizes to arbitrary dimensions but is of limited use in practice. If the OLAP query has a selection $\sigma$, the result will not hold. However if we sample on the stream after we apply the selection, it will hold again. Hence we need to combine sampling and composition operations in a non trivial way.

In particular, if we combine two Datawarehouses with a new schema, it is difficult to correctly sample the two streams. In the case of two graphs, i.e. a simpler case, we propose a solution in the next section.

# 4  Streaming graphs

We consider a stream of edges $e_1, e_2, .....e_m$ which defines a family of graph $G_m = (V, E)$ at stage $m$ such that $E = \{e_1, e_2, .....e_m\}$ is on a domain $V$. In this case, the graphs are monotone as no edge is removed. In the *Window model*, we only consider the last edges, i.e. $e_{m-j}, e_{m-j+1}, .....e_m$. In this case some edges are removed and some edges are added to define a graph $G_w$. We will consider both models, when $j$ is specified by a time condition such as the last hour or the last 15mins.

In both models, we keep all vertices in a database but only a few random edges. We maintain a uniform reservoir sampling of size $k$ and consider the random $\widehat{G}$ defined by the reservoir, i.e. $k$ edges, when $G_m$ is large. Notice that in the reservoir, edges are removed and added hence $\widehat{G}$ is maintained as in the window model. In many Social Networks, the set of nodes $V$ is large but reaches a limit, whereas the set of edges is much larger and cannot be efficiently stored.

## 4.1  Random graphs

The most classical model of random graphs is the Erdös-Renyi $G(n,p)$ model (see Erdos and Rényi (1960) ) where $V$ is a set of $n$ nodes and each edge $e = (i,j)$ is chosen independently with probability $p$. In the Preferential Attachment model, $PA(m)$, (see Barabasi and R.Albert (1999) , the random graph $\widehat{G}_n$ with $n$ nodes is built dynamically: given $\widehat{G}_n$ at stage $n$, we build $\widehat{G}_{n+1}$ by adding a new node and $m$ edges connecting the new node with a random node $j$ following the degree distribution in $\widehat{G}_n$. The resulting graphs have a degree distribution which follows a power law, i.e.

$$Prob[d(i) = j] = \frac{c}{j^2}$$

when the node $i$ is selected uniformly.

In yet another model $D(\delta)$, we fix a degree distribution, $\delta = [D(1), D(2), ....D(k)]$ where $D(i)$ is the number of nodes of degree $i$ and generate a random graph uniform among all the graphs with $\sum_i D(i)$ nodes and $\sum_i i * D(i)/2$ edges. For example if $\delta = [4, 3, 2]$ [1], i.e. approximately a power law, we search for a graph with 9 nodes and 8 edges. Specifically 4 nodes of degree 1, 3 nodes of degree 2 and 2 nodes of degree 3, as in Figure 4 (a). Alternatively, we may represent $\delta$ as a distribution, i.e. $\delta = [\frac{4}{9}, \frac{1}{3}, \frac{2}{9}]$.

The configuration model generates graphs with the distribution $\delta$ when $\sum_i i * D(i)$ is even. Enumerate the nodes with half-edges according to their degrees, and select a random matching between the half-edges. The graph may have multiple edges. If $\delta$ follows a power law, then the maximum degree is $O(\sqrt{m})$ if the graph has $m$ edges.

A $D(\delta)$ graph is *concentrated* if all the nodes of maximum degrees are densely connected. It can be obtained if the matching has a preference for nodes with high degrees, as in Figure 3.

**Definition 1** *A $D(\delta)$ graph with $m$ edges is* concentrated *when $\delta$ follows a power law if the $O(\sqrt{m/2})$ nodes of highest degree form a dense subgraph $S$, i.e. each node $i \in S$ has a majority of its neighbors in $S$.*

---

1. Alternatively, one may give a sequence of integers, the degrees of the various nodes in decreasing order, i.e. $[3, 3, 2, 2, 2, 1, 1, 1, 1]$, a sequence of length 9 for the distribution $\delta = [4, 3, 2]$.

We will call $S$ the community of the concentrated graph $D(\delta)$. If a node is is of degree 3 in $S$, then at least 2 neighbors must be in $S$, if it is of degree 2 in $S$, then at least 1 neighbor must be in $S$. It can be checked for $S$ of size 3 in Figure 4.

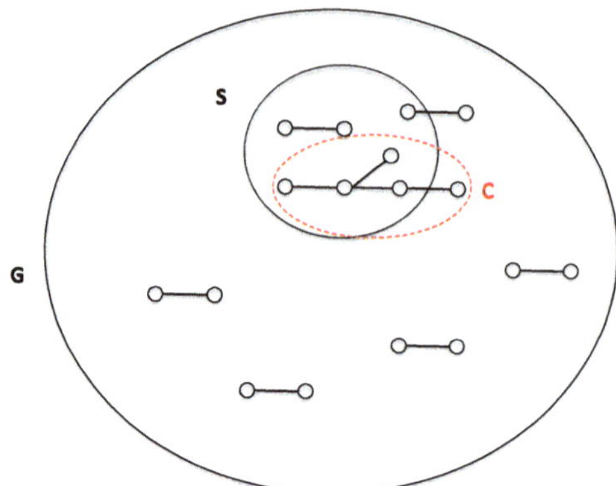


FIG. 3 – *Concentrated random graph $G$ with a community $S$ and $10$ random edges from the reservoir defining $\widehat{G}$ with the large connected component $\widehat{C}$ with $4$ edges.*

The set $S$ is close to a clique of size $O(\sqrt{m/2}) = n'$ and edges are taken with probability $1/m$. We will show that the probability that an edge is in the clique $S$ is $\alpha/m = p'$. We are then close to the Erdös-Renyi $G(n',p')$ model where $p' = 2.\alpha/n'^2$. In this regime, we know from Bollobas (2001) that the largest connected component is small, of order $O(\log n') = O(\log(\sqrt{m}))$. The giant connected component requires $p' \geq (\log n')/n'$. The size of the connected components in a graph specified by a degree sequence is studied in Chung and Lu (2002).

## 4.2   Random graphs with $p$ communities

None of the previous models exhibit many distinct community structures. The $PA(m)$ model or the power law distribution create only one dense community. Consider two random graphs $\widehat{G}_1$ and $\widehat{G}_2$ of the same size following the $D(\delta)$ model when $\delta$ follows a power law. We say that $\widehat{G}$ follows the $D(\delta)^2$ model if

$$\widehat{G} = \widehat{G}_1 \mid \widehat{G}_2$$

i.e. $\widehat{G}$ is the union of $\widehat{G}_1$ and $\widehat{G}_2$ with a few random edges connecting the nodes of low degree. This construction exhibits two communities $S_1$ and $S_2$ and generalizes to $D(\delta)^p$ for $p$ communities of different sizes, as in Figure 4.

Notice that if $\widehat{G}_1$ and $\widehat{G}_2$ have the same size and the same degree distribution $\delta = [\frac{4}{9}, \frac{1}{3}, \frac{2}{9}]$, then $\widehat{G} = \widehat{G}_1 \mid \widehat{G}_2$ has approximately the same distribution $\delta$.

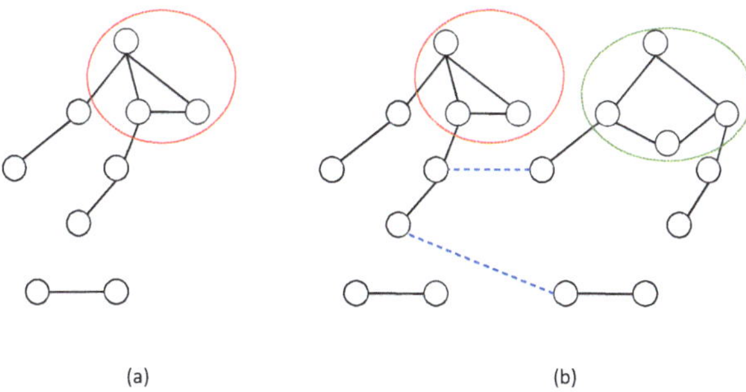

FIG. 4 – *Concentrated random graph for $D(\delta)$ with one community in (a). Random graph for $D(\delta)^2$ with 2 communities in (b) where $\delta = [4, 3, 2]$ (or $[\frac{4}{9}, \frac{1}{3}, \frac{2}{9}]$ as a distribution).*

## 4.3 Reservoir based random subgraphs

We maintain a reservoir with $k$ edges, whose edges occur with probability $\frac{1}{m}$ in a stream with $m$ edges for any large $m$, i.e. edges are uniformly selected. Such random graphs are considered in Lyons et al. (2006) in a different setting, under the name MST (Minimum Spanning tree) where an arbitrary random order is selected on the edges, hence each edge is uniformly selected.

We can also select nodes from a reservoir with $k$ edges, by choosing an edge $e = (i, j)$ and then choosing $i$ or $j$ with probability $\frac{1}{2}$. In this case, we select a node with probability proportional to its degree $d(i)$, simply because $d(i)$ independent edges connect to $i$. Therefore, the reservoir magically selects edges and nodes with high degrees, even so we never store any information about the degree of the nodes.

If we wish to keep only the last edges, for example the edges read in the last hour, the reservoir sampling will not guarantee a uniform distribution. A priority sampling for the sliding window McGregor (2014) assigns a random value in the $[0, 1]$ interval to each edge and selects the edge with minimum value. Each edge is selected with the uniform distribution.

## 4.4 Community detection

A graph has a community structure if the nodes can be grouped into $p$ dense subgraphs. Given a graph $G = (V, E)$, we want to partition $V$ into $p + 1$ components, such that $V = V_1 \oplus V_2.... \oplus V_p \oplus V_{p+1}$ where each $V_i$ for $1 \leq i \leq p$ is dense, i.e. $|E_i| \geq \alpha.|V_i|^2$ for some constant $\alpha$, and $E_i$ is the set of edges connecting nodes of $V_i$. The set $V_{p+1}$ groups nodes which are not parts of the communities.

In the simplest case of 2 components, $V = V_1 \oplus V_2 \oplus V_3$ and $V_1, V_2$ are dense and $V_3$ is the set of unclassified nodes, which can also be viewed as *noise*. If we want to approximate the communities, we want to capture most of the nodes of high degrees in $V_1$ and $V_2$. We adapt the definition and require that: $[Prob_\Omega[A(s) \cap S_1 \neq \emptyset \wedge A(s) \cap S_2 \neq \emptyset] \geq 1 - \delta$.

*Algorithm for Community detection in a stream s of $m$ edges $A(k, c, h)$:*
— Maintain a $k$-reservoir,
— For each $c$ edges, update the nodes database and the large (of size greater than $h$) connected components $\widehat{C_1}, ... \widehat{C_l}$ of the $k$-reservoir window.


In practice $k = 400$, $c = 3, h = 3$. Therefore each $\widehat{C_i}$ will contain nodes of high degrees, and we will interpret $\widehat{C_i}$ as a community at a time $t$. Figure 5 is an example of the connected components of the reservoir.

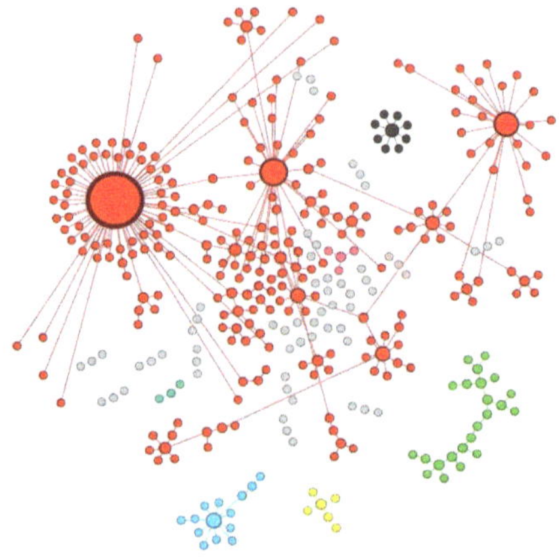

FIG. 5 – *Connected components of the $k$-reservoir.*


**Lemma 2** *Let $S$ be the community of a $D(\delta)$ graph following a power law, with $m$ edges. There are two constants $\alpha, \beta$, which depend on the distribution $\delta$ such that:*

$$Prob[e_i \in E_S] > \alpha$$

$$Prob[e_i \in E_S \wedge e_j \in E_S \wedge e_i, e_j \text{ share a node}] > \beta$$

**Proof :** Recall that $S$ contains the $O(\sqrt{m/2})$ nodes of highest degree. The degrees are from $O(\sqrt{m})$ until at least $O(\sqrt{m} - \sqrt{m/2})$. Among the possible $m/4$ internal edges of $S$, we have a constant proportion because at least half of the edges coming from a node must be internal. As a random edge $e_i$ is chosen with probability $1/m$, it has a constant probability to be internal, i.e. there exists $\alpha$ such that:

$$Prob[e_i \in E_S] > \alpha$$

$S$ is dense , i.e. it contains a constant fraction $\alpha$ of the possible edges, hence a fraction $1 - \alpha$ of pairs which are non-edges. If we select two independent edges $e_i, e_j$ they are internal with probability $\alpha^2$. The probability that they share a node is $1 - \eta$ if $\eta$ is the probability that they do not share a node. The probability that they do not share a node is the probability that some edge or some non-edge connects each of the 4 nodes of $e_i, e_j$. There are 4 possible connecting edges, hence 16 possibilities, but $\eta$ is bounded by a constant, hence $1 - \eta$ is also constant. If we set: $\beta = \alpha^2.(1 - \eta)$, we obtain:

$$Prob[e_i \in E_S \land e_j \in E_S \land e_i, e_j \text{ share a node}] > \beta$$

We can think of $\alpha$ as $1/4$ and $\beta = 1/10$. We can now prove the main result in the case of $p = 2$ communities, i.e. $G = G_1 \mid G_2$, where the graphs $G_1$ and $G_2$ have the same size. It generalizes to an arbitrary $p$ and to graphs $G_i$ that do not have the same size. The size must be at least a fraction of $m$.

**Theorem 2** *Let $G$ be a $D(\delta)^2$ graph following a power law, with $2m$ edges. There exists a constant $\delta$ such that the DC-Algorithm $\delta$-approximates the communities of $G = G_1 \mid G_2$.*

**Proof :**  By applying Lemma 2, we expect $k.\alpha.m/2$ edges in each dense component $S_1$ or $S_2$. The other edges could have one extremity in $S_i$ and the other in $V_i - S_i$ or both in $V_i - S_i$. In each $V_i$ there may be several connected components. We consider the largest $\widehat{C}_1$ for $G_1$ and $\widehat{C}_2$ for $G_2$. We need to estimate the probability

$$Prob[\mid C_i \mid \geq h \land \widehat{C}_i \cap S_i \neq \emptyset]$$

for $i = 1, 2$. Using the same argument as the one used in Lemma 2, there exists a $\gamma$ such that:
$Prob[e_{i_1} \in E_S \land e_{i_2} \in E_S... \land e_{i_h} \in E_S \land e_{i_1}, e_{i_2}, ...e_{i_h}$ are connected$] > \gamma$. We just evaluate the probability that there are not connected, i.e. one of the edges is not connected to the others because there exist edges and non edges to each of the nodes of the other edges. Hence if $\widehat{C}_i$ is the largest connected component in $S_i$:

$$Prob[\mid \widehat{C}_i \mid \geq h] > \gamma$$

and if we take $\delta = \gamma^2$ we conclude that $Prob[\mid \widehat{C}_1 \mid \geq h \land \mid \widehat{C}_2 \mid \geq h] > \delta$.

Clearly, if the number $p$ of components is large, the quality of the approximation decreases. If the size of some communities is small, the chance of not detecting it will also increase.

## 4.5  Dynamic Community detection

We extend the community detection algorithm and maintain two $k$-reservoirs: one for the global data, and one for most recent items. A priority sampling McGregor (2014), provides a uniform sampling of the last elements of the stream, defined by a time condition such as the last 15mins. We call it a *k-reservoir window*.

We update the the connected components for every $c$ new edges (for example $c = 5$) in the stream. We store the connected components at regular time intervals.

*DC-Algorithm for Dynamic Community detection of a stream s of edges: $DC(k, h, c, \tau)$*
— Maintain a global $k$-reservoir and a $k$-reservoir window,
— For each $c$ edges, update the nodes database and the large (greater than $h$) connected components $\widehat{C}_1, ...\widehat{C}_l$ of the $k$-reservoir window. When we remove edges, the components may split or disappear. When we add edges, components may merge or appear.
— Store the components of size greater than $h$ at some time interval $\tau$.
— When the stream stops, store the global connected components $\widehat{C}_{g_1}, ...\widehat{C}_{g_l}$ of the $k$-reservoir.

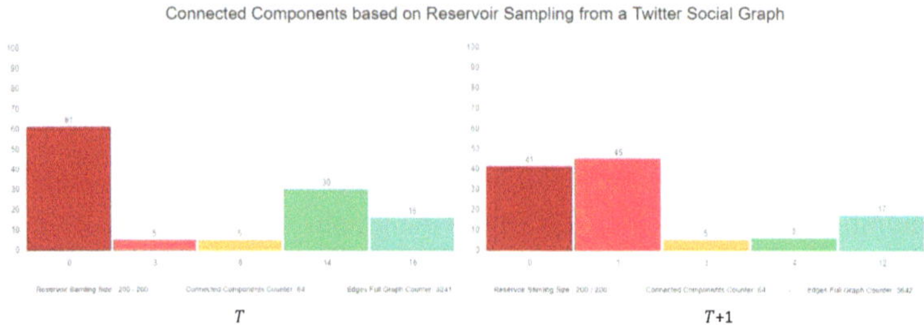

FIG. 6 – *Sizes of the connected components online*

In the implementation, $k = 400, h = 3, c = 5, \tau = 15mins$. Figure 6 shows the dynamic evolution of the sizes of the communities between two iterations.

## 4.6 Stability of the components

As we observe the dynamic of the communities, there is some instability: some components appear, disappear and may reappear later. It is best observed with the following experiment: assume two independent reservoirs of size $k' = k/2$ as in Figure 7. The last two communities of the reservoir 1 with 5 communities merge to correspond to the 4 communities in reservoir 2.

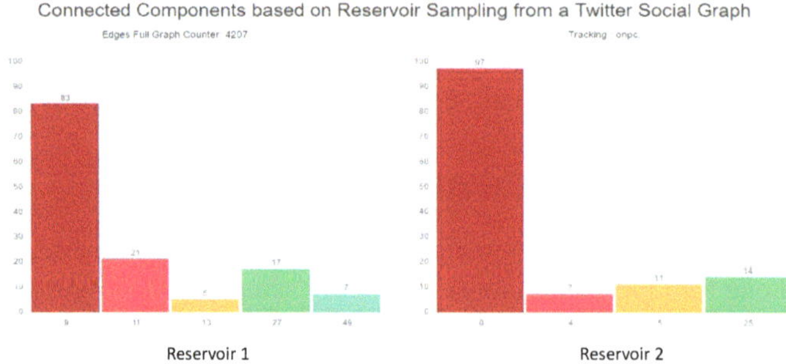

FIG. 7 – *Sizes of the connected components with 2 independent reservoirs*

Consider the subgraph $G_i$ of the community $C_i$. It is most likely a tree if $C_i$ is small, hence unstable as the removal of 1 edge splits the component or makes it small and it disappears. Larger components are graphs which are therefore more stable. If the original graph with $m$ edges has a concentrated component $S$ of size $O(\sqrt{m/2}) = n$, then we can estimate with the Erdös-Renyi model $G(n, p)$ the connected components inside $S$. In this case $p = 2.\alpha/n^2$ and we are in the sparse regime as $p < \log n/n$. The components are most likely trees of size at most $O(\log(\sqrt{m/2})$. Hence the instability of the small components.

# 5 Integration from multiple sources

Given two streams of edges defining two graphs $G_i = (V_i, E_i)$ for $i = 1, 2$, what is the integration of these two structures? The *node correlation* and the *edge correlation* between two graphs $G_1$ and $G_2$ are:

$$\rho_V = \frac{|V_1 \cap V_2|}{max\{|V_1|, |V_2|\}}, \rho_E = \frac{|E_1 \cap E_2|}{max\{|E_1|, |E_2|\}}$$

As we store $V_1$ and $V_2$, we can compute $\rho_V$, but we cannot compute $\rho_E$, as we do not store $E_1$ nor $E_2$. We can however measure some correlation between the communities as in Figure 8. If $C_{i,t}^1$ be the $i$-th component at time $t$ in $G_1$ and let $\bar{C}_1 = \cup_{i,t} C_{i,t}$, i.e. the set of nodes which entered some component at some time. Define the *Community Correlation*

$$\rho_C = \frac{|\bar{C}_1 \cap \bar{C}_2|}{max\{|\bar{C}_1|, |\bar{C}_2|\}}$$

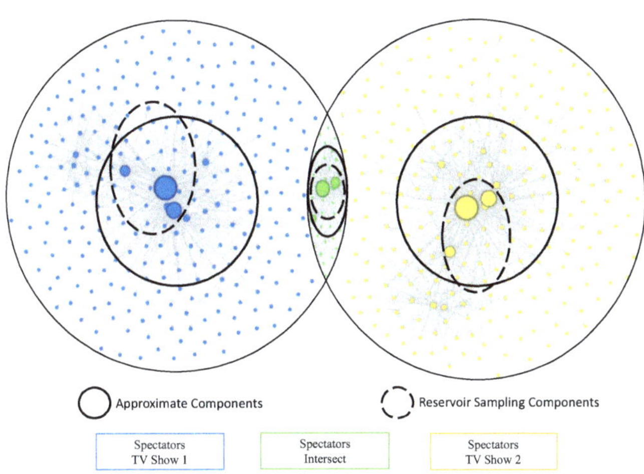


FIG. 8 – *Common communities between two graphs*

We just measure the fraction of nodes in common communities. The integration of two streams of edges defining two graphs $G_i = (V_i, E_i)$ for $i = 1, 2$ can then be viewed as the new structure $H = (V_1, V_2, V_1 \cap V_2, C_1^1, ..C_l^1, C_1^2, ..C_p^2, \rho_C)$ without edges, where $C_i^j$ is the $i$-th community of $G_j$. All the sets are exactly or approximately computed from the streams as we stores the nodes and the finite reservoir. It generalizes to $n$ streams as we can look for the correlation of any pair of streams.

Data integration in databases, often studied with data exchange, does not consider approximation techniques and studies the schemas mappings. Approximation algorithms, as the one we propose, give important informations for the integration of multiple sources.

# 6   Experiments

A Twitter stream is defined by a selection: either some set of tags or some geographical position for the sender is given. A stream of tweets satisfying the selection is then sent in a Json format by Twitter. We choose a specific tag #ONPC, associated with a french TV program which lasts 3 hours. We capture the stream for 4 hours, starting 1 hour before the program, and generate the edges as long as they do not contain #ONPC. There are approximately $10^4$ tweets with an average of 2.5 tags per tweet, i.e. $25.10^3$ potential edges and $15.10^3$ edges without #ONPC, whereas there are only 3500 nodes. If we do not remove these edges, the node #ONPC would dominate the graph and it would not follow our model .

We implemented the Dynamic Community algorithm with the following parameters: $k = 400, c = 3, h = 3, \tau = 15$mins. The nodes are stored in a Mysql database. The $k$-window reservoir is implemented as a dynamic $k$-reservoir as follows: when edges leave the window, the size of the reservoir decreases. New selected edges directly enter the reservoir when it is not full. When it is full, the new element replaces a randomly chosen element. This implementation does not guarantee a uniform distribution edges, but is simpler.

Over 4 hours, there are 16 intervals for $\tau = 15$mins, and 4 components on the average. The size of a component is 8 on the average. Therefore we store approximately $16 * 4 * 8 = 512$ elements, the representation of the dynamic of the communities. Figure 9 shows the evolution of the sizes of the connected components. Each stream can be stored in a compressed form and

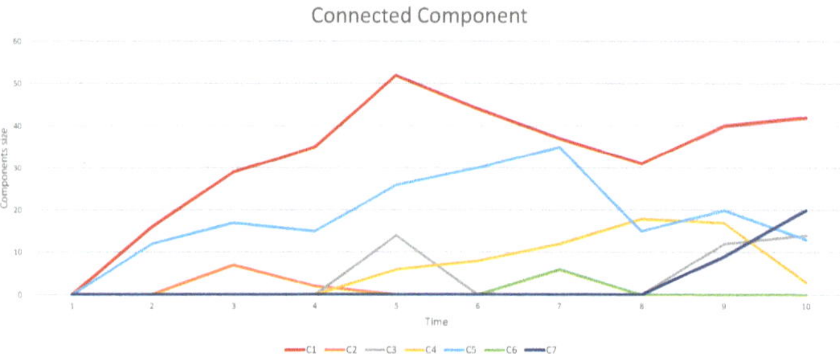


FIG. 9 – *Evolution of the sizes of the connected components*

we can then correlate two streams. We can then compute the Community Correlation. If the two streams have approximately the same length, we can display the correlation online. The results can be read at *http://www.up2.fr/twitter.*

# 7   Conclusion

We presented approximation algorithms for streams of tuples of a Datawarehouse and for streams of edges of a Social graph. The main DC algorithm computes the dynamic communities of a stream of edges without storing the edges of the graph and we showed that for concentrated random graphs with $p$ communities whose degrees follow a power law, the algorithm is a good approximation of the $p$ communities. A finite stream of edges can be compressed as the set of nodes and communities at different time intervals.

In the case of two streams of edges, corresponding to two graphs $G_1$ and $G_2$, we define the Community Correlation of the two streams as the fraction of the nodes in common communities. It is the basis for the Integration of two streams of edges and by extension to $n$ streams of edges. We illustrate this approach with Twitter streams associated with TV programs.

# References


Barabasi, A. and R.Albert (1999). The emergence of scaling in random networks. In *Science 286*, pp. 509–512.

Bollobas, B. (2001). *Random Graphs*. Cambridge University Press.

Chung, F. and L. Lu (2002). Connected components in random graphs with given expected degree sequences. *Annals of Combinatorics*, 125–145.

de Rougemont, M. and G. Vimont (2015). The value of analytical queries on social networks. In *2015 IEEE International Big Data Conference*.

Easley, D. and J. Kleinberg (2010). *Networks, Crowds, and Markets: Reasoning About a Highly Connected World*. New York, NY, USA: Cambridge University Press.

Erdos, P. and A. Rényi (1960). On the evolution of random graphs. In *Publication of the mathematical institute of the Hungarian Academy of Sciences*, pp. 17–61.

Hoeffding, W. (1963). Probability inequalities for sums of bounded random variables. *Journal of the American Statistical Association 58*(2), 13–30.

Lyons, R., Y. Peres, and O. Schramm (2006). Minimal spanning forests. *The Annals of Probability 34*(5), 1665–1692.

McGregor, A. (2014). Graph stream algorithms: A survey. *SIGMOD Rec. 43*(1).

Muthukrishnan, S. (2005). Data streams: Algorithms and applications. *Found. Trends Theor. Comput. Sci. 1*(2), 117–236.

Vitter, J. S. (1985). Random sampling with a reservoir. *ACM Trans. Math. Softw. 11*(1), 37–57.


# Résumé


Nous présentons des algorithmes d'approximation pour les réponses à des requêtes analytiques à l'aide d'un échantillonnage par réservoir pondéré. Nous étudions les réponses aux requêtes OLAP pour un flux de tuples $t$ d'un Entrepôt de données, et la détection de communautés dans un flux d'arêtes d'un graphe social. Nous montrons que pour un modèle de graphe dont le degré suit une loi de puissance et qui est concentré, l'algorithme proposé est une bonne approximation. Bien que nous ne gardions pas les arêtes des graphes, nous approximons les communautés et leur dynamique. Etant donné deux flux, nous définissons la *Corrélation de Communautés* comme la fraction de noeuds communs aux communautés des deux graphes. Nous approximons cette corrélation et définissons *l'intégration approchée* de deux flux. Nous illustrons cette approche en analysant plusieurs flux Twitter associés à des programmes de TV.

# New OLAP Operators for Missing Data


Maha Ben Kraiem*,** Kais Khrouf*, Jamel Feki***, Franck Ravat**, Olivier Teste**

*MIR@CL Laboratory, University of Sfax
Airport Road Km 4, P.O. Box. 1088, 3018 Sfax, Tunisia
Maha.BenKraiem@yahoo.com, Khrouf.Kais@isecs.rnu.tn
** IRIT, University of Toulouse
118, route de Narbonne, 31069 Toulouse Cedex 9, France
{Ravat, Teste}@irit.fr
*** University of Jeddah, FCIT, IS dept
Saudi Arabia
jfeki@uj.edu.sa



**Abstract.** Data analysis of social networks is often impeded by the problem of missing data. Recent studies highlight the negative effects of this problem mainly regarding querying process. The analysis of data social networks would be severely distorted when limited to filled fields (i.e., not null valued fields) whereas missing data are ignored. To overcome the missing data problem, we provide in this paper an extension of classical *Drilldown* and *Rollup* operators in order to support analyses on multidimensional datasets containing missing values of dimension members.


# 1  Introduction

In the last decade, many social networks such as Facebook, LinkedIn and Twitter have been developed, and they made users perceive the Web as a place where they exchange feelings and opinions as well as contents. However, despite these tools ease the sharing and collaboration between users; they may cause new challenges concerning the relevant exploitation of these User-Generated Contents (UGC)for decision making systems. Thus, new multidimensional models have been proposed for OLAP purposes. The multidimensional modeling comes with a set of specifics such as missing data. Missing data in social networks is a long standing but relatively poorly understood problem. The analysis of social networks is even thwarted by missing values. There are several ways in which researchers can cope with missing values, which are frequently found in data collected in empirical research. The easiest way is to simply ignore the missing data. However, restricting analyses to the observed responses (i.e., not null fields) results in serious loss of information and then decreases the power of statistical results. Some other missing data treatments include weighting procedures, model-based procedures, and imputation. Facing to great amount of missing data in large volumes of data sets, we set a twofold purpose, first increase the efficiency of analysis and, secondly, help the analysts. For this reason, we extend the two classical *Drilldown* and *Rollup* operators; this extension enables the analyst to handle missing data on dimension members. In this context, our previous work proposed integrating data extracted from tweets into a multidimensional model Ben Kraiem et al. (2014). The proposed model reflects on some specifics (e.g., recursive references between tweets) and, in particular, on missing data. We define in this paper, new versions for two popular OLAP operators that take into account the specificity of this model dealing with missing data. This paper is organized as follows. Section 2 reviews related works concerning the processing of missing data in the literature. In Section 3, we present our case study. Section 4 defines the extended versions to handling missing data for each of the two OLAP operators. For each of these operators, we propose a user-oriented definition along with an algorithmic pseudo code translation. Finally, this paper ends with a conclusion that focuses on perspectives for improvements.

## 2   Related work

To overcome the problems due to missing data, several methods are proposed in the literature. In Sadikov et al. (2011) the authors address the problem of missing data in information cascades[1]. The authors propose a numerical method that, given a cascade model and observed cascade C' , it can estimate properties of the complete cascade C. There are several ways to handle missing data. Popular approach is based on imputation. Imputation procedures replace missing values by plausible estimates. Huisman (2009) performed a simulation study to investigate the of non-response and missing data on the structural properties of social networks, and the ability of some simple imputation techniques to treat the missing network data. The simulations were based on an existing friendship network in school classes.
Adar and Ré (2007)argue that new methods for collecting social network structure, and the shift in scale of these networks, introduce a greater degree of imprecision that requires rethinking on how social network analysis techniques can be applied. The authors proposed a new area in data management, probabilistic databases, whose main research goal is to provide tools to manage and manipulate imprecise or uncertain data such as missing data. Furthermore, Collins.L et al. (2014) has proposed methods which aim at finding approximations to missing data in a dataset by using optimization algorithms to improve the network parameters after which prediction and classification tasks can be performed. The optimization methods that are considered are genetic algorithm (GA), simulated annealing (SA), particle swarm optimization (PSO), random forest (RF) and negative selection (NS). These methods are individually used in combination with auto-associative neural networks (AANN) for missing data estimation; the results obtained are compared. Other approaches have been proposed for the treatment of missing data. For instance, McClean.S.I et al. (2001) consider the problem of aggregation using an imprecise probability data model that allows representing imprecision by partial probabilities and uncertainty using probability distributions. Further to this study, we may conclude that missing data in social networks is a long standing but relatively poorly understood problem. Most of works do not offer tools for the decision maker to manipulate missing data analyses. None of the previous work fully supports carrying out analysis in the case of missing data. In terms of the analysis of missing data in prior work is practically nonexistent. To the best of our knowledge, our contribution in this paper is the first attempt to extend two algebraic OLAP operators in order to support analyses over missing data and most importantly, the first attempt

---

1. As information or actions spread from a node to node through the social network, a cascade is formed.

to increase the efficiency of analysis and facilitate the analysts' task in case of missing data. In the next section, we will describe a case study of multidimensional model dedicated to the OLAP of tweets that fulfills decision-makers' needs.

# 3 Case study

In this section, we recall our multidimensional model dedicated to the OLAP of tweets. Further details about this model can be found in (Ben Kraiem et al. (2014),Ben Kraiem et al. (2015a)). FIG 1 depicts the extended multidimensional model for tweets using graphical notations. Once the conceptual model is defined, the logical model can be derived by applying

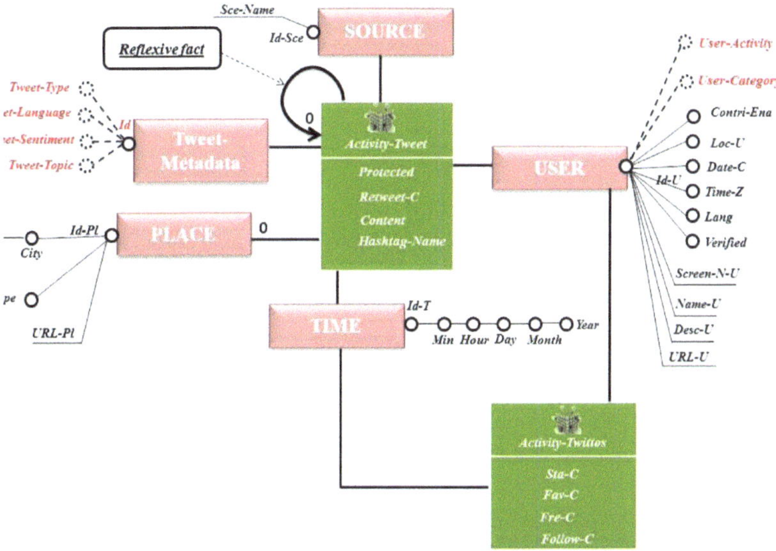


FIG. 1 – *Multidimensional constellation model dedicated for the OLAP of tweets.*

a set of transformation rules (Ben Kraiem et al. (2015b)). FIG 2 depicts the R-OLAP model resulted from the transformation process of the multidimensional constellation diagram (FIG. 1).

The multidimensional data model and implementations of social networks come with a set of further constraints, such as missing data. The analysis of social networks is even more thwarted by missing values. This is the case where there is simply no value provided at all. Technically, the loading process sees a NULL value (Hess (1998)). Existing OLAP operators cannot be successfully applied to handle the above-mentioned challenge. These operators have been defined in a classical context assuming that data are present all the time (Ravat et al. (2008)). So, a remarkable effort must be made to extend these operators to take into consideration the specificity of multidimensional modeling of tweets (missing data). Facing

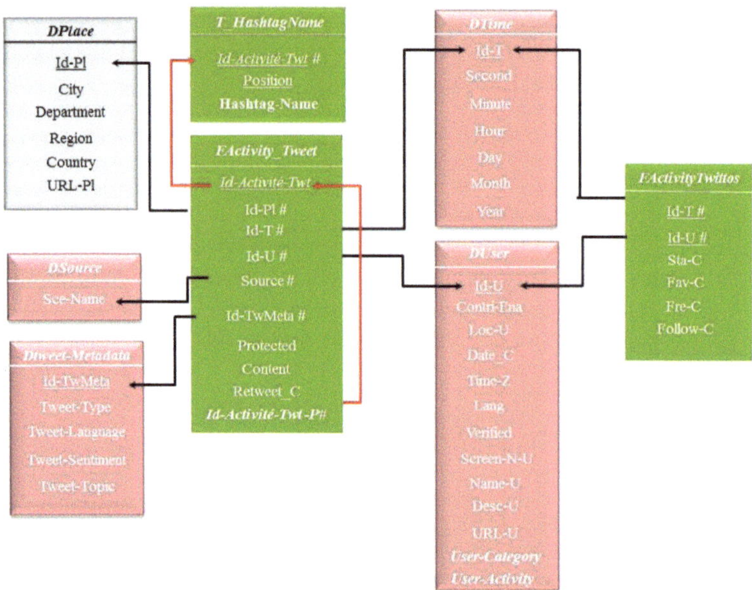


FIG. 2 – *R-OLAP Logical model for constellation of FIG 1.*

to this issue, we propose to extend two OLAP operators Drilldown and Rollup. We call the extended versions *Drilldown* $^{null\text{-}option}$ and *Rollup* $^{null\text{-}option}$, in order to support missing data by offering new options. They both take a multidimensional table currently displayed, an analysis dimension, a parameter and a Null-Option as input. As output, a new multidimensional table is produced containing information at a lower or higher granularity level after executing the *Drilldown* $^{null\text{-}option}$ and *Rollup* $^{null\text{-}option}$ operator respectively. For each of these OLAP operators, we propose a user oriented definition along with an algorithmic translation for its implementation.

# 4   Extended OLAP operators

OLAP analysis results are usually presented in tabular format called *Multidimensional Table* (Gyssens and Lakshmanan (1997); Ravat et al. (2007)).

**Definition.**   Analysis results are presented in forms of multidimensional table, denoted *MT*, which is defined by *(F, MES, Dim, Hier, Pred)* where:
— *F*: is the fact name analyzed in the table,
— *MES* = $\{f_1(m_1),\ldots, f_p(m_p)\}$ is a set of p measures $(m_1),\ldots, (m_p)$ associated to aggregation functions $f_1,\ldots, f_p,$ f $\subseteq$ {SUM, AVG, MAX ...},
— *Dim* = $\{D_1, D_2\}$ is the set of the two dimensions currently displayed in MT,
— *Hier* = $\{H^{D_1}, H^{D_2}\}$ is the set of the two hierarchies currently displayed belonging respectively to the two dimensions $D_1, D_2$ in MT,

— *Pred* = {$pred_1 \wedge, \ldots, \wedge\ pred_s$} is a normalized conjunction of predicates (restrictions of dimension data and fact data).

## 4.1 Drilldown <sup>null-option</sup> operator

The *Drilldown* <sup>null-option</sup> operator allows displaying information at a finer granularity level on a currently displayed dimension. After executing the *Drilldown* <sup>null-option</sup>, the decision-maker obtains a new multidimensional table with one dimension unchanged whereas the other dimension displays information at a finer granularity level. Our proposed analysis operator should facilitate decision-makers' tasks by not requiring the involved missing data.

### 4.1.1 Conceptual definition

| $Drilldown^{null\text{-}option}(MT_k\,,\,D_i\,,\,P_{inf}\,,\,Null\text{-}Option,\,[S]) = MT$ | |
|---|---|
| Input | — $MT_k$: A multidimensional table currently displayed<br>— $D_i$: One among the two analysis axes displayed in $MT_k$<br>— $P_{inf}$: A parameter of low level than the lowest parameter displayed in the current hierarchy of $D_i$.<br>— *Null-Option*: {<u>All</u> \| $All_{NullLast}$ \| Flexible}: Indicates how null-values of parameters Pinf will be treated by the Drilldown:<br>  — *All*: is the default option, it means that the Drilldown returns all rows including those containing null values of parameter $P_{inf}$.<br>  — $All_{NullLast}$: The Drilldown returns all rows including those containing null-values of parameter $P_{inf}$. It moves to the end of the result multidimensional table MT all rows containing null values.<br>  — *Flexible*: If the percentage of null values returned for $P_{inf}$ exceeds the threshold S, the operator changes the granularity level of $P_{inf}$ in order to find a parameter $p$ of lower level than $P_{inf}$ having a percentage of null values less than S. A message will be posted to the user; it contains the percentage of null values for each parameter $p$. So, the user will be guided to select the adequate parameter $p$ instead of $P_{inf}$.<br>  — S: Optional threshold to indicate the highest acceptable *percentage of null values (Percentage_Null)* in all cells in the result. |
| Output | MT is the resulting multidimensional table. |

TAB. 1 – *Formalization of the Drilldown<sup>null-option</sup> operator.*

**Example 1.** In order to test and assess our proposed operator, we have extracted and loaded a data set containing 25508 tweets issued from different geographical places. Note that the place field does not have values in all tweets. For instance, assume that a decision-maker starts the analysis by displaying the total number of tweets according to the Country parameter of the *PLACE* dimension and *User-Activity* on the *USER* dimension. FIG 3 shows the result for this analysis. After executing the previous query, the decision-maker continues

| Number of Tweets | PLACE | | | | |
|---|---|---|---|---|---|
| | Country | Belgium | Canada | France | Spain |
| **User-Activity** | | | | | |
| New And Active | | 77 | 76 | 1266 | 56 |
| New And Passive | | 131 | 13 | 1230 | 87 |
| Old And Active | | 85 | 2 | 9177 | 103 |
| Old And Passive | | | 20 | 13119 | 66 |

TAB. 2 – *Multidimensional table $MT_0$.*

her/his analysis by displaying the number of tweets at a finer granularity level (*Region*) on one currently displayed dimension (*PLACE* dimension in our case) and (without changing the granularity level User-Activity of the USER dimension. The result is shown in FIG. 4 ($MT_1$). According to this analysis, many missing data are encountered. To deal with this issue, we propose an extension of the classic operator *Drilldown*. The decision-maker may receive 3 versions of multidimensional tables according to the specified *Null-option* for the *Drilldown*.

— The decision-maker chooses the option *All* in order to keep the analysis granularity to *Region* level: *Drilldown* $^{all}$ (*$MT_0$, PLACE, REGION*) = $MT_1$ (**FIG. 4**).

| | PLACE | | | | | | | | |
|---|---|---|---|---|---|---|---|---|---|
| | **Country** | France | | | | | Spain | Canada | Belgium |
| | **Region** | | | | | | | | |
| **User-Activity** | | centre | Ile-de-France | Languedoc Roussil-lon | Midi-Pyrénées | Picardie | Null | Null | Null | Null |
| New And Active | | 2 | 12 | 57 | 38 | 87 | 1075 | 56 | 76 | 77 |
| New And Passive | | 1 | 24 | 1 | 1 | 2 | 1241 | 87 | 13 | 131 |
| Old And Active | | 1 | 51 | 35 | 77 | 101 | 9002 | 103 | 2 | 85 |
| Old And Passive | | 7 | 342 | 30 | 1 | 11 | 12907 | 66 | 20 | |

TAB. 3 – *Multidimensional table $MT_1$.*

— *$All_{NullLast}$*: The Drilldown returns all rows includ parameter $P_{inf}$. It moves at the end of the resulted multidimensional table all rows containing null values.
— If the decision-maker chooses the *Flexible* option, a message containing a list of parameters of lower level than $P_{inf}$ with the percentage of the missing values of each one will be posted to the analyst. The chosen parameter *Region* is replaced with *City*

which is the parameter having the minimum of missing values. The involved analysis expression presents as follows:$Drilldown^{flexible}(MT_0,\ Place,\ City) = MT_2$. After the execution of this analysis operator, the decision-maker obtains the new MT presented in FIG. 5. We note that the analysis of the data according to the *City* parameter has improved the returned results since most of the missing values due to two parameters *Department* and *Region* are not included in the multidimensional table $MT_2$.

| | | PLACE | | | | | | | |
|---|---|---|---|---|---|---|---|---|---|
| | **Country** | France | | | | | Spain | Canada | Belgium |
| | **City** | | | | | | | | |
| **User-Activity** | | Cergy | Nanterre | Paris | Toulouse | | Gérone | Ripoll | St. Catharines | Tournai |
| New And Active | | 91 | 80 | 670 | 524 | | 56 | | 76 | 77 |
| New And Passive | | 110 | 159 | 567 | 109 | | | 87 | 13 | 131 |
| Old And Active | | 86 | 922 | 4039 | 362 | | 103 | | 2 | 85 |
| Old And Passive | | 98 | 121 | 6788 | | | | 66 | 20 | |

TAB. 4 – *Multidimensional table $MT_2$.*

### 4.1.2 Logical definition

The logical definition of the *Drilldown* [null-option] operator is given as an algorithm described hereafter.

**Algorithm 1:** *Drilldown* [null-option]$(MT_k,\ D_i,\ P_{inf},\ Null\text{-}Option,\ [S]) = MT$ To clarify the algorithm, we need two functions defined as follows:

— *Length($H^D$, D)*: returns the number of aggregation level in hierarchy $H^D$

— *Level (p, $H^D$, D)*: returns the level of parameter *p*, in hierarchy $H^D$ of dimension *D* such as the finest parameter has level 1

**Input**

— $MT_k$: Multidimensional table

— $D \in \{D_1,\ D_2\}$ One of the two dimensions of $MT_k$

— $P_{inf}$: parameter of $H^D$ , to be reached by Drilldown

— *Null-option*: Indicates how null-values of parameters $P_{inf}$ will be treated by the Drilldown

— S: Optional threshold to indicate the highest acceptable percentage of null values *(Percentage_ Null_ Values* in the result.

**Output:** New multidimensional table MT, with the same structure as $MT_k$

**Begin**

1. Let $H^D$ be the actually displayed hierarchy of *D*

2. Let Par = $\{p_n, p_{n-1},\ldots,p_c\}$ be the set of displayed parameters of $H^D$ with $c$ is the level of the finest displayed parameter of $H^D$, and $n$ is the level of the least fine parameter of $H^D$ (i.e.,$n=$ *Length($H^D$, D))*, $(c \leqslant n)$

3. If *Level ($p_c$, $H^D$, D)* $\leqslant$ *Level ($P_{inf}$, $H^D$, D)* then

4.   Impossible operation, the parameter $P_{inf}$ is of lower granularity level than the specified parameter $p_c$ displayed.

5. Else

6.   Translate Drilldown ($MT_k$; D ; $P_{inf}$) into query Q

7.   Q = " **Select** " $\|$ $p_n, p_{n-1},\ldots,$ $P_{inf}$ $\|$ $f_1(m_1), f_2(m_2),\ldots$ $\|$ " **From** "$\|$ $D_1, D_2, F$ $\|$ " **Where** " $\|$ $MT_k$.*Pred, Join Condition* $\|$ " **Group by** " $\|$ $p_n, p_{n-1},\ldots,$ $P_{inf}$ $\|$ " **Order by** " $\|$ $P_{inf}$

8.   MT = Results of query Q.

9.   Percentage_ Null_ Values = Number of cells containing null values of $P_{inf}$ in MT $/$ Card(MT)

10.    If Percentage_ Null_ Values > S then

11.     If Null-option = "Flexible" then

12.      For each parameter $p_j \in H^D$ $(1 \leqslant$ j < *Level ($P_{inf}$, $H^D$, D))*

13.       ContinuerForage = True

14.        While ContinuerForage

15.         Drop table MT

16.         Translate Drilldown ($MT_k$; D ; $p_j$) into query Q

17.          $Q_j$ = " **Select** "$\|p_n, p_{n-1},\ldots,$ $p_j$ $\|$ $f_1(m_1), f_2(m_2),\ldots$ $\|$ " **From** "$\|$ $D_1$, $D_2, F$ $\|$ " **Where** "$\|MT_k$.*Pred, Join Condition* $\|$ " **Group by** " $\|p_n, p_{n-1},\ldots,p_j\|$" **Order by** "$\|p_j$

18.          MT = Results of query $Q_j$

19.           Percentage_ Null_ Values = Number of cells containing null values of $p_j$ in MT $/$ Card(MT)

20.          If Percentage_ Null_ Values < S then

21.            Display table MT

22.            ContinuerForage = False

23.           End If

24.         j = j+1

25.        End While

26.     Else

27.      Drop table MT

28.      Translate Drilldown ($MT_k$; D ; $P_{inf}$) into query Q

29.       Q = " **Select** " $\|$ $p_n, p_{n-1},\ldots,$ $P_{inf}$ $\|$ $f_1(m_1), f_2(m_2),\ldots$ $\|$ " **From** "$\|$ $D_1, D_2,$ $F$ $\|$ " **Where** " $\|$ $MT_k$.*Pred, Join Condition* $\|$ " **Group by** " $\|$ $p_n, p_{n-1},\ldots,$ $P_{inf}$ $\|$ " **Order by** " $\|$ $P_{inf}$

30.        MT = Results of query Q

31.        If null-option = "$All_{NullLast}$" then

32.        Q = " **Select** " $\| p_n, p_{n-1}, \ldots, P_{inf} \| f_1(m_1), f_2(m_2), \ldots \|$ " **From** "$\| D_1, D_2,$ $F \|$ " **Where** " $\| MT_k.Pred, Join\ Condition \|$ " **Group by** " $\| p_n, p_{n-1}, \ldots, P_{inf} \|$ " **Order by** " $\| P_{inf} \|$ " **DESC NULLS LAST** ";

33.        MT = Results of query Q

34.      End if

35.      Display MT

36.      End For

37.    End if

38.   End if

39. End if

**End**

**Result** Now we will illustrate how Null-option analysis operators are transformed into SQL queries. The first multidimensional table $MT_0$ is obtained by executing the following SQL code.

```
SELECT      COUNT(A.id_ activity_ TW), U.user-Activity, P.country
FROM        FACTIVITY_ TWEET A, DUSER U, DPlace P
WHERE       A.id-U = U.id-U AND A.id-Pl = P.id-Pl
GROUP BY    U.user-Activity,P.country
ORDER BY    P.country
```

During the execution of the *Drilldown* [null-option] operators, three types of queries are generated according to the used option.

— If the decision-maker chooses the option *All* in order to keep the analysis granularity to *Region* level: *Drilldown* [all] *(MT_0, Place, Region)* = $MT_1$. The generated query is as follows:

```
SELECT      COUNT(A.id_ activity_ TW),U.user-Activity, P.country, P.Region
FROM        FACTIVITY_ TWEET A, DUSER U, DPlace P
WHERE       A.id-U = U.id-U and A.id-Pl = P.id-Pl
GROUP BY    U.user-Activity,P.country, P.Region
ORDER BY    P.Region
```

— The query corresponding to the option $All_{NullLast}$ is transformed to the SQL code below.

```
SELECT      COUNT(A.id_ activity_ TW),U.user-Activity, P.country, P.Region
FROM        FACTIVITY_ TWEET A, DUSER U, DPlace P
WHERE       A.id-U = U.id-U and A.id-Pl = P.id-Pl
GROUP BY    U.user-Activity,P.country, P.Region
ORDER BY    P.Region
DESC NULLS Last;
```

— If the decision-maker chooses the option *Flexible*, the chosen parameter *Region* is replaced by *City* which is the parameter having the minimum of the missing values. The analysis operator involved is presented as follows: *Drilldown$^{flexible}$ ($MT_0$, Place, City)* = $MT_2$. The null-option analysis framework generates the query applicable to our R-OLAP model.

```
SELECT      COUNT(A.id_ activity_ TW),U.user-Activity, P.country, P.City
FROM        FACTIVITY_ TWEET A, DUSER U, DPlace P
WHERE       A.id-U = U.id-U and A.id-Pl = P.id-Pl
GROUP BY    U.user-Activity,P.country, P.City
ORDER BY    P.City
```

## 4.2 Rollup $^{null\text{-}option}$ operator

The *Rollup $^{null\text{-}option}$* operator consists in moving from finer granularity data to coarser granularity data on a currently displayed dimension. Table 2 shows its algebraic formalization.

### 4.2.1 Conceptual definition

**Example 2.**Suppose that the decision-maker continues his analysis by rolling up. The analysis operator involved is presented as follows:
— *Rollup $^{all}$ ($MT_2$, Place, City) = $MT_1$*
— *Rollup $^{flexible}$ ($MT_1$, Place, Country) = $MT_0$*

### 4.2.2 Logical definition

The logical definition of the *Rollup$^{null\text{-}option}$* operator is given by the following algorithm.
**Algorithm 2:** *Rollup$^{null\text{-}option}$($MT_k$ , $D_i$ , $P_{sup}$ , Null-Option, [S]) = MT* **Input**
— $MT_k$: Multidimensional table
— $D \in \{D_1, D_2\}$ One of the two dimensions of $MT_k$
— $P_{sup}$: parameter of $H^D$
— *Null-option*: Indicates how null-values of parameters $P_{sup}$ will be treated by the Rollup
— S: Optional threshold to indicate the highest acceptable percentage of null values *(Percentage_ Null_ Values* in the result.
**Output:** New multidimensional table MT, with the same structure as $MT_k$
**Begin**

1. Let $H^D$ be the actually displayed hierarchy of $D$

2. Let Par = $\{p_n, p_{n-1},\ldots,p_c\}$ be the set of displayed parameters of $H^D$ with $c$ the most general graduation displayed parameter of $H^D$, and $n$ is the level of the least coarse parameter of $H^D$ (i.e.,$n= Length(H^D, D)$), ($c \geqslant n$)

3. If *Level ($p_c$, $H^D$, D)* $\geqslant$ *Level ($P_{sup}$, $H^D$, D)* then

4.   Impossible operation, the parameter $P_{sup}$ is of of higher granularity level than the most general parameter$p_c$ displayed.

5. Else

| $Rollup^{null\text{-}option}(MT_k, D_i, P_{sup}, Null\text{-}Option, [S]) = MT$ | |
|---|---|
| Input | — $MT_k$: A multidimensional table currently displayed<br>— $D_i$: One among the two analysis axes displayed in $MT_k$<br>— $P_{sup}$: Chosen parameter on dimension $D_i$.<br>— *Null-Option*: {<u>All</u> \| $All_{NullLast}$ \| Flexible}: Indicates how null-values of parameters Pinf will be treated by the Drilldown:<br>　　— *All*: The Rollup operator will return all the values corresponding to the chosen parameter including the null-values.<br>　　— $All_{NullLast}$: The Rollup operator will return all the values corresponding to the chosen parameter including the null-values. The operator will be accompanied with a classification of the values, by putting at the end of the multidimensional table the null values.<br>　　— *Flexible*: If the percentage of null values returned for $P_{sup}$ exceeds the threshold *S*, the operator changes the granularity level of $P_{sup}$ in order to find a parameter *p* of higher level than $P_{sup}$ having a percentage of null values less than *S*. A message will be posted to the user; it contains the percentage of null values for each parameter *p*. So, the user will be guided to select the adequate parameter *p* instead of $P_{sup}$.<br>　　— *S*: Optional threshold to indicate the highest acceptable *percentage of null values (Percentage_Null)* in all cells in the result. |
| Output | MT is the resulting multidimensional table. |

TAB. 5 – *Formalization of the Rollup $^{null\text{-}option}$ operator.*

6.　Translate Rollup $(MT_k; D; P_{sup})$ into query Q

7.　Q = " **Select** " $\|$ $p_n, p_{n-1}, \ldots, P_{sup}$ $\|$ $f_1(m_1), f_2(m_2), \ldots$ $\|$ " **From** "$\|$ $D_1, D_2, F$ $\|$ " **Where** " $\|$ $MT_k.Pred, Join\ Condition$ $\|$ " **Group by** " $\|$ $p_n, p_{n-1}, \ldots, P_{sup}$ $\|$ " **Order by** " $\|$ $P_{sup}$

8.　MT = Results of query Q.

9.　Percentage_ Null_ Values = Number of cells containing null values of $P_{sup}$ in MT $/$ Card(MT)

10.　If Percentage_ Null_ Values > S then

11.　　If Null-option = "Flexible" then

12.　　　For each parameter $p_j \in H^D$ $(Level\ (P_{sup}, H^D, D) < j \leqslant Level\ (p_c, H^D, D))$

13.　　　　ContinuerForage = True

14.　　　　While ContinuerForage

15.　　　　　Drop table MT

16.　　　　　Translate Rollup $(MT_k; D; p_j)$ into query Q

17. $Q_j$ = " **Select** "$\|p_n, p_{n-1},\ldots, p_j \| f_1(m_1), f_2(m_2),\ldots\|$ " **From** "$\| D_1,$ $D_2, F \|$ " **Where** "$\|MT_k.Pred, Join\ Condition \|$ " **Group by** " $\|p_n, p_{n-1},\ldots,p_j\|$" **Order by** "$\|p_j$

18. MT = Results of query $Q_j$

19. Percentage_ Null_ Values = Number of cells containing null values of $p_j$ in MT $\diagup$ Card(MT)

20. If Percentage_ Null_ Values < S then

21. Display table MT

22. ContinuerForage = False

23. End If

24. j = j+1

25. End While

26. Else

27. Drop table MT

28. Translate Rollup ($MT_k$; D ; $P_{sup}$) into query Q

29. Q = " **Select** " $\| p_n, p_{n-1},\ldots, P_{sup} \| f_1(m_1), f_2(m_2),\ldots\|$ " **From** "$\| D_1, D_2,$ $F \|$ " **Where** " $\| MT_k.Pred, Join\ Condition \|$ " **Group by** " $\| p_n, p_{n-1},\ldots, P_{sup} \|$ " **Order by** " $\| P_{sup}$

30. MT = Results of query Q

31. If null-option = "$All_{NullLast}$" then

32. Q = " **Select** " $\| p_n, p_{n-1},\ldots, P_{sup} \| f_1(m_1), f_2(m_2),\ldots\|$ " **From** "$\| D_1, D_2,$ $F \|$ " **Where** " $\| MT_k.Pred, Join\ Condition \|$ " **Group by** " $\| p_n, p_{n-1},\ldots, P_{sup} \|$ " **Order by** " $\| P_{sup} \|$ " **DESC NULLS LAST** ";

33. MT = Results of query Q

34. End if

35. Display MT

36. End For

37. End if

38. End if

39. End if

**End**

Facing large volumes of data among which a great amount of missing data are found, our aim is to both increase the efficiency of analysis and facilitate the analysts task. To this end, we have proposed extensions of classical drilldown and rollup operators.

# 5   Conclusion

Data analysis in social networks is often hampered by missing data. For this reason, we have proposed an extended version for each of the two OLAP operators Drilldown and Rollup. We call the extended versions *Drilldown* $^{null\text{-}option}$ and *Rollup* $^{null\text{-}option}$, in order to support a way to process OLAP queries on data sets having missing data. For each of these OLAP operator, we have presented an algebraic formalization and a logical definition as a pseudo code algorithm. Then we have given illustrative examples showing results given when Null-option analysis is used. To the best of our knowledge, this is the first discussion about how OLAP analysis operators can be carried out in the case of missing data in multidimensional modeling. As perspective work, we intend to integrate more analysis operators that take into consideration the specificities of our multidimensional model, as Reflexive Fact and dynamic Data. These operators will help the interpretation of the results of multidimensional analyses on tweets and their metadata. It is also important to note that social networks data entries (e.g., user profile data, message status) evolve over time and therefore the occurring changes must be considering in the corresponding analysis. For this reason; it would be interesting to define an approach enabling OLAP to keep up with volatile data using the concepts of slowly changing dimensions to enable analysis of both the recent state of data and any of its previous states. Moreover, we plan to conduct experiments to measure the quality of the result extracted by our OLAP operators. Finally, the scalability of our approach merit to be proved.

# References


Adar, E. and C. Ré (2007). *Managing Uncertainty in Social Networks.* In ieee computer society technical committee on data engineering, 15-22.

Ben Kraiem, M., J. Feki, K. Khrouf, F. Ravat, and O. Teste (2014). Olap of the tweets from modeling toward exploitation. *In 8th International Conference on Research Challenges in Information Science (IEEE RCIS'2014)*, 45–55.

Ben Kraiem, M., J. Feki, K. Khrouf, F. Ravat, and O. Teste (2015a). Modeling and olaping social media: the case of twitter. *In Social Netw. Analys. Mining 5(1)*, 47:1–47:15.

Ben Kraiem, M., J. Feki, K. Khrouf, F. Ravat, and O. Teste (2015b). Olap4tweets: Multidimensional modeling of tweets. *In European Conference on Advances in Databases and Information Systems, ADBIS*, 68–75.

Collins.L, C., B. Twala, and T. Marwala (2014). Missing data prediction and classification: The use of auto-associative neural networks and optimization algorithms. *In Computer Science: Neural and Evolutionary Computing*.

Gyssens, M. and L. V. S. Lakshmanan (1997). A foundation for multi-dimensional databases. *In Proceedings of the 23rd International Conference on Very Large Data Bases Athens, Greece*, 106–115.

Hess, J. (1998). Dealing with missing values in the data warehouse. *In A Report of Stonebridge Technologies, Inc.*

Huisman, M. (2009). Imputation of missing network data: Some simple procedures. *In Journal of Social Structure, Vol.10, No.1.*

McClean.S.I, B. W. Scotney, and M. Shapcott (2001). Aggregation of imprecise and uncertain information in databases. *In IEEE Transactions on Knowledge and Data Engineering TKDE*, 902–912.

Ravat, F., O. Teste, R. Tournier, and G. Zurfluh (2007). Graphical querying of multidimensional databases. advances in databases and information systems. *Advances in Databases and Information Systems Vol. 4690, Berlin, Heidelberg: Springer Berlin Heidelberg*, 298–313.

Ravat, F., O. Teste, R. Tournier, and G. Zurfluh (2008). Algebraic and graphic languages for olap manipulations. *In Algebraic and graphic languages for olap manipulations*, 17–46.

Sadikov, E. M. M., J. Leskove, and H. Garcia-Molina (2011). Correcting for missing data in information cascades. *In International Conference on Web Search and Data Mining, WSDM'11, February 9-12, 2011, Hong Kong, China.*

# Résumé

L'analyse des données issues des réseaux sociaux est souvent entravée par le problème d'absence de données. Des études récentes montrent les effets négatifs des données manquantes (ou valeurs nulles). Les résultats de l'analyse des données des réseaux sociaux peuvent être gravement erronés si les analyses se limitent aux attributs renseignés et ignorent les valeurs nulles. Pour surmonter ce problème de données manquantes, plusieurs méthodes ont été proposées dans la littérature. Dans cet article, nous proposons des extensions d'opérateurs classiques de *Drilldown* et *Rollup* pour permettre des analyses en présence de données manquantes dans les membres de dimensions.

# Finding Overlapping Communities in Networks Using Propositional Satisfiability

Said Jabbour *, Nizar Mhadhbi*
Badran Raddaoui** Lakhdar Sais *

*CRIL - CNRS UMR 8188, University of Artois
F-62307 Lens Cedex, France
{jabbour, mhadhbi, sais}@cril.fr
**SAMOVAR, Télécom SudParis, CNRS, Univ. Paris-Saclay
F-91011 Evry Cedex, France
badran.raddaoui@telecom-sudparis.eu

**Résumé.** Community detection is a fundamental issue for understanding the structure of large and complex networks such as social, biological and information networks. In this paper, we propose a new approach to detect overlapping communities in large complex networks. We first introduce a parametrized notion of a community, called *k-linked community*, allowing us to characterize node/edge centered k-linked community with bounded diameter. Such community admits a node or an edge with a distance at most $\frac{k}{2}$ from any other node of that community. Next, we show how the problem of detecting node/edge centered k-linked overlapping communities can be expressed as a Partial Max-SAT optimization problem. Then, we propose a post-processing strategy to limit the overlaps between communities. An extensive experimental evaluation on real-world networks shows that our approach outperforms several popular algorithms in detecting relevant communities.

# 1  Introduction

Many complex interactions can be represented by networks, which are set of nodes connected by edges. Such connections might represent different type of relations between individuals or entities. In social networks an edge represents some kind of social interaction, while in the world of information networks, an edge represent logical connections such as hyper links and citations. Nodes in networks can be organized into *communities*, which often correspond to groups of nodes that share common properties, roles or functionnalities, such as functionally related proteins, social communities, or topically related webpages.

One of the most important task when studying networks is that of identifying communities. Communities correspond to groups of nodes in a graph that share common properties or have similar roles. Indeed, detecting and analyzing communities is of great interest in several application domains, including clustering web clients who have similar interests, identifying clusters of customers in the network of customers-products purchase relationships of online retailers (e.g. Amazon), etc. Several efficient algorithm for discovering communities in complex networks have been proposed. Let us mention for example, the most popular algorithm based on non-negative matrix factorisation Lee et Seung (2001), the spectral clustering methods Newman (2006a) and the edge betweenness based approach Girvan et Newman (2002). Some of them recuire several parameters such as the number of expected communities Lee et Seung (2001); Newman (2006a), while others involve for example the computation of the shortest paths between pairs of nodes Girvan et Newman (2002).

In this paper, we introduce a parametrized notion of communities, called $k$-linked community, allowing us to characterize node/edge centered $k$-linked community admitting a node or an edge with a distance at most $\frac{k}{2}$ from any other node of the community. This can be seen as a way to look for communities of bounded diameter. Our approach is only dependent on this single parameter $k$, and does not require any other knowledge about the network or about the number of expected communities.

Our proposed overlapping communities detection framework is based on an appropriate encoding of the centered $k$-linked community detection task as a partial maximum satisfiability (Partial Max-SAT) optimisation problem. It allows us to benefit from the recent advances in propositional satisfiability and its optimisation variants. Finally, we propose a postprocessing strategy to limit the overlaps between communities. Our proposed framework follows the recent data mining research trend exploiting two powerful declarative models, namely constraint programming and propositional satisfiability. Indeed, several data mining tasks including pattern mining Guns et al. (2011) and clustering Gilpin et Davidson (2011) have been modeled and solved using these two well-known declarative and flexible models.

The paper is organized as follows. After some preliminary definitions about propositional satisfiability and community detection (Section 2), we describe our SAT-based framework for overlapping community detection for both centroid node based community and centroid edge based community (Section 3). An extensive and comparative experimental evaluation on many real-world datasets is presented in Section 4. Finally, we overview the related works before concluding.


# 2 Formal Preliminaries

In this section, we provide some preliminaries, key definitions and notational conventions.


## 2.1 Propositional Logic and SAT Problem

Let $\mathcal{L}$ be a propositional language defined inductively from a finite set $\mathcal{PS}$ of propositional symbols, the boolean constants $\top$ (*true* or 1) and $\bot$ (*false* or 0) and the standard logical connectives $\{\neg, \wedge, \vee, \rightarrow, \leftrightarrow\}$ in the usual way. We use the letters $x, y, z$, etc. to range over the elements of $\mathcal{PS}$. Formulas of $\mathcal{L}$ are denoted by $A, B, C$, etc. A *literal* is a propositional variable $(x)$ of $\mathcal{PS}$ or the negation of a variable $(\neg x)$. The two literals $x$ and $\neg x$ are called complementary. A *clause* is a (finite) disjunction of literals, i.e., $a_1 \vee \ldots \vee a_n$. For every propositional formula $\mathcal{A}$ from $\mathcal{L}$, $\mathcal{P}(\mathcal{A})$ denotes the symbols of $\mathcal{PS}$ occurring in $\mathcal{A}$. A *Boolean interpretation* $\mathcal{I}$ of a formula $\mathcal{A}$ is a truth assignement of $\mathcal{PS}$, that is, a total function from $\mathcal{P}(\mathcal{A})$ to $\{0, 1\}$. A *model* of a formula $\mathcal{A}$ is a Boolean interpretation $\mathcal{I}$ that satisfies $\mathcal{A}$, i.e.

$\mathcal{I}(\mathcal{A}) = 1$. A formula $\mathcal{A}$ is satisfiable if there exists a model of $\mathcal{A}$. We denote by $\mathcal{M}(\mathcal{A})$ is the set of all models of $\mathcal{A}$.

As usual, every finite set of formulas is considered as the conjunctive formula whose conjuncts are the elements of the set. A formula in *conjunctive normal form* (CNF) is a (finite) conjunction of clauses. The SAT problem consists in deciding wether a given CNF formula admits a model or not. This well-known NP-Complete problem has seen spectacular progress these recent years.

SAT has seen many successful applications in various fields such as electronic design automation, debugging of hardware designs, artificial intelligence, and data mining. Several SAT extensions have been proposed to deal with optimisation problems. For example, the Max-SAT Problem seeks the maximum number of clauses that can be satisfied. In this paper, we consider one of these optimisation variants referred to as Partial Max-SAT problem. Partial Max-SAT sits between SAT and Max-SAT problems. While SAT requires all clauses to be satisfied, Partial Max-SAT relaxes this requirement by considering two kind of clauses, hard and soft. Partial MaxSAT is the problem of finding an optimal assignment to the variables that satisfies all the hard clauses, while satisfying the maximum number of soft clauses. Given $n$ relaxable clauses, the objective is to find an assignment that satisfies all non-relaxable clauses together with the maximum number of relaxable clauses (i.e. a minimum number $k$ of these clauses get relaxed). Partial Max-SAT can thus be used in various optimization tasks, e.g. multiple property checking, FPGA routing, etc. In these scenarios, simply determining that an instance is unsatisfiable (UNSAT) is not enough. In this paper, we consider the Partial Max-SAT WPM3 solver, the winner of the last Max-SAT SAT evaluation (Ansótegui et al. (2015)).

## 2.2 Overlapping Community Detection

In this subsection, we discuss the classic problem of detecting overlapping community structure in networks, , and review three traditional quality metrics.

A network is an undirected graph $\mathcal{N} = (V, E)$ where $V$ is a set of nodes and $E \subseteq V \times V$ is a set of edges. We denote by $n$ (respectively $m$) the number of nodes (respectively edges) in $\mathcal{N}$. The *degree* of a node $u \in V$, denoted $d_u$, is the number of edges connected to it. The length of the shortest path between two nodes $u, v \in V$ is called the *distance* between the nodes, noted $dist(u, v)$. Given an edge $e = (u, v) \in E$ and a node $w \in V$, the distance between $e$ and $w$ is defined as $dist(e, w) = \min\{dist(u, w), dist(v, w)\}$. In graph theory, a *community* is described as a set of nodes densely connected internally. In real-world networks, nodes are organized into densely linked sets of nodes that are commonly referred to as *network communities*, clusters or modules. Notice that communities in networks often overlap as nodes can belong to multiple communities at once. Network *overlapping community detection* problem consists in dividing a network of interest into (overlapping) communities for intelligent analysis. It has recently attracted significant attention in diverse application domains. Identifying the community structure is crucial for understanding structural properties of the real-world networks. Various methods have been proposed to identify the community structure of complex networks (see Fortunato (2009); Leskovec et al. (2010b) for an overview).

## Quality Metrics :

Several measures have been proposed for quantifying the quality of communities in networks (see Leskovec et al. (2010a) for a comparative study of quality measures). In this paper, we adopt three well-known metrics to assess the performance of our method :

### Modularity.

The most widely used metric for measuring the quality of network's partition into communities (without a ground-truth) is Newman's *modularity* function Newman et Girvan (2004). The idea of modularity-based community detection is to try to assign each node of the given network to a community such that it maximizes the modularity value of the whole network. Modularity quantifies the community strength by comparing the fraction of edges within the community with such fraction when random connections between the nodes are made. Networks with high modularity have dense connections between the nodes within communities but sparse connections between nodes in different communities. The modularity function has several variants, but these variants share the same principle. Without the loss of generality, we use the following equation of modularity, an extension of Newman's modularity function designed to support overlapping communities proposed in Shen et al. (2009). For the given community partition of a network $\mathcal{N} = (V, E)$ with $m$ edges, an extended modularity $EQ$ is given by :

$$EQ = \frac{1}{2m} \sum_{C \in C_{\mathcal{N}}} \sum_{u,v \in C} \frac{1}{O_u O_v} \left[ A_{uv} - \frac{d_u d_v}{2m} \right]$$

with $C_{\mathcal{N}}$ the set of communities in $\mathcal{N}$; $O_u$ the number of communities to which the node $u$ belongs and $A_{uv}$ is the element of the adjacency matrix representing the network.

### F1 score.

Let $\mathcal{N} = (V, E)$ be a network, and $\hat{C}$ (respectively $C^*$) the set of (respectively ground truth) communities associated to $\mathcal{N}$. The average F1 score measure aims to quantify the level of correspondence between $C^*$ and $\hat{C}$. More precisely, we need to determine which $C_i \in C^*$ corresponds to which $\hat{C}_i \in \hat{C}$. The F1 score is defined as the average of F1 score of the best matching ground-truth community to each detected community, and the F1 score of the best matching detected community to each ground-truth community Yang et Leskovec (2013). More formally, this function is defined as follows :

$$\frac{1}{2} \left( \frac{1}{|C^*|} \sum_{C_i \in C^*} F_1(C_i, \hat{C}_{g(i)}) + \frac{1}{|\hat{C}|} \sum_{\hat{C}_i \in \hat{C}} F_1(C_{g'(i)}, \hat{C}_i) \right)$$

where the best matching $g$ and $g'$ is defined as follows : $g(i) = \arg \max_j F_1(C_i, \hat{C}_j)$, $g'(i) = \arg \max_j F_1(C_j, \hat{C}_i)$, and $F_1(C_i, \hat{C}_j)$ is the harmonic mean of Precision and Recall.

**Normalized Mutual Information (NMI).**

This metric adopts the criterion used in information theory to compare the detected communities and the ground-truth communities. Normalized Mutual Information has been proposed as a performance metric for community detection (see Lancichinetti et al. (2009) for details). It provides a real number between zero and one that gives the similarity between two sets of sets of objects. The Normalized Mutual Information is written as :

$$\frac{H(X) + H(Y) - H(X,Y)}{(H(X) + H(Y))/2}$$

where $H(X)(H(Y))$ is the entropy of the random variable $X(Y)$ associated to the partition $C'(C'')$, whereas $H(X,Y)$ is the joint entropy. This variable is equal 1 only when the two partitions $C'$ and $C''$ are exactly coincident.

# 3 A SAT-based Framework for Community Detection

Fundamentally, communities allow us to discover groups of interacting objects and the relations between them. A community (also referred to as a cluster) is a set of cohesive nodes that have more connections inside the set than outside. In this section, we propose an appropriate encoding of the community detection task as a SAT optimization problem. Proximity between nodes have been expressed as direct edges expressing formally a direct relation. Individuals can be grouped into the same cluster even if they are not linked directly. Relationships between individuals can be expressed via some proximity conditions. For instance, individuals having much common friends could be considered as very closed to each other. Consequently, the definition of individuals proximity is clearly a fundamental issue, as it have a great impact on the outcome. Next, we establish the main definitions which will be used to formulate our problem. Let us first start by introducing the notion of $k$-*linked community* as follows :

**Definition 1 ($k$-linked community)** *A community is $k$-linked if the nodes are pairwise $k$-linked, i.e., the distance between each two nodes is less or equal than $k$.*

According to Definition 1, a $k$-linked community has a diameter less or equal than $k$. Now, to simplify the encoding of the problem of discovering overlapping communities, we focus on the following kinds of $k$-linked communities called $k$-linked *centered* communities : those having a centroid node or centroid edge that possesses a distance at most $\frac{k}{2}$ from each other node of the community.

**Definition 2 (Node/Edge Centered $k$-linked Community)** *Let $\mathcal{N} = (V, E)$ be a network and $k > 1$ a positive integer. A community $C \subseteq V$ is node (resp. edge) centered $k$-linked community of $\mathcal{N}$ iff there exists $c \in C$ (resp. $e = (u,v) \in E$ with $u, v \in C$) s.t. $\forall\, w \in C$, $dist(c, w) \leq \frac{k}{2}$ (resp. $dist(e, w) \leq \frac{k}{2}$).*

Obviously, a node centered $k$-linked community is an edge centered $k$-linked community, while the converse is not true. Note also that a $k$-linked community is not necessarily a centered $k$-linked community. A counter-example consists of the network $\mathcal{N} = (V, E)$ where $V = \{x_1, \ldots, x_8\}$ and $E = \{(x_1, x_2), (x_2, x_3), (x_3, x_4), (x_5, x_6), (x_6, x_7), (x_7, x_8), (x_1, x_5),$

$(x_4, x_8)\}$. Then, $C = V$ is a 4-linked community, while there is neither a node $x_i \in V$ nor edge $e \in E$ with distance at most 2 from all the remaining nodes of $C$.

**Lemma 1** *Let $\mathcal{N} = (V, E)$ be a network, $C \subseteq V$ a community and an integer $k > 1$. If $C$ is a centered $k$-linked community, then $C$ is also a $k$-linked community.*

Now, based on the notion of centered $k$-linked community, community detection is defined as an optimization problem, solving Partial Max-SAT. To do so, our starting point is to find a set of centroids $S$ in the given network. The next step is to formed the communities around the centroids based on a predefined parameter $k$ which represents the diameter of the communities. Clearly, we distinguish the following two cases : $k$-linked node (resp. edge) centered communities corresponding to an even (resp. odd) value of $k$.

Next, we propose two appropriate reformulations as an optimization problem for the community detection problem corresponding to node and edge centered $k$-linked communities, respectively. To achieve this, propositional variables are used for representing the network. Indeed, we associate each node $u$ (resp. edge $e$) with a propositional variable denoted $x_u$ (resp. $y_e$) where $x_u, y_e \in \{0, 1\}$. The key idea is that the variables assigned to 1 represent the centroids nodes (resp. edges), i.e., $S_v = \{u \in V \mid \mathcal{I}(x_u) = 1\}$ (resp. $S_e = \{e \in E \mid \mathcal{I}(y_e) = 1\}$). We now describe our SAT-based encodings using such propositional variables.

## 3.1 Node Centered $k$-linked Community

Our encoding consists of a set of constraints. The first propositional formula expresses the fact that if a node $u$ is a centroid ($\mathcal{I}(x_u) = 1$), then the nodes with a distance at most $\frac{k}{2}$ from $u$ are placed to the same community that possesses $u$ as a centroid.

$$\bigwedge_{u \in V} (x_u \to \bigwedge_{v \in V \mid dist(u,v) \leq \frac{k}{2}} \neg x_v) \tag{1}$$

Let us remark that constraint (1) can be expressed by a set of binary clauses :

$$\bigwedge_{u \in V} \bigwedge_{v \in V \mid dist(u,v) \leq \frac{k}{2}} (\neg x_u \vee \neg x_v)$$

After finding the centroids, we still have to determine whether a node $u$ belongs to community $C$ or not depending on the value of $k$. To achieve this, we use the following formula that affects nodes of the network to communities where they belong to, i.e., nodes that have a distance at most of $\frac{k}{2}$ from the centroid.

$$\bigwedge_{u \in V} \bigvee_{v \in V \mid dist(u,v) \leq \frac{k}{2}} x_v \tag{2}$$

**Proposition 1** *If the constraints (1) $\wedge$ (2) are satisfied, then for all $u \notin S_v$ there exists $v \in S_v$ s.t. $dist(u,v) \leq \frac{k}{2}$.*

Proposition 1 ensures that if (1) $\wedge$ (2) admits a model $\mathcal{I}$, then the nodes corresponding to the variables assigned to 1 ($\{u \in V \mid \mathcal{I}(x_u) = 1\}$) are the centroids and the network can be partitioned into $|S|$ communities. The communities can then be constructed by finding the nodes with a distance at most $\frac{k}{2}$ from each centroid.

Obviously, the formula $(1) \wedge (2)$ may admits many candidate solutions (i.e. models). However, choosing an arbitrary model do not always guarantee a best partition of the network into communities. To alleviate this problem, we will consider an objective function to optimize over the space of solutions. Then, the node centered $k$-linked community detection problem can be formulated as the following optimisation problem :

$$\min/\max \sum_{u \in V} x_u \quad \text{subject to } (1) \wedge (2) \tag{3}$$

## 3.2 Edge Centered $k$-linked Community

Now, to derive the formulation of edge centered $k$-linked community detection problem, we use similar reasoning as for node centered $k$-linked community, except that we consider centroid edges instead of centroid nodes. To do so, a community is built around an edge $e = (u, v)$ by considering nodes with a distance at most $\frac{k}{2}$ from the edge $e$. This is equivalent to partition the set of edges into modules and from that modules we can deduce the set of communities of nodes.

In the same way as for centroid nodes, the following formula expresses the fact that if an edge $e = (u, v)$ is a centroid edge ($\mathcal{I}(y_e) = 1$), then the nodes with a distance at most $\frac{k}{2}$ from $u$ or $v$ are assigned to 0.

$$\bigwedge_{e=(u,v) \in E} (y_e \to \bigwedge_{e' \in E | dist(e',u) \leq \frac{k}{2} || dist(e',v) \leq \frac{k}{2}} \neg y_{e'}) \tag{4}$$

Let us now introduce the following formula that affects nodes of the network to their associated communities, i.e. nodes that have a distance of $\frac{k}{2}$ from the centroid edge $e$.

$$\bigwedge_{e=(u,v) \in E} \bigvee_{e' \in E | dist(e',u) \leq \frac{k}{2} || dist(e',v) \leq \frac{k}{2}} y_{e'} \tag{5}$$

After fixing the centroids edges, the constraint 5 allows to identify whether a node $u$ belongs to a community $C$ or not from the value of $k$.

Similarly, to improve the quality of the detected communities, our edge centered $k$-linked community detection problem is formulated as the following optimisation problem :

$$\min/\max \sum_{e \in E} y_e \quad \text{subject to } (4) \wedge (5) \tag{6}$$

We will use the notation $\text{CDSAT}^k_{\min/\max}$ to denote the optimization problems (3) and (6).

**Example 1** *Let us consider the undirected network $\mathcal{N} = (V, E)$ depicted in Figure 1. Setting $k = 4$ can lead to the following solution of $CDSAT^4_{\max} : \mathcal{I} = \{\neg x_1, \neg x_2, \neg x_3, \neg x_4, \neg x_5, x_6, \neg x_7, x_8, \neg x_9, \neg x_{10}, \neg x_{11}\}$. So for that solution, $\mathcal{N}$ can be partitioned into the two communities $C_1 = \{1, \ldots, 6, 7, 11\}$ and $C_2 = \{1, 2, 5, 6, 7, \ldots, 11\}$. In contrast, $CDSAT^4_{\min}$ leads to one community with centroid $x_1$ and containing all the nodes of $\mathcal{N}$.*

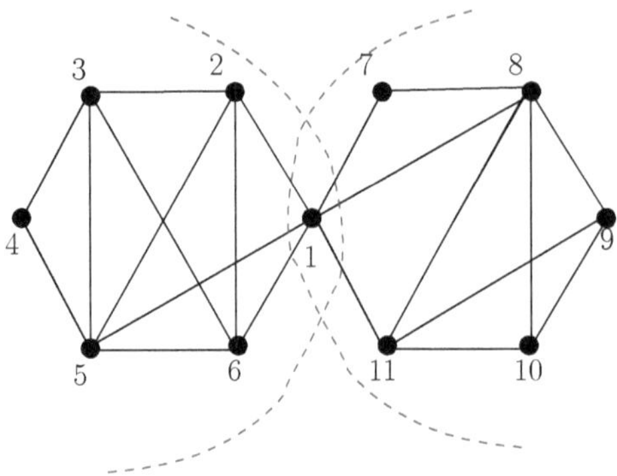

FIG. 1 – *A simple undirected network*

## 3.3   Overlapping Enhancement

As said before, once the node/edge centroids are found, the communities are formed arround them based on a predefined parameter $k$. As a result, some nodes can belong to multiple communities as illustrated in Example 1. However, such overlapping can be huge and not significant enough w.r.t. real communities. To overcome this drawback and to allow for an accurate partition of the network, we propose a simple but effective overlaps reduction technique in order to correctly identify dense community overlaps. Starting from a set of communities, each overlapping node will be assigned to its closest communities according to its distance from the centroids of these communities.

**Example 2** *Let us consider again the network* $\mathcal{N} = (V, E)$ *of Figure 1. By enhancing the overlapping, the two communities are reduced to* $C_1 = \{1, \ldots, 6\}$ *and* $C_2 = \{1, 7, \ldots, 11\}$.

Algorithm 1 describes the general feature of our SAT-based node centered $k$-linked community detection procedure [1]. The algorithm takes as input the network and even integer $k$ and returns a set of overlapping communities. It proceeds as follows : First, we generate the corresponding optimization problem that can be represented as a Partial MaxSAT problem (line 1). Then, a state-of-the-art Weighted Partial MaxSAT solver WPM3 is used to get an optimal solution (i.e. model) $\mathcal{I}$. Next, the centroids are determined from the obtained model (lines 4-7). Using such centroids, the next step is to build communities by finding the nodes with a distance at most $\frac{k}{2}$ from each centroid. Finally, the cleaning step is called to improve the quality of detected communities (lines 11-13).

# 4   Empirical Evaluation

## 4.1   Experiment Settings

In this section, we present an experimental evaluation of our proposed approach. It was conducted on fourteen networks that cover a variety of application areas (e.g. social network,

---

1. Algorithm 1 can be slightly modified to deal with edge centered $k$-linked community detection problem.

---

**Algorithme 1 :** $\text{CDSAT}^k_{\min/\max}$

---

**Input :** A network $\mathcal{N} = (V, E)$ and an integer $k > 1$
**Output :** A set of overlapping communities
1   $\Phi = encodeToOpt(k, G)$;
2   $\mathcal{I} = solve(\Phi)$ ;
3   $S \leftarrow \emptyset$;
4   **for** $u_x \in \mathcal{I}$ **do**
5     **if** $\mathcal{I}(u_x) == 1$ **then**
6       $C_u \leftarrow \{u\}$;
7       $S \leftarrow S \cup C_u$
8     **end**
9   **end**
10   **for** $v_x \in \mathcal{I}$ **do**
11     **for** $C_u \in S$ **do**
12       **if** $dist(u, v) \leq \frac{k}{2}$ **then** $C_u \leftarrow C_u \cup \{v\}$ ;
13     **end**
14   **end**
15   **for** $C_u, C_v \in S \times S$ **do**
16     **for** $w \in V$ **do**
17       **if** $dist(w, u) < dist(w, v)$ **then** $C_v \leftarrow C_v \setminus \{w\}$ ;
18     **end**
19   **end**
20   **return** $S$

---

collaboration network, political network, game network, purchase network and word adjacencies network (Newman (2006b))) and are briefly described in Table 1 (columns 1 and 2). Some of these networks have ground-truth communities as presented in column 2 of Table 2. We have also chosen three large networks (Facebook, DBLP, and Amazon taken from SNAP (Leskovec et Krevl (2014))) to show the scalability of our model.

We evaluate the performance of our approaches by comparing them with the following most prominent state-of-the-art overlapping community detection algorithms :
(i) *Community-Affiliation Graph Model* (AGM) (Yang et Leskovec (2012)),
(ii) *Clique Percolation Method* (CPM) (Adamcsek et al. (2006)),
(iii) *Cluster Affiliation Model for Big Networks* (BIGCLAM) (Yang et Leskovec (2013)), and
(iv) *Communities from Edge Structure and Node Attributes* (CESNA) (Yang et al. (2014)).

For the CPM algorithm, we use the cliques of size equal to 3. For BIGCLAM method, user can specify the number of communities to detect, or let the program determine the number of communities from the topology of the network. We opt for the case where the number of communities is not fixed in advance.

The proposed system, referred to as $\text{CDSAT}^k_{\min/\max}$, was written in Python. Given an input network as a set of edges, our algorithm starts by generating the corresponding optimization problem represented as a Partial MaxSAT problem. To solve this problem, we consider the state-of-the-art Weighted Partial MaxSAT solver WPM3 (best solver at the last MaxSAT competition [2]) Ansótegui et al. (2015). As finding the optimal solution is NP-hard, in our experiment, we consider the first solution (not necessarily optimal) returned by the solver WPM3. For our experimental study, all algorithms have been run on a PC with an Intel Core 2 Duo (2 GHz) processor and 2 GB memory. We imposed 1 hour time limit for all the methods. Last, we use the symbol (-) in Tables 1 and 2 to indicate that the method is not able to scale on the considered network under the time limit.

---

2. http ://maxsat.ia.udl.cat/introduction/

## 4.2 Choosing the Best Value of the Diameter

Our $\mathrm{CDSAT}^k_{\min/\max}$ algorithms take as input a network and a positive integer $k$ and return a set of overlapping communities. In order to determine the best diameter $k$, we run $\mathrm{CDSAT}^k_{\min/\max}$ on the fourteen considered networks, while varying $k$ from 3 to 6. The Figure 2 summarises the relationship between the average modularity and $k$. As Figure 2 reveals, the best average modularity is obtained by $\mathrm{CDSAT}^4_{\min}$ and $\mathrm{CDSAT}^4_{\max}$ with a value of 0.421 and 0.432, respectively. We also observe that the average modularity obtained by both algorithms decreases beyond $k = 4$. Overall, for both algorithms the best average modularity is obtained for $k = 4$. These performances are relatively close. This can be explained by the fact that real-world social networks possess small (average or effective) diameters (e.g. Comellas et al. (2000)). This can be related to the property of the small-world phenomenon observed by several authors on real networks (e.g. Watts et al. (1998)). Also, setting the parameter $k$ is particularly useful for community detection, as it allows for controlling the size of the resulting communities.

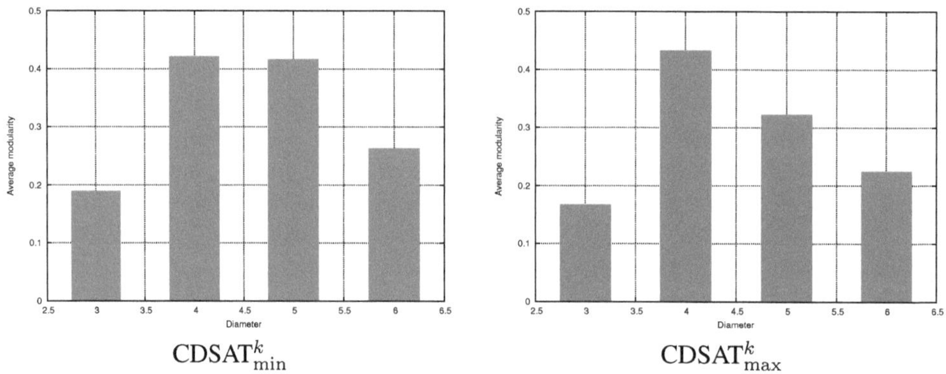

$\mathrm{CDSAT}^k_{\min}$        $\mathrm{CDSAT}^k_{\max}$

FIG. 2 – *Average modularity for $CDSAT^k_{\min/\max}$*

## 4.3 Comparison with Baseline Algorithms

**Results on modularity metric.** Table 1 reports the performance comparison between our $\mathrm{CDSAT}^4_{\min/\max}$ approaches and the considered methods. Experiments show that our methods outperform every baseline, in most cases, by an interesting margin as shown by the average modularity reported in the last line of Table 1. We observe that across all datasets and modularity metric, $\mathrm{CDSAT}^4_{\min}$ yields the best performance in 8 out of 14 networks. We also note that $\mathrm{CDSAT}^4_{\min}$ shows a high margin in performance gain against the baselines in two large networks DBLP and Amazon, and in a collaborations network such as Coauthorship (Newman (2006b)). In terms of average performance, $\mathrm{CDSAT}^4_{\min}$ outperforms CPM by 111.55%, BIGCLAM by 26.42%, and CESNA by 40.80%. Similarly, we note that $\mathrm{CDSAT}^4_{\max}$ outperforms all the other methods in 7 out of 14 datasets. In terms of average performance, $\mathrm{CDSAT}^4_{\max}$ outperforms CPM by 117.08%, BIGCLAM by 29.72%, and CESNA by 44.48%. We also observe that $\mathrm{CDSAT}^4_{\max}$ gives an important improvement against the baselines in two large networks `Facebook`, `DBLP`, and also in a collaborations network like `Coauthorship`. On the `Lemis` (Knuth (1993)), `Power grid` (Watts et Strogatz (1998)), `Pilgrim` (Brian et al. (2013)), and `Jazz` (Gleiser et Danon (2003)) datasets, our methods remain relatively competitive with the best baseline. A possible explanation for this phenomenon is that the `WPM3` solver don't return the optimal solution for these datasets. Overall, our methods outperform BIGCLAM, which is the most competing algorithm, on all large real datasets.

| Networks | nodes/edges | AGM | CPM | BIGCLAM | CESNA | $CDSAT^4_{min}$ | $CDSAT^4_{max}$ |
|---|---|---|---|---|---|---|---|
| Dolphin | 62/159 | −0.040 | 0.304 | 0.053 | 0.095 | **0.438** | 0.297 |
| Karate | 34/78 | 0.200 | 0.230 | 0.195 | 0.180 | **0.310** | **0.311** |
| Risk map | 42/83 | 0.415 | 0.488 | 0.194 | 0.504 | **0.571** | **0.528** |
| Lemis | 77/254 | 0.162 | 0.205 | **0.444** | 0.311 | 0.064 | 0.419 |
| Word-adj | 112/425 | 0.139 | 0.031 | 0.154 | 0.111 | **0.175** | 0.098 |
| Football | 115/615 | 0.222 | 0.199 | 0.343 | 0.390 | 0.286 | **0.404** |
| Facebook | 4039/88234 | – | – | 0.391 | 0.539 | 0.449 | **0.701** |
| DBLP | 317080/1049866 | – | 0.293 | 0.216 | 0.202 | **0.520** | **0.436** |
| Amazon | 334863/925872 | – | 0.195 | 0.341 | 0.430 | **0.616** | **0.502** |
| Books | 105/441 | 0.366 | 0.265 | 0.308 | 0.255 | **0.439** | 0.345 |
| Power grid | 4941/6594 | – | 0.007 | **0.840** | 0.586 | 0.679 | 0.547 |
| Coauthership | 1462/2742 | 0.619 | 0.456 | 0.679 | 0.031 | **0.923** | **0.852** |
| Pilgrim | 34/128 | 0.368 | 0.096 | **0.415** | 0.321 | 0.312 | 0.407 |
| Jazz | 196/2742 | **0.310** | 0.022 | 0.099 | 0.231 | 0.112 | 0.208 |
| Average | N/A | N/A | 0.199 | 0.333 | 0.299 | **0.421** | **0.432** |

TAB. 1 – *Modularity based performance of methods on fourteen datasets.*

**Results on ground-truth communities.** After finding communities in a given network, we can gauge the performance of each community that an algorithm has discovered and whether a ground-truth community has been successfully identified. Table 2 summarizes the evaluation results, with F1 scores of all algorithms on each network. Interestingly, it can be seen that $CDSAT^4_{min}$ and $CDSAT^4_{max}$ produce more accurate average w.r.t. the ground-truth setting than all the other baseline algorithms. In terms of average performance, $CDSAT^4_{min}$ outperforms CPM by $16\%$, BIGCLAM by $22\%$, and CESNA by $35.05\%$. Moreover, notice that $CDSAT^4_{max}$ outperforms CPM by $6.49\%$, BIGCLAM by $12\%$, and CESNA by $23.98\%$. In the cases of `Karate` (W.W. (1977)), `Risk map` (Cheng et al. (2014)), and `DBLP` data instances, $CDSAT^4_{min}$ and $CDSAT^4_{max}$ achieve a closely gain in the F1 score compared to the best baseline (CPM in this case).

To enlarge the criteria of comparison and offer some intuition about why our methods work well, we propose also to compare the set of considered approaches according to NMI metric. The resulats are reported in Table 3. As we can see from our experimental results, $CDSAT^4_{min}$ and $CDSAT^4_{max}$ algorithms achieve the best average performance. Compared with the other baselines, ours consistently produces more accurate average with respect to the ground-truth setting among all the other algorithms at detecting overlapping communities. Overall, $CDSAT^4_{min/max}$ algorithms outperform the baselines in nearly all cases. On average, $CDSAT^4_{min}$ outperforms CPM by $72.64\%$, BIGCLAM by $95.72\%$, and CESNA by $57.08\%$. Likewise, $CDSAT^4_{max}$ outperforms CPM by $54.71\%$, BIGCLAM by $75.40\%$, and CESNA by $40.77\%$. Broadly speaking, our $CDSAT^4_{min}$ and $CDSAT^4_{max}$ methods give superior overall performance to the four community detection algorithms.

As a summary, experimental results confirm that $CDSAT^4_{min/max}$ methods achieve the overall best performance in terms of the accuracy of the detected overlapping communities.

| Networks | Communities | AGM | CPM | BIGCLAM | CESNA | $CDSAT^4_{min}$ | $CDSAT^4_{max}$ |
|---|---|---|---|---|---|---|---|
| Dolphin | 2 | 0.120 | 0.579 | 0.628 | 0.100 | **0.749** | **0.659** |
| Karate | 2 | 0.864 | **0.857** | 0.629 | 0.663 | 0.847 | 0.851 |
| Risk map | 6 | 0.641 | **0.884** | 0.694 | 0.842 | 0.779 | 0.769 |
| DBLP | 13477 | – | **0.596** | 0.370 | 0.310 | 0.470 | 0.483 |
| Amazon | 75149 | – | 0.519 | 0.498 | 0.642 | **0.695** | 0.399 |
| Books | 3 | 0.684 | 0.557 | 0.549 | 0.591 | **0.804** | 0.652 |
| Pilgrim | 4 | 0.773 | 0.427 | 0.835 | 0.652 | 0.785 | **0.892** |
| Average | N/A | N/A | 0.631 | 0.600 | 0.542 | **0.732** | **0.672** |

TAB. 2 – *F1 Score using ground truth.*

| Networks | Communities | AGM | CPM | BIGCLAM | CESNA | $CDSAT^4_{min}$ | $CDSAT^4_{max}$ |
|---|---|---|---|---|---|---|---|
| Dolphin | 2 | **0.434** | 0.306 | 0.195 | 0.153 | 0.296 | 0.173 |
| Karate | 2 | 0.413 | 0.197 | 0.204 | 0.217 | **0.621** | 0.337 |
| Risk map | 6 | 0.196 | 0.247 | 0.405 | 0.649 | 0.492 | **0.657** |
| DBLP | 13477 | – | **0.233** | 0.031 | 0.012 | 0.175 | 0.112 |
| Amazon | 75149 | – | 0.178 | 0.015 | 0.019 | 0.173 | **0.190** |
| Books | 3 | 0.320 | 0.162 | 0.102 | 0.152 | **0.421** | 0.164 |
| Pilgrim | 4 | 0.339 | 0.166 | 0.360 | 0.433 | 0.389 | **0.669** |
| Average | N/A | N/A | 0,212 | 0,187 | 0,233 | **0.366** | **0.328** |

TAB. 3 – *NMI using ground truth.*

**Evaluating scalability.** Finally, we evaluate the scalability of the different community detection methods by measuring the CPU time (see Table 4). From the results, it can be seen that our algorithms make few seconds to generate all communities for small networks. However, the CPM, BIGCLAM and CESNA baselines are faster than our methods for small networks (up to 200 nodes). We can observe that $CDSAT^4_{min}$ and $CDSAT^4_{max}$ are third-fastest method overall, when the network becomes larger. Interestingly, we also notice that our algorithms are the second-fastest methods, next BIGCLAM, for DBLP and Amazon.

| Networks | AGM | CPM | BiGCLAM | CESNA | $CDSAT^4_{max}$ | $CDSAT^4_{min}$ |
|---|---|---|---|---|---|---|
| Dolphin | 6.77 | 0.09 | 0.24 | 0.07 | 14 | 8 |
| Karate | 35 | 0.07 | 0.29 | 0.07 | 11 | 7.15 |
| Risk map | 62 | 0.09 | 2.84 | 0.59 | 38 | 17 |
| Lemis | 200 | 0.10 | 0.55 | 0.09 | 16 | 12 |
| Word-adj | 60.35 | 0.09 | 0.97 | 0.13 | 60.60 | 11 |
| Football | 47.71 | 0.08 | 1.78 | 0.13 | 120.20 | 420 |
| Facebook | > 1h | > 1h | 240.38 | 4.81 | 360.30 | 480.7 |
| DBLP | > 1h | 3240 | 60.56 | 900.34 | 720.50 | 780.40 |
| Amazon | > 1h | > 1h | 60.09 | 1200.49 | 780.20 | 900 |
| Books | 19.83 | 0.12 | 2.71 | 0.10 | 14.35 | 60.20 |
| Power grid | > 1h | 0.66 | 0.81 | 4.48 | 420.15 | 480.25 |
| Co-authership science | 360.17 | 0.07 | 14.08 | 0.05 | 360.58 | 360.20 |
| Pilgrim | 0.61 | 0.09 | 0.35 | 0.07 | 8.2 | 7 |
| Jazz | 60.02 | 0.09 | 2.84 | 0.59 | 360.12 | 120 |

TAB. 4 – *Comparison in terms of running Time (s).*

# 5  Conclusion

In this paper, we developed a new framework for detecting overlapping community structure of real-world networks. Our method is based on a partition of the network into modules with bounded diameters. We have shown that the problem of centered $k$-linked community detection can be expressed as a Partial Max-SAT optimization problem. Extensive experiments based on 14 networks from different sources showed that our approach outperforms the state-of-the-art methods in accurately discovering network communities. These performances are obtained while looking for the first non necessarily optimal solution of the underlying optimisation problem.

As a future work, we intend to develop a parallel version to even improve the performance of our optimisation based approach. We also plan to extend our proposed framework to deal with dynamic community detection in networks.

# Références


Adamcsek, B., G. Palla, I. J. Farkas, I. Derényi, et T. Vicsek (2006). Cfinder : locating cliques and overlapping modules in biological networks. *Bioinformatics 22*(8), 1021–1023.

Ansótegui, C., F. Didier, et J. Gabàs (2015). Exploiting the structure of unsatisfiable cores in MaxSAT. In *IJCAI*, pp. 283–289.

Brian, B. Dickinson, W. Valyou, et Hu (2013). A genetic algorithm for identifying overlapping communities in social networks using an optimized search space. *Social Networking 02No.04*, 1–9.

Cheng, J., M. Leng, L. Li, H. Zhou, et X. Chen (2014). Active semi-supervised community detection based on must-link and cannot-link constraints. *PLoS 9*(10), 1–18.

Comellas, F., J. Ozón, et J. G. Peters (2000). Deterministic small-world communication networks. *Information Processing Letters 76*(1), 83 – 90.

Fortunato, S. (2009). Community detection in graphs. *CoRR abs/0906.0612*.

Gilpin, S. et I. N. Davidson (2011). Incorporating SAT solvers into hierarchical clustering algorithms : an efficient and flexible approach. In *KDD*, pp. 1136–1144.

Girvan, M. et M. E. J. Newman (2002). Community structure in social and biological networks. *Proc.Natl.Acad.Sci 99*, 7821.

Gleiser, P. et L. Danon (2003). Community structure in jazz. *Advances in Complex Systems 6*, 565.

Guns, T., S. Nijssen, et L. D. Raedt (2011). Itemset mining : A constraint programming perspective. *Artif. Intell. 175*(12-13), 1951–1983.

Knuth, D. E. (1993). *The Stanford GraphBase - a platform for combinatorial computing.*

Lancichinetti, A., S. Fortunato, et J. Kertesz (2009). Community detection algorithms : A comparative analysis. *New Journal of Physics 11*.

Lee, D. D. et H. S. Seung (2001). Algorithms for non-negative matrix factorization. In T. K. Leen, T. G. Dietterich, et V. Tresp (Eds.), *Advances in Neural Information Processing Systems 13*, pp. 556–562. MIT Press.

Leskovec, J., D. P. Huttenlocher, et J. M. Kleinberg (2010a). Predicting positive and negative links in online social networks. In *WWW*, pp. 641–650.

Leskovec, J. et A. Krevl (2014). SNAP Datasets : Stanford large network dataset collection. `http://snap.stanford.edu/data`.

Leskovec, J., K. J. Lang, et M. W. Mahoney (2010b). Empirical comparison of algorithms for network community detection. In *WWW*, pp. 631–640.

Newman, M. E. J. (2006a). Finding community structure in networks using the eigenvectors of matrices. *Phys. Rev. E 74*.

Newman, M. E. J. (2006b). Finding community structure in networks using the eigenvectors of matrices. *Phys. Rev. E 74*, 036104.

Newman, M. E. J. et M. Girvan (2004). Finding and evaluating community structure in networks. *Phys. Rev. E 69*(2), 026113.

Shen, H., X. Cheng, K. Cai, et M. Hu (2009). Detect overlapping and hierarchical community structure in networks. *Physica A 388*(8), 1706–1712.

Watts, D. J., P. S. Dodds, et M. E. J. Newman (1998). Collective dynamics of 'small-world' networks. *Nature* (393), 440–442.

Watts, D. J. et S. H. Strogatz (1998). Collective dynamics of small-world networks. *nature 393*(6684), 440–442.

W.W., Z. (1977). An information flow model for conflict and fission in small groups. *Journal of Anthropological Research 33*, 452–473.

Yang, J. et J. Leskovec (2012). Community-affiliation graph model for overlapping network community detection. In *ICDM*, pp. 1170–1175.

Yang, J. et J. Leskovec (2013). Overlapping community detection at scale : a nonnegative matrix factorization approach. In *WSDM*, pp. 587–596.

Yang, J., J. J. McAuley, et J. Leskovec (2014). Community detection in networks with node attributes. *CoRR abs/1401.7267*.

## Summary

La détection de communautés est devenue un problème fondamental permettant la compréhension de la structure des réseaux complexes tels que les réseaux sociaux, biologiques ou encore les réseaux d'informations. Dans cet article, nous proposons une approche pour détecter les communautés chevauchantes dans les grands réseaux complexes. Nous introduisons d'abord une nouvelle notion de communauté paramétrée dite *communauté k-liée*. Cela nous permettrait de caractériser les communautés k-liées centrées nœud/arête de diamètre borné. Une telle communauté admet un noeud ou une arête avec une distance au plus $\frac{k}{2}$ des autres noeuds de la même communauté. Ensuite, nous montrons comment le problème de détection de communautés chevauchantes $k$-liées centrées nœud/arête peut être exprimé sous forme d'un problème d'optimisation Max-SAT partiel. Puis, nous proposons une stratégie de post-traitement pour réduire le chevauchement entre les communautés. Finalement, une évaluation expérimentale extensive sur des réseaux réels montrent que notre approche améliore significativement plusieurs algorithmes de l'état de l'art de détection de communautés.

# A benchmark for assessing OLAP exploration assistants

Mahfoud Djedaini*, Nicolas Labroche*, Patrick Marcel*, Veronika Peralta*

*University of Tours, Tours, France
firstname.lastname@univ-tours.fr,

**Abstract.** In this demonstration paper, we present *InDExBench*, a benchmark designed and developed for evaluating and comparing Interactive Database Exploration (IDE) assistant systems in the context of OLAP. We briefly recall how *InDExBench* works behind the scenes. Then, we explain how it can be used in practice by considering the case of *Sam*, an OLAP IDE assistant author who wants to evaluate how her system performs, and how it compares to competitors.

## 1　Introduction

Supporting Interactive Database Exploration (IDE) is a problem that attracts lots of attention these days. Exploratory OLAP (On-Line Analytical Processing) is an important use case where tools support navigation and analysis of the most interesting data, using the best possible perspectives. While many approaches were proposed, a recurrent problem is how to assess the effectiveness of an exploratory OLAP approach. In this paper, we describe *InDExBench*, a benchmark for evaluating IDE approaches, referred to as SUTs (for Systems Under Test), relying on an extensible set of user-centric metrics that relate to the main dimensions of exploratory analysis. Basically, SUTs are evaluated by assessing the quality of explorations they help the user to produce. An OLAP exploration (Aligon et al., 2014) is technically a sequence of OLAP queries over a database instance issued by a given user. *InDExBench* achieves its goal by first simulating a complete OLAP system (DB instance, cube schema, users, ...) and then by giving the SUT the opportunity to play wihtin the system. In this paper, we review *InDExBench* features through a realistic use case. Thorough details can be found in (Djedaini et al.).

## 2　Benchmark overview

In this section, we describe more precisely the metrics, how *InDExBench* generates the OLAP system, and finally how it simulates and scores explorations.

**Metrics** *InDExBench* scores explorations using five categories of user-centric metrics borrowed from Exploratory search (White and Roth, 2009). Each category is implemented with a primary metric and a secondary to counterbalance it.

**User engagement** measures how engaged and invested is a user on a system. For this category, we borrow from web search two popular and intuitive metrics. Query Depth (QD)

"

as primary metric, represents the number of queries. Query Focus (QF) as secondary metric, measures the degree to which an exploration is focused around a zone of the cube. **Information Novelty** measures the quantity of Relevant New Information (RNI). We use a normalized entropy as primary metric to measure the quantity of interesting information contained *in the data* retrieved by each query of the exploration. The secondary metric measures the Increase in View Area (IVA), i.e. the increase in the number of viewed cells. Intuitively, information about a group of cells can be obtained by exploring a cube area around it. **Task completeness** is reached when the whole neighborhood around a cell, in the sense of OLAP operation, has been explored. A simple way of measuring it is with recall and precision. Recall (R) is the primary metric since, consistently with exploratory search, we consider OLAP navigation as a recall oriented activity. Precision (P) is then the secondary metric. Measuring **task time** is done by adapting metrics of existing TPC benchmarks. The primary metric comes from the TPC-DS benchmark ((TPC), 2012) and measures the query frequency, i.e. number of queries per second (QPS). The secondary metric simply measures the elapsed time (TET) between the beginning and the end of an exploration. **Learning and cognition** aims at evaluating the user knowledge. Knowledge Tracing (KT) (Corbett and Anderson, 1995) has been proposed originally in e-learning to evaluate students knowledge, based on a sequence of exercises that they have to solve. We adapt KT by considering as an exercise finding OLAP queries with high Information Novelty. The primary metric Learning (L) is then the knowledge level estimated by KT. The secondary metric measures the Learning Growth Rate (LGR).

**OLAP environment generation**   *InDExBench* is capable of generating a complete OLAP database (schema and instance), with users and user explorations over it. A realistic database instance is generated with PDGF (Rabl et al., 2013), a data generator that supports generation of skewed data. By default, *InDExBench* uses the Star Schema Benchmark (SSB) (O'Neil et al., 2009), but the benchmark can be initialized with any other OLAP schema. CubeLoad (Rizzi and Gallinucci, 2014) is used for automatically generating realistic OLAP workloads, taking as input a cube schema and the desired number of sessions. Sessions are then clustered using a metric tailored for OLAP sessions (Aligon et al., 2014). Finally, a Markov inspired generative model is learned from each cluster to simulate a particular user. Sessions of this cluster are considered as the user's past sessions.

**Generating and scoring OLAP explorations**   The evaluation protocol first provides a seed session, which is a set of seed queries representing part of a navigation of a given user, as a context for continuation of the navigation. Then, the simulated user and the SUT play in turn. The simulated user smartly issues new queries using his/her generative model. The SUT uses its internal intelligence and the context (current query, query logs, . . . ) to propose new queries. Like in real cases, SUT propositions may or may not be included in the exploration, depending on the simulated user choice. A SUT is allowed to play a given number of times, after which the process is stopped. The obtained exploration is then scored using the metrics described above. The same process is repeated a large number of times for a given SUT. Finally a SUT obtains a global score for each metric, by averaging the scores for all the explorations for the given metric.

# 3  Scenario

The demonstration scenario will consider the case of *Sam*, a researcher who is thinking about a very interesting idea for implementing a new IDE assistant dedicated to OLAP. *Sam* wants to quickly have detailed information about how her prototype performs. She also would like to compare with competitor algorithms, as well as with baseline algorithms such as a random algorithm or a naive one. We will then describe how *Sam* will use *InDExBench* and how she can benefit from it.

**InDExBench installation**  *InDExBench* is developed in Java, a portable language, as per benchmarks portability requirement and so is mainly distributed as a java library. So, basically, *Sam* creates a Java project, and imports the *InDExBench* jar file. *Sam* may now have a look at the *InDExBench* API documentation [1]. *Sam*'s next step is to let *InDExBench* know about her algorithm.

**Interfacing SUT with *InDExBench***  Within *InDExBench*, SUTs are recognized as being classes implementing an interface called $I\_SUT$. To evaluate her SUT, *Sam* writes a class that implements $I\_SUT$. Her class represents her algorithm within *InDExBench*. *Sam* can write her whole code withing her new class. If her algorithm is already developed independently, she can just import her library into the project, and call her library features within her class. In the live demo, we will mostly focus on SUTs comparison by showing how to compare different SUTs provided by *InDExBench*.

**Evaluation and feedback**  At this point, *Sam* has installed *InDExBench*, and she has plugged her SUT to it. However, she does not have an OLAP system within easy reach. Provided a JDBC connection string and an OLAP cube schema, *InDExBench* can generate for *Sam* a simulated OLAP system. *Sam* can configure how the OLAP system will be generated. For instance, she can configure how data are generated to populate the database, how many past sessions should be present in the log, how many users the system must have, etc.

To set a comparison with a random algorithm, *Sam* only has to create a $RandomSUT$ instance. Indeed, *InDExBench* provides by default implementation for different SUTs, among which a random algorithm called $RandomSUT$. For comparing with SUTs from the literature, *Sam* will have to interface the SUTs she wants to challenge with *InDExBench*. So far, *InDExBench* provides interfaces for two SUTs from the literature, namely Falseto (Aligon et al.) and Cinecube (Gkesoulis et al., 2015).

As *Sam* wants to compare with other SUTs, she has to clearly ask this to *InDExBench*. When a comparison is performed, *InDExBench* ensures that each SUT is provided under the *exactly* same circumstances. When the evaluation is completed, *Sam* gets a detailed information of how each SUT performed by means of a score for each metric. She can for instance notice that her algorithm takes more time to execute than $RandomSUT$, but that it performs better in terms of precision, user engagement, etc. *Sam* can also get a detailed score per exploration, for example if she wants to analyze how her SUT's performance evolves with time. *InDExBench* provides a very rich feedback, usable at will by evaluators.

---

1. http://www.info.univ-tours.fr/~marcel/benchmark.html

# 4   Conclusion

In this paper we described several features of *InDExBench* by using a concrete example. We showed how *Sam* can benefit from *InDExBench* features to quickly set up and compare her algorithm from other algorithms from the literature. Actually, *InDExBench* has a lot more features than exposed in this scenario, that could not be detailed here. We created a specific website for *InDExBench* `http://www.info.univ-tours.fr/~marcel/benchmark.html` where we regularly publish material. In this website, can be found *InDExBench* Java library, API documentation, as well as references to published papers.

# References


Aligon, J., K. Boulil, P. Marcel, and V. Peralta. A holistic approach to OLAP sessions composition: The falseto experience. In *DOLAP 2014*, pp. 37–46.

Aligon, J., M. Golfarelli, P. Marcel, S. Rizzi, and E. Turricchia (2014). Similarity measures for olap sessions. *KAIS 39*(2), 463–489.

Corbett, A. T. and J. R. Anderson (1995). Knowledge tracing: Modelling the acquisition of procedural knowledge. *UMUAI 4*(4), 253–278.

Djedaini, M., P. Furtado, N. Labroche, P. Marcel, and V. Peralta. In *TPCTC (2016)*. LNCS 10080 proceedings.

Gkesoulis, D., P. Vassiliadis, and P. Manousis (2015). Cinecubes: Aiding data workers gain insights from OLAP queries. *IS 53*, 60–86.

O'Neil, P. E., E. J. O'Neil, X. Chen, and S. Revilak (2009). The star schema benchmark and augmented fact table indexing. In *TPCTC*, pp. 237–252.

Rabl, T., M. Poess, H. Jacobsen, P. E. O'Neil, and E. J. O'Neil (2013). Variations of the star schema benchmark to test the effects of data skew on query performance. In *ICPE'13*, pp. 361–372.

Rizzi, S. and E. Gallinucci (2014). Cubeload: A parametric generator of realistic OLAP workloads. In *CAiSE 2014*, pp. 610–624.

(TPC), T. T. P. P. C. (2012). Tpc benchmark ds (tpc-ds). The new decision support benchmark standard. http://www.tpc.org/tpcds/.

White, R. W. and R. A. Roth (2009). *Exploratory Search: Beyond the Query-Response Paradigm*. Morgan & Claypool Publishers.


# Résumé


Dans ce papier de démonstration, nous présentons *InDExBench*, un Benchmark conçu et développé pour comparer des assistants à l'Exploration Interactive des Données (EDI) dans un contexte OLAP. Nous rappelons brièvement comment *InDExBench* fonctionne en coulisses. Ensuite, nous expliquons comment il peut être utilisé en pratique en considérant le cas de *Sam*, une chercheuse qui a une nouvelle idée d'algorithme d'EDI pour OLAP dont elle souhaite évaluer les performances et comparer avec des algorithmes conccurents.

# Tri des actualités sociales: État de l'art et Pistes de recherche

Sami Belkacem*, Kamel Boukhalfa*, Omar Boussaid**


*Laboratoire LSI, USTHB-Alger, Algérie - {s.belkacem,kboukhalfa}@usthb.dz

**Laboratoire ERIC, Université de Lyon, Lyon 2, France - omar.boussaid@univ-lyon2.fr

**Résumé.** En raison de la grande quantité d'informations (messages, articles, vidéos, musiques, images, etc.) produites et partagées sur les réseaux sociaux, les utilisateurs se retrouvent submergés d'informations générées chronologiquement dans leur fil d'actualité. De plus, la majorité des informations peuvent s'avérer non pertinentes. Le tri, par ordre de pertinence des actualités sociales, est proposé comme une solution pour aider les utilisateurs à consulter et interagir rapidement avec les informations susceptibles de les intéresser. Dans ce travail, nous étudions les approches existantes dans le domaine du tri des actualités sociales, et exposons leurs limites et quelques pistes de recherche selon plusieurs axes: les facteurs influençant la pertinence des informations, les modèles de prédiction de la pertinence, l'apprentissage et l'évaluation des modèles de prédiction, etc.

## 1 Introduction

Les réseaux sociaux occupent de plus en plus de place dans notre quotidien (Zhan et al., 2016). Les données manipulées sur ces réseaux sont connues pour leurs volumes qui peuvent atteindre des Pétaoctets ($10^{15}$ octets) voire plus, leur hétérogénéité (messages, articles, vidéos, musiques, images, etc.), leur variété (pouvant provenir de différentes sources), et leur vélocité (arrivant en temps réel ou presque) (Xu et al., 2016). Ces caractéristiques ont fait que les technologies de gestion et de traitements classiques se trouvent dans l'incapacité de traiter ce type de données (Krishnan, 2013). Les données sociales constituent un des volets ayant contribué à l'apparition du concept de *big data* qui est défini par les 5 "V" : Volume, Variété, Vélocité, Valeur et Véracité (Lomotey et Deters, 2014). Sur ces réseaux, en raison de la grande quantité d'informations produites et partagées (Guy et al., 2011), les utilisateurs se retrouvent submergés d'informations générées chronologiquement dans leur fil d'actualité [1] (Berkovsky et al., 2012). Pour un utilisateur standard de *Facebook* [2] par exemple, 1500 nouvelles informations sont générées chaque jour dans son fil d'actualité [3]. En outre, plusieurs travaux de recherche ont montré que la majorité de ces informations sont considérées comme non pertinentes (Hong

---

1. Liste d'informations récentes (publications, posts, tweets, etc.) qui permet à un utilisateur de suivre l'actualité des membres de son réseau social.
2. www.facebook.com
3. www.slate.fr/story/112681/qui-controle-ce-qui-apparait-sur-votre-fil-facebook

et al., 2012). Par exemple, Paek et al. (2010) ont demandé à 24 utilisateurs de *Facebook* d'associer des scores de pertinence aux informations de leur fil d'actualité. La moyenne globale de ces scores était proche de 0. De ce fait, il devient difficile pour les utilisateurs de consulter et d'interagir (cliquer, commenter, aimer, partager, etc.) rapidement avec les informations pertinentes (Lakkaraju et al., 2011), notamment pour les utilisateurs ayant un nombre important de relations sociales (Pan et al., 2013 ; Kuang et al., 2016). *Facebook* affirme qu'un utilisateur standard reste susceptible de manquer une partie des informations pertinentes même si ce dernier passe une moyenne de 55 minutes par jour sur le réseau social (Paek et al., 2010).

En se basant sur la prédiction d'un score de pertinence entre un utilisateur et une nouvelle information non consultée dans son fil d'actualité, des travaux de recherche ont proposé des approches pour trier et afficher les actualités sociales par ordre décroissant de pertinence (Berkovsky et Freyne, 2015). Un état de l'art couvrant 3 différents axes a été effectué dans Berkovsky et Freyne (2015). Le premier s'intéresse aux utilisateurs générateurs d'informations, à ceux qui consultent et bénéficient de ces informations et aux liens entre les deux. Le deuxième axe porte sur le contenu de l'information. Le troisième axe concerne la structure du réseau social sous-jacent des utilisateurs et des informations qu'ils génèrent. Cependant, à notre avis, le travail proposé ne couvre pas 4 autres axes importants : les facteurs influençant la pertinence des informations, les modèles de prédiction de la pertinence, l'apprentissage et l'évaluation des modèles de prédiction et les réseaux sociaux cibles. En considérant ces 4 axes, et dans le souci de compléter l'état de l'art effectué dans Berkovsky et Freyne (2015), l'objectif du présent travail est de faire un état de l'art sur les approches existantes dans le domaine du tri des actualités sociales, afin de montrer leurs avantages, leurs limites et identifier des pistes de recherche. Cela nous amène à formuler les questions suivantes : d'une part, quels sont les facteurs influençant la pertinence des informations pour les utilisateurs ? D'autre part, quel modèle utiliser pour prédire la pertinence d'une nouvelle information non consultée dans le fil d'actualité d'un utilisateur à partir de ces facteurs ? Également, étant donné que les utilisateurs ne donnent pas explicitement les scores de pertinence relatifs aux informations de leur fil d'actualité (Berkovsky et Freyne, 2015), comment faire l'apprentissage et l'évaluation du modèle de prédiction en question ? Enfin, quels sont les réseaux sociaux ciblés par les travaux existants ? Étudier ces questions est l'objet de notre papier. Nous notons que le présent papier est un *position paper*. Il consiste en un état de l'art et donc, n'inclut pas d'expérimentations. Toutefois, nous présenterons une synthèse des travaux étudiés.

Le papier est structuré comme suit : la section 2 présente des généralités sur le tri des actualités sociales, la section 3 présente une étude des travaux effectués dans ce domaine et expose leurs limites ainsi que quelques pistes de recherche, la section 4 présente la conclusion et nos perspectives.

## 2  Tri des actualités sociales

Dans cette section, nous présentons des généralités sur le tri des actualités sociales incluant la définition des fils d'actualité, la présentation de statistiques qui confirment la nécessité du tri et la définition du tri des actualités dans ces fils.

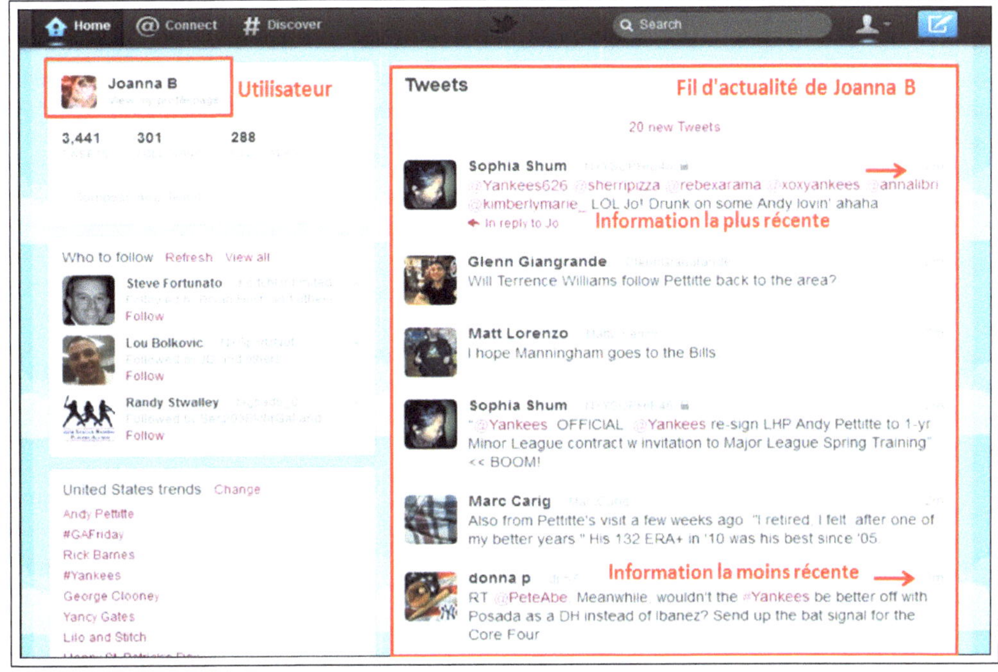


FIG. 1: Fil d'actualité d'un utilisateur sur *Twitter*.

## 2.1   Définition du fil d'actualité

Selon Rader et Gray (2015), le fil d'actualité d'un utilisateur (voir Figure 1) est une liste d'informations (publications, posts, tweets, etc.) qui lui permet de suivre l'actualité des membres de son réseau social. Il comprend des messages textuels, articles, vidéos, musiques, images, etc. (Freyne et al., 2010). Sur un réseau social grand public comme *Facebook* ou *Twitter*[4], le fil d'actualité d'un utilisateur est constitué d'actualités (voir Figure 2) relatives à ses amis, membres de sa famille, pages auxquelles il s'est abonné, etc. (Ester, 2013). Par contre, sur un réseau social professionnel et/ou académique comme ResearchGate[5] ou *LinkedIn*[6], le fil d'actualité d'un utilisateur est constitué d'actualités relatives à ses contacts, collègues, camarades, etc. (Ester, 2013).

Sur la plupart des réseaux sociaux, et comme le montre l'exemple de la Figure 1, le fil d'actualité est affiché par ordre chronologique, de l'information la plus récente jusqu'à la moins récente (Berkovsky et al., 2012). L'inconvénient avec ce fil chronologique est que l'utilisateur doit consulter et parcourir toutes les informations présentes dans son fil pour être sûr de ne manquer celle qui pourrait être pertinente (Kuang et al., 2016).

---

4. www.twitter.com
5. www.researchgate.net
6. www.linkedin.com

Généralement, une actualité possède (voir Figure 2 (a)) : (1) un auteur qui a généré l'information ; (2) un ensemble d'utilisateurs bénéficiaires qui peuvent consulter et interagir (cliquer, commenter, aimer, partager, etc.) avec l'information ; (3) un contenu textuel et/ou multimédia ; (4) une date de publication sur le réseau social (5) un espace pour effectuer des actions sur l'information : enregistrer, activer les notifications, signaler, masquer, etc. ; (6) des tags, ou marqueurs de métadonnées précédés d'hashtag "#", qui décrivent la thématique de l'information ; (7) des mentions, ou noms précédés d'arobase "@", qui représentent des liens vers d'autres utilisateurs du réseau social ; et enfin (8) des URLs vers des sites internet ou des articles (Freyne et al., 2010; Berkovsky et Freyne, 2015).

## 2.2 Statistiques sur les fils d'actualité

Au vu de certaines statistiques sur le volume important d'informations et de leur non-pertinence, la nécessité du tri est plus que recommandée.

**Volume important.** Pour un utilisateur standard de *Facebook*, 1500 nouvelles informations sont générées chaque jour dans son fil d'actualité. Cela peut monter jusqu'à 10000 informations pour les utilisateurs ayant plusieurs centaines de relations sociales[3]. Sur le réseau social *Instagram*[7], en raison du volume important d'informations, les utilisateurs ne voient que 30% des informations de leur fil d'actualité[8]. Dans Bontcheva et al. (2013), 587 utilisateurs de *Twitter* ont répondu à un questionnaire. Les résultats montrent que 66,3% des utilisateurs ont parfois le sentiment qu'ils ne peuvent pas suivre le grand volume d'informations dans leur fil d'actualité. Dans Ramage et al. (2010), suite à un sondage auprès de 56 utilisateurs de *Twitter*, les auteurs rapportent que les utilisateurs ont trop d'informations dans leur fil d'actualité.

**Non-pertinence.** Pour montrer la non-pertinence des informations, Paek et al. (2010) ont demandé à 24 utilisateurs de *Facebook* d'associer des scores de pertinence aux informations de leur fil d'actualité. De même, Alonso et al. (2013) ont demandé à 5 utilisateurs de *Twitter* d'associer des scores de pertinence à plus de 2000 tweets. Dans les deux cas, la moyenne globale des scores de pertinence obtenus était proche de 0. Dans Bontcheva et al. (2013), 587 utilisateurs de *Twitter* ont répondu à un questionnaire. Les résultats montrent que 70.4% des utilisateurs ont des difficultés pour trouver les tweets pertinents dans leur fil d'actualité. Dans Ramage et al. (2010), suite à un sondage auprès de 56 utilisateurs de *Twitter*, les auteurs rapportent que les utilisateurs perdent les tweets les plus pertinents dans un flux de milliers de tweets de moindre utilité. Sur *LinkedIn*, Agarwal et al. (2014) affirment que le fil d'actualité chronologique conduit à un fil récent mais pas nécessairement pertinent. Les auteurs ont effectué un test en ligne comparant le fil chronologique avec un fil basé sur la pertinence, et ont trouvé le taux de clics[9] du fil basé sur la pertinence 43% supérieur au fil chronologique.

---

7. www.instagram.com

8. www.presse-citron.net/instagram-deploie-son-fil-dactualite-non-chronologique

9. Le taux de clics est un rapport entre le nombre de clics qu'un élément reçoit et le nombre d'affichages de celui-ci.

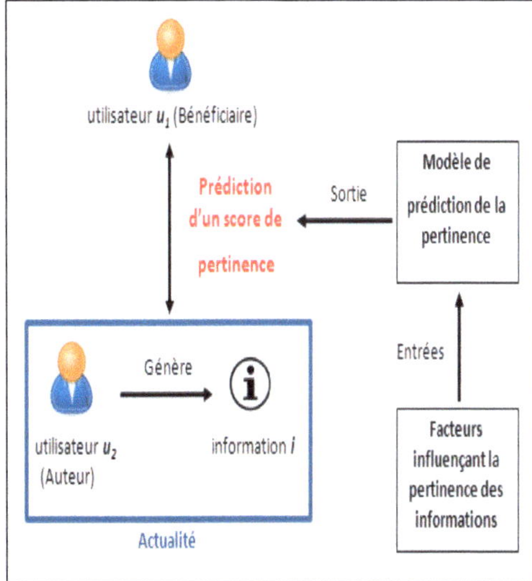


(a) Actualité sur *Twitter*.      (b) Pertinence d'une actualité.

FIG. 2: Actualité sur un réseau social.

## 2.3 Définition du tri des actualités sociales

Selon Shen et al. (2013), le tri des actualités sociales consiste à trier, par ordre décroissant de pertinence, les informations du fil d'actualité de chaque utilisateur. Le tri se fait de telle sorte que les informations les plus pertinentes se retrouvent en haut du fil d'actualité et les moins pertinentes en bas (Agarwal et al., 2014). Nous notons que d'autres termes ont été utilisés dans la littérature pour faire référence au *"tri"* des actualités sociales comme : recommandation [10], personnalisation, classement, réorganisation, etc.

Le tri des actualités sociales peut être considéré soit comme une top-k recommandation ou un problème de reclassement (Berkovsky et Freyne, 2015). Les techniques utilisées pour classer et trier les informations sont basées sur un modèle de prédiction, qui utilise en entrée un ensemble de facteurs influençant la pertinence des informations, pour produire en sortie un score de pertinence entre un utilisateur bénéficiaire $u_1$ et une nouvelle information $i$ non consultée dans son fil d'actualité, générée par un auteur $u_2$ (Berkovsky et al., 2012) (voir Figure 2 (b)).

## 3 Travaux de recherche sur le tri des actualités sociales

Dans le domaine du tri des actualités sociales, plusieurs travaux ont été effectués tant dans la communauté scientifique que dans la communauté industrielle. Dans cette section, nous présentons ces travaux selon les communautés.

---

10. La recommandation vise, à partir de connaissances sur un utilisateur, à lui faciliter l'accès aux contenus pertinents (messages, articles, vidéos, musiques, images, etc.) dans un catalogue trop vaste.

## 3.1 Travaux dans la communauté industrielle

*Facebook*, *Twitter* et *LinkedIn*, ont fourni des efforts dans le tri des actualités sociales (Berkovsky et Freyne, 2015). Cependant, les approches existantes n'ont pas été divulguées en raison de la sensibilité commerciale et de la compétitivité entre les entreprises (Berkovsky et Freyne, 2015). De plus, ces dernières affirment que leurs algorithmes affichent plusieurs limites[3] (Agarwal et al., 2014, 2015). Toutefois, si *Facebook*, *Twitter* et *LinkedIn* s'intéressent au tri des actualités sociales, ce n'est pas uniquement pour satisfaire et fidéliser les utilisateurs, mais également pour booster le taux d'interaction en privilégiant les informations pertinentes susceptibles de faire interagir les utilisateurs[3]. En effet, il s'avère que les interactions des utilisateurs constituent le carburant économique de ces entreprises[3].

*Will Oremus*, journaliste à *Slate.com*, a pu rencontrer en 2016 une équipe de *Facebook* en charge du fil d'actualité[3]. Il affirme que l'algorithme de tri utilisé par *Facebook* combine des centaines de facteurs pour prédire la pertinence des actualités sociales. Cependant, il souligne que l'algorithme reste susceptible de proposer des informations que les utilisateurs trouvent non pertinentes. Effectivement, selon le journaliste, le réseau social a organisé un test auprès de certains utilisateurs, en leur montrant la première information de leur fil d'actualité à côté d'une autre, moins pertinente, afin qu'ils choisissent celles qu'ils préféreraient lire. Les résultats ont montré que le tri effectué par l'algorithme correspond parfois aux préférences de l'utilisateur. Lorsque les résultats ne correspondent pas, l'équipe *Facebook* affirme que cela indique un point à améliorer.

## 3.2 Travaux dans la communauté académique

Nous avons recensé 17 travaux de recherche dans la communauté académique (Paek et al., 2010; Freyne et al., 2010; Berkovsky et al., 2012; Uysal et Croft, 2011; Feng et Wang, 2013; Shen et al., 2013; Chen et al., 2012; Lakkaraju et al., 2011; Kuang et al., 2016; Agarwal et al., 2014, 2015; Guy et al., 2011; Hong et al., 2012; Yan et al., 2012; Bourke et al., 2013; Soh et al., 2013; Pan et al., 2013). Par manque d'espace, nous considérons, dans le cadre du présent papier, les 11 travaux les plus représentatifs (11 premiers travaux cités dans la liste ci-dessus), soit 65% de tous les travaux recensés.

Dans le but de prédire la pertinence des actualités sur *Facebook*, Paek et al. (2010) et Lakkaraju et al. (2011) ont proposé des modèles personnalisés[11] qui exploitent 3 types de facteurs de prédiction de la pertinence : (1) la force de la relation sociale entre le bénéficiaire et l'auteur ; (2) la pertinence du contenu de l'information pour les intérêts du bénéficiaire ; et (3) la qualité de l'information. Dans Paek et al. (2010), le modèle d'apprentissage supervisé de classification[12] proposé se base sur les machines à vecteurs de support (SVM) (Cortes et Vapnik, 1995). Pour obtenir les données d'apprentissage et d'évaluation du modèle de prédiction, les auteurs ont demandé à 24 utilisateurs d'associer explicitement des scores de pertinence aux informations de leur fil d'actualité. La précision moyenne du modèle était de 69,7%. Tandis que dans Lakkaraju et al. (2011), le modèle de filtrage collaboratif proposé se base sur les facteurs latents de prédiction. Pour obtenir les données d'apprentissage et d'évaluation du modèle de

---

11. Un modèle personnalisé est un modèle qui prend en considération les préférences de chaque utilisateur.
12. Les scores de pertinences à prédire appartiennent à un ensemble fini de valeurs.

prédiction, les interactions des utilisateurs en termes de commentaires ont été utilisées comme indicateurs implicites de la pertinence des informations. La précision moyenne du modèle était de 61.11%.

Afin d'associer des scores de pertinence aux actualités : sur le réseau social *SocialBlue* dans Freyne et al. (2010), une communauté en ligne liée à la santé dans Berkovsky et al. (2012) et le réseau social chinois *Sina Weibo* [13] dans Kuang et al. (2016), tous ces auteurs ont proposé des modèles non personnalisés de prédiction basés sur des combinaisons linéaires pondérées avec des poids statiques. Dans Freyne et al. (2010) et Berkovsky et al. (2012), les modèles proposés exploitent 2 facteurs de prédiction de la pertinence : (1) la force de la relation sociale entre le bénéficiaire $u_1$ et l'auteur $u_2$ ; et (2) la fréquence d'interaction du bénéficiaire avec des informations similaires à l'information $i$ (voir section 2.3). Dans Freyne et al. (2010), la précision moyenne du modèle était de 75% et les résultats de l'évaluation ont montré que les informations triées ont réussi à attirer plus d'attention que celles non triées. Dans Berkovsky et al. (2012), la précision moyenne a été améliorée de 10% par rapport aux résultats du modèle chronologique. Dans les deux précédents travaux, afin d'obtenir les données d'évaluation du modèle de prédiction, les consultations et interactions des utilisateurs (authentification, commentaires, messages, etc.) sur le réseau social, ont été utilisées comme indicateurs implicites de la pertinence des informations. Dans Kuang et al. (2016), le modèle proposé exploite 3 types de facteurs de prédiction de la pertinence : (1) la force de la relation sociale entre l'auteur et le bénéficiaire ; (2) la pertinence du contenu de l'information (et de ses tags, mentions et URLs) pour les intérêts du bénéficiaire ; et (3) la qualité de l'information. Pour obtenir les données d'évaluation du modèle de prédiction, les auteurs ont demandé à 1048 utilisateurs d'associer explicitement des valeurs booléennes (Vrai pour pertinent et Faux pour non pertinent) aux informations de leur fil d'actualité. La précision moyenne du modèle était de 75% et a été améliorée de 57% par rapport aux résultats du modèle chronologique.

Dans l'intention de trier les tweets par ordre de pertinence sur *Twitter*, Uysal et Croft (2011) et Feng et Wang (2013) ont proposé des modèles personnalisés qui prédisent la probabilité qu'un bénéficiaire retweete un tweet présent dans son fil d'actualité. Dans Uysal et Croft (2011), le modèle proposé se base sur un algorithme ascendant coordonné et exploite 5 types de facteurs de prédiction de la pertinence : (1) la force de la relation sociale entre l'auteur et le bénéficiaire ; (2) la pertinence du contenu de l'information (et de ses tags, mentions et URLs) pour les intérêts du bénéficiaire ; (3) la qualité du tweet ; (4) l'autorité de l'auteur, et (5) l'activité de l'auteur sur le réseau social. La précision moyenne du modèle était de 72%. Tandis que dans Feng et Wang (2013), le modèle proposé se base sur la factorisation de matrices et exploite 5 types de facteurs de prédiction de la pertinence : (1) la force de la relation sociale entre l'auteur et le bénéficiaire ; (2) la pertinence du contenu de l'information (et de ses tags, mentions et URLs) pour les intérêts du bénéficiaire ; (3) la qualité du tweet ; (4) l'autorité de l'auteur ; et (5) les propriétés du bénéficiaire (préférences pour les différentes thématiques, ancienneté, probabilité de retweeter, date du dernier retweet effectué, etc.). La précision moyenne du modèle combiné était de 42%. Dans les deux précédents travaux, pour obtenir les données d'apprentissage et d'évaluation du modèle de prédiction, les interactions des utilisateurs, en termes de retweets ont été utilisées comme indicateurs implicites de la pertinence des tweets.

---

13. www.weibo.com

Afin de recommander des tweets pertinents aux utilisateurs de *Twitter*, Shen et al. (2013) et Chen et al. (2012) ont proposé des modèles personnalisés de prédiction qui exploitent 4 types de facteurs de prédiction : (1) la force de la relation sociale entre l'auteur et le bénéficiaire ; (2) la pertinence du contenu de l'information (et de ses tags, mentions et URLs) pour les intérêts du bénéficiaire ; (3) la qualité du tweet ; et (4) l'autorité de l'auteur. Dans Shen et al. (2013), les auteurs ont proposé un modèle personnalisé d'apprentissage supervisé. Le modèle de régression [14] proposé se base sur le *Gradient Boosting* (Zheng et al., 2007). Pour obtenir les données d'apprentissage et d'évaluation du modèle de prédiction, les interactions des utilisateurs, en termes de tweets, retweets et réponses ont été utilisées comme indicateurs implicites de la pertinence des tweets. Le modèle proposé a connu un gain de précision moyenne de 34.5% comparé au modèle chronologique. Tandis que dans Chen et al. (2012), les auteurs ont proposé un modèle de filtrage collaboratif basé sur les facteurs latents de prédiction. Pour obtenir les données d'apprentissage et d'évaluation du modèle de prédiction, les interactions des utilisateurs en termes de retweets ont été utilisées comme indicateurs implicites de la pertinence des tweets. La précision moyenne du modèle était de 76% et les résultats de l'évaluation ont montré que les informations triées ont réussi à attirer plus d'attention que les informations non triées.

Afin d'associer des scores de pertinence aux actualités sociales sur *LinkedIn*, Agarwal et al. (2014) et Agarwal et al. (2015) ont proposé des modèles personnalisés basés sur la régression logistique. Les modèles proposés prédisent la probabilité qu'un utilisateur clic sur une information issue de son fil d'actualité. Dans Agarwal et al. (2014), le modèle proposé exploite 3 types de facteurs de prédiction de la pertinence : (1) la force de la relation sociale entre le bénéficiaire et l'auteur ; (2) la qualité de l'information ; et (3) la diversité du fil d'actualité en privilégiant la diversité des informations et leurs auteurs. Dans Agarwal et al. (2015), le modèle proposé exploite 3 types de facteurs de prédiction de la pertinence : (1) la force de la relation sociale entre le bénéficiaire et l'auteur ; (2) la fréquence d'interaction du bénéficiaire avec des informations similaires à l'information $i$ ; et (3) la fréquence d'interaction du bénéficiaire avec des informations similaires à l'information $i$ générées par l'auteur $u_2$. Dans les deux précédents travaux, pour obtenir les données d'apprentissage et d'évaluation du modèle de prédiction, les interactions des utilisateurs en termes de clics ont été utilisées comme indicateurs implicites de la pertinence des informations. Les résultats des évaluations ont montré que le taux de clics des modèles proposés a été amélioré, comparé au modèle chronologique.

## 3.3  Analyse des travaux de recherche

En se basant sur les questions posées dans la section 1, notre analyse des travaux de recherche existants s'articule autour de 4 axes : les facteurs influençant la pertinence des informations, les modèles de prédiction de la pertinence, l'apprentissage et l'évaluation des modèles de prédiction et les réseaux sociaux cibles. Le Tableau 1 résume notre analyse. Les cellules contenant le symbole "x" indiquent que le critère correspondant a été considéré dans le travail et les cellules vides indiquent qu'il ne l'a pas été. Par manque d'espace, nous annotons les travaux de recherche dans le tableau comme suit : 'A' pour (Paek et al., 2010), 'B' pour

---

14. Les scores de pertinences à prédire sont des valeurs dans un ensemble continu de réels.

(Lakkaraju et al., 2011), 'C' pour (Freyne et al., 2010), 'D' pour (Berkovsky et al., 2012), 'E' pour (Uysal et Croft, 2011), 'F' pour (Feng et Wang, 2013), 'G' pour (Shen et al., 2013), 'H' pour (Chen et al., 2012), 'I' pour (Kuang et al., 2016), 'J' pour (Agarwal et al., 2014) et 'K' pour (Agarwal et al., 2015).

**Facteurs influençant la pertinence des informations.** Nous avons noté la prédominance des facteurs suivants : (1) ceux mesurant la pertinence du contenu de l'information, de ses tags, mentions et URLs pour les intérêts du bénéficiaire : similarité sémantique, score TF-IDF, produit scalaire, etc. Ces derniers sont des prédicteurs directs pour savoir si l'information sera pertinente pour le bénéficiaire (Paek et al., 2010; Kuang et al., 2016); (2) les facteurs mesurant la force de la relation sociale entre le bénéficiaire et l'auteur : fréquence des interactions sociales, date de la dernière interaction, nombre de contacts en commun, etc. Gilbert et Karahalios (2009) ont été pionniers dans ce domaine de recherche. L'hypothèse est que l'information peut être pertinente pour le bénéficiaire s'il a une forte relation sociale avec l'auteur (Agarwal et al., 2014, 2015); (3) les facteurs mesurant l'autorité et l'influence de l'auteur sur le réseau social : nombre d'abonnés, certification du compte, ancienneté, etc. L'hypothèse est que l'information peut être pertinente pour le bénéficiaire si l'auteur a une grande autorité et une grande influence sur le réseau social (Uysal et Croft, 2011; Feng et Wang, 2013); et (4) les facteurs mesurant la qualité de l'information : fraicheur, nombre de personnes ayant interagi avec l'information, présence d'images, de vidéos, d'URLs, d'hashtags, etc. L'hypothèse est que l'information peut être pertinente pour le bénéficiaire si elle est de bonne qualité (Chen et al., 2012; Shen et al., 2013).

**Modèles de prédiction de la pertinence.** Nous avons noté la prédominance des modèles d'apprentissage supervisé et des modèles mathématiques.

1. Modèles d'apprentissage supervisé : modèles d'apprentissage automatique qui généralisent pour des entrées inconnues ce qu'ils ont pu "apprendre" grâce aux exemples déjà traitées et validées dans la base d'apprentissage (Mohri et al., 2012). Nous avons recensé un modèle de classification avec les machines à vecteurs de support (SVM) (Paek et al., 2010) et un modèle de régression avec *Gradient Boosting* (Shen et al., 2013);

2. Modèles mathématiques : modèles qui utilisent des outils, équations et concepts mathématiques pour modéliser et prédire des comportements (Bender, 2012). Nous avons recensé des modèles statistiques basés sur les facteurs latents de prédiction (Lakkaraju et al., 2011; Chen et al., 2012) et la régression logistique (Agarwal et al., 2014, 2015), des modèles d'algèbre linéaire basés sur des combinaisons linéaires pondérées (Freyne et al., 2010; Berkovsky et al., 2012; Kuang et al., 2016) et la factorisation de matrices (Feng et Wang, 2013) et un modèle d'optimisation mathématique basé sur un algorithme ascendant coordonné (Uysal et Croft, 2011).

En effet, ces modèles sont adéquats pour le problème de prédiction des scores de pertinence car ils font partie des techniques de l'analyse prédictive dont le but est d'analyser des faits présents et passés pour faire des hypothèses prédictives sur des événements futurs (Nyce et CPCU, 2007; Eckerson, 2007). Toutefois, dans la littérature, à notre connaissance, aucune comparaison n'a été effectuée entre ces modèles pour déterminer ceux les plus précis.

**Apprentissage et évaluation des modèles de prédiction.**   Nous avons recensé 2 méthodes d'apprentissage et d'évaluation des modèles de prédiction : (1) une méthode implicite selon l'hypothèse que l'interaction (cliquer, commenter, aimer, partager, etc.) d'un utilisateur avec une information implique sa pertinence pour ce dernier (Shen et al., 2013; Agarwal et al., 2014, 2015). Nous notons la forte prédominance de cette méthode ; et (2) une méthode explicite en demandant aux utilisateurs du réseau social d'associer, via des outils développés, des scores et des valeurs de pertinences aux informations de leur fil d'actualité (Paek et al., 2010; Kuang et al., 2016).

**Réseaux sociaux cibles.**   Nous avons noté la prévalence de *Twitter* comme réseau social ciblé par les travaux de recherche existants (Uysal et Croft, 2011; Feng et Wang, 2013; Shen et al., 2013; Chen et al., 2012). Cela se justifie par : le flux important de tweets rencontrés par les utilisateurs (Kuang et al., 2016), la non-pertinence d'un nombre important de tweets (Alonso et al., 2013), la disponibilité des données (les profils des utilisateurs, les réseaux sociaux des utilisateurs et les tweets sont publiquement visibles par défaut) et la disponibilité de l'API pour la collecte de ces derniers (Berkovsky et Freyne, 2015).

## 3.4   Limites et pistes de recherche

En se basant sur les questions posées dans la section 1, et suite à l'analyse des travaux de recherche existants, nous avons constaté certaines limites et identifié quelques pistes de recherche que nous classons selon 4 axes : les facteurs influençant la pertinence des informations, les modèles de prédiction de la pertinence, l'apprentissage et l'évaluation des modèles de prédiction et les réseaux sociaux cibles.

**Facteurs influençant la pertinence des informations.**   Nous avons recensé un facteur non considéré dans la littérature, mais qui pourrait être susceptible d'influencer la pertinence des informations. Il s'agit de la similarité entre les informations (leur contenu, leurs tags et leurs URLs) générées par le bénéficiaire et l'information $i$ : similarité sémantique, score TF-IDF, produit scalaire, etc. L'hypothèse est que l'information $i$ peut être pertinente pour le bénéficiaire s'il elle est similaire aux informations qu'il a l'habitude de générer. L'avantage de ce facteur est qu'il permet de cerner les centres d'intérêt et les préférences du bénéficiaire même si celui-ci n'interagit pas avec les informations de son fil d'actualité. De plus, étant donné que la précision du modèle de prédiction dépend des facteurs en entrée (Berkovsky et al., 2012), il serait judicieux d'effectuer un sondage auprès des utilisateurs afin de valider les facteurs déjà considérés dans la littérature et découvrir d'autres facteurs non encore pris en charge.

**Modèles de prédiction de la pertinence.**   Nous avons recensé 2 travaux qui utilisent des combinaisons linéaires pondérées avec des poids statiques, non personnalisés, pour tous les utilisateurs (Freyne et al., 2010; Berkovsky et al., 2012; Kuang et al., 2016). Cependant, les préférences de ces derniers sont différentes (Berkovsky et Freyne, 2015). De ce fait, les actualités devraient être triées d'une manière personnalisée en fonction des préférences de chaque utilisateur. De plus, à partir des évaluations effectuées dans la littérature, il serait intéressant de faire une étude comparative des mesures d'évaluations utilisées et des résultats obtenus afin de déterminer ceux les plus précis. Aussi, par rapport aux méthodes d'apprentissage supervisé

| Travaux de recherche | | | A | B | C | D | E | F | G | H | I | J | K |
|---|---|---|---|---|---|---|---|---|---|---|---|---|---|
| Facteurs influençant la pertinence des informations | Force de la relation sociale entre l'auteur et le bénéficiaire | | x | x | x | x | x | x | x | x | x | x | x |
| | Pertinence du contenu de l'information, de ses tags, mentions et URLs pour les intérêts du bénéficiaire | | x | x | | | x | x | x | x | x | | |
| | Qualité de l'information | | x | x | | | x | x | x | x | x | x | |
| | Autorité de l'auteur | | | | | | x | x | x | x | | | |
| | Activité de l'auteur | | | | | | x | | | | | | |
| | Fréquence d'interaction du bénéficiaire avec des informations similaires à l'information $i$ | | | | x | x | | | | | | | x |
| | Propriétés du bénéficiaire | | | | | | | x | | | | | |
| | Diversité du fil d'actualité | | | | | | | | | | | x | |
| | Fréquence d'interaction du bénéficiaire avec des informations similaires à l'information $i$ générées par l'auteur $u_2$ | | | | | | | | | | | | x |
| Modèles de prédiction de la pertinence | Apprentissage supervisé | classification avec SVM | x | | | | | | | | | | |
| | | régression avec *Gradient Boosting* | | | | | | | x | | | | |
| | Mathématiques | Statistiques | facteurs latents de prédiction | | x | | | | | | x | | | |
| | | | régression logistique | | | | | | | | | | x | x |
| | | Algèbre linéaire | combinaisons linéaires pondérées | | | x | x | | | | | x | | |
| | | | factorisation de matrices | | | | | | x | | | | | |
| | | Optimisation mathématique | algorithme ascendant coordonné | | | | | x | | | | | | |
| Apprentissage et évaluation | Implicite | | | x | x | x | x | x | x | x | | x | x |
| | Explicite | | x | | | | | | | | x | | |
| Réseaux sociaux cibles | *Twitter* | | | | | | x | x | x | x | | | |
| | *Facebook* | | x | x | | | | | | | | | |
| | *SocialBlue* | | | | | x | | | | | | | |
| | Communauté en ligne liée à la santé | | | | | x | | | | | | | |
| | *Sina Weibo* | | | | | | | | | | | x | |
| | *LinkedIn* | | | | | | | | | | | x | x |

TAB. 1: Résumé de l'analyse des travaux de recherche.

(Paek et al., 2010; Shen et al., 2013), afin de prédire un score amélioré de pertinence pour chaque couple utilisateur-information, et pour mieux trier les informations, nous estimons que le problème de prédiction des scores de pertinence devrait être considéré comme un problème de régression (Shen et al., 2013) et non de classification (Paek et al., 2010). En effet, on parle de régression lorsque la sortie que l'on cherche à estimer est une valeur dans un ensemble continu de réels (Bishop, 2006). Par contre, on parle de problèmes de classification lorsque l'ensemble des valeurs de sortie est fini (Bishop, 2006). En outre, il serait judicieux d'utiliser les réseaux de neurones artificiels (McCulloch et Pitts, 1943) et/ou Adaboost (Freund et Schapire, 1995), connus pour donner de bons résultats (Schwenk et Bengio, 2000).

**Apprentissage et évaluation des modèles de prédiction.** La méthode implicite utilisée dans la plupart des travaux comporte plusieurs limites. En effet, une interaction avec une information n'est pas toujours synonyme de pertinence (Uysal et Croft, 2011; Shen et al., 2013). Par exemple, un utilisateur peut interagir pour exprimer son mécontentement. Dans d'autres cas, une absence d'interaction n'est pas toujours synonyme de non-pertinence (Uysal et Croft, 2011; Shen et al., 2013). Par exemple, un utilisateur peut trouver une information pertinente et choisir délibérément de ne pas interagir avec elle. La méthode explicite utilisée dans Paek et al. (2010) et Kuang et al. (2016) comporte aussi plusieurs limites. En effet, elle n'est pas incluse sur les réseaux sociaux (des outils ont été développés pour avoir les *feedbacks* des utilisateurs) et elle est contraignante, puisqu'elle demande aux utilisateurs d'associer des scores et des valeurs de pertinence à un nombre important d'informations. De ce fait, il serait judicieux d'effectuer un sondage auprès des utilisateurs afin de déterminer les indicateurs qui permettent d'approximer les scores de pertinence relatifs aux informations de leur fil d'actualité. En outre, dans le but d'extraire des indicateurs décisionnels, et des indicateurs de pertinence, il serait intéressant d'entreposer les données sociales pour effectuer des analyses en ligne et bénéficier des outils existants en informatique décisionnelle. Plusieurs questions restent ouvertes dans ce contexte notamment sur l'approche d'entreposage, le formalisme utilisé ainsi que les techniques de stockage des données (Hannachi et al., 2015; Oukid et al., 2016).

**Réseaux sociaux cibles** Étant donné que la plupart des travaux de recherche ont ciblé *Twitter* (Uysal et Croft, 2011; Feng et Wang, 2013; Shen et al., 2013; Chen et al., 2012), il serait intéressant d'exploiter d'autres réseaux sociaux qui disposent de fil d'actualité, mais qui n'ont pas été traitées dans les travaux de recherche, comme : *Instagram, Flickr* [15], *Pinterest* [16], etc.

# 4   Conclusion

Dans ce travail, nous avons d'abord présenté des généralités sur le tri des actualités sociales. Nous avons ensuite présenté une étude de l'état de l'art sur les approches existantes dans ce domaine. À l'issue de cette étude, il apparaît que les chercheurs accordent de plus en plus d'intérêt au problème du tri des actualités sociales. Plusieurs approches ont été proposées dans la littérature. Cependant, vu les limites recensées (voir section 3.4), des efforts doivent être faits pour améliorer le tri des actualités sociales. Les efforts à fournir s'articulent autour

---

15. www.flickr.com
16. www.pinterest.com

de 4 axes : les facteurs influençant la pertinence des informations, les modèles de prédiction de la pertinence, l'apprentissage et l'évaluation des modèles de prédiction et les réseaux sociaux cibles. Nos perspectives de recherche concernent les 3 premiers axes.

En plus des facteurs de prédiction considérés dans la littérature, nous comptons inclure la similarité entre les informations générées par le bénéficiaire et l'information $i$. De plus, afin de mieux trier les informations, nous projetons d'utiliser un modèle personnalisé de prédiction de la pertinence. En outre, dans le but d'extraire des indicateurs décisionnels, et des indicateurs de pertinence, nous planifions d'entreposer les données sociales pour effectuer des analyses en ligne et bénéficier des outils existants en informatique décisionnelle.

# Références


Agarwal, D., B.-C. Chen, R. Gupta, J. Hartman, Q. He, A. Iyer, S. Kolar, Y. Ma, P. Shivaswamy, A. Singh, et others (2014). Activity ranking in LinkedIn feed. In *Proc. of the 20th ACM SIGKDD Int. Conf. on Knowledge discovery and data mining*, pp. 1603–1612.

Agarwal, D., B.-C. Chen, Q. He, Z. Hua, G. Lebanon, Y. Ma, P. Shivaswamy, H.-P. Tseng, J. Yang, et L. Zhang (2015). Personalizing linkedin feed. In *Proc. of the 21th ACM SIGKDD Int. Conf. on Knowledge Discovery and Data Mining*, pp. 1651–1660. ACM.

Alonso, O., C. C. Marshall, et M. Najork (2013). Are some tweets more interesting than others ?# hardquestion. In *Proceedings of the Symposium on Human-Computer Interaction and Information Retrieval*, pp. 2. ACM.

Bender, E. A. (2012). *An introduction to mathematical modeling*. Courier Corporation.

Berkovsky, S. et J. Freyne (2015). Personalised Network Activity Feeds : Finding Needles in the Haystacks. In *Mining, Modeling, and Recommending'Things' in Social Media*, pp. 21–34. Springer.

Berkovsky, S., J. Freyne, et G. Smith (2012). Personalized network updates : increasing social interactions and contributions in social networks. In *User Modeling, Adaptation, and Personalization*, pp. 1–13. Springer.

Bishop, C. M. (2006). Pattern recognition. *Machine Learning 128*.

Bontcheva, K., G. Gorrell, et B. Wessels (2013). Social media and information overload : Survey results. *arXiv preprint arXiv :1306.0813*.

Bourke, S., M. O'Mahony, R. Rafter, et B. Smyth (2013). Ranking in information streams. In *Proceedings of the companion publication of the 2013 international conference on Intelligent user interfaces companion*, pp. 99–100. ACM.

Chen, K., T. Chen, G. Zheng, O. Jin, E. Yao, et Y. Yu (2012). Collaborative personalized tweet recommendation. In *Proceedings of the 35th international ACM SIGIR conference on Research and development in information retrieval*, pp. 661–670. ACM.

Cortes, C. et V. Vapnik (1995). Support-vector networks. *Machine learning 20*(3), 273–297.

Eckerson, W. W. (2007). Predictive Analytics. *Extending the Value of Your Data Warehousing Investment. TDWI Best Practices Report. Q 1*, 2007.

Ester, M. (2013). Recommendation in social networks. In *RecSys*, pp. 491–492.

Feng, W. et J. Wang (2013). Retweet or not ? : personalized tweet re-ranking. In *Proc. of the sixth ACM int. conf. on Web search and data mining*, pp. 577–586.

Freund, Y. et R. E. Schapire (1995). A desicion-theoretic generalization of on-line learning and an application to boosting. In *European conference on computational learning theory*, pp. 23–37. Springer.

Freyne, J., S. Berkovsky, E. M. Daly, et W. Geyer (2010). Social networking feeds : recommending items of interest. In *Proceedings of the fourth ACM conference on Recommender systems*, pp. 277–280. ACM.

Gilbert, E. et K. Karahalios (2009). Predicting tie strength with social media. In *Proceedings of the SIGCHI conference on human factors in computing systems*, pp. 211–220. ACM.

Guy, I., I. Ronen, et A. Raviv (2011). Personalized activity streams : sifting through the river of news. In *Proceedings of the fifth ACM conference on Recommender systems*, pp. 181–188. ACM.

Hannachi, L., N. Benblidia, O. Boussaid, et F. Bentayeb (2015). Community Cube : a semantic framework for analysing social network data. *Int. Jour. of Metadata, Semantics and Ontologies 10*(3), 155–169.

Hong, L., R. Bekkerman, J. Adler, et B. D. Davison (2012). Learning to rank social update streams. In *Proceedings of the 35th international ACM SIGIR conference on Research and development in information retrieval*, pp. 651–660. ACM.

Krishnan, K. (2013). *Data warehousing in the age of big data*. Newnes.

Kuang, L., X. Tang, M. Yu, Y. Huang, et K. Guo (2016). A comprehensive ranking model for tweets big data in online social network. *EURASIP Journal on Wireless Communications and Networking 2016*(1), 1.

Lakkaraju, H., A. Rai, et S. Merugu (2011). Smart news feeds for social networks using scalable joint latent factor models. In *Proceedings of the 20th international conference companion on World wide web*, pp. 73–74. ACM.

Lomotey, R. K. et R. Deters (2014). Towards Knowledge Discovery in Big Data. In *Service Oriented System Engineering (SOSE), 2014 IEEE 8th Int. Symposium*, pp. 181–191.

McCulloch, W. S. et W. Pitts (1943). A logical calculus of the ideas immanent in nervous activity. *The bulletin of mathematical biophysics 5*(4), 115–133.

Mohri, M., A. Rostamizadeh, et A. Talwalkar (2012). *Foundations of machine learning*. MIT-press.

Nyce, C. et A. CPCU (2007). Predictive analytics white paper. *American Institute for CPCU. Insurance Institute of America*, 9–10.

Oukid, L., O. Boussaid, N. Benblidia, et F. Bentayeb (2016). TLabel : A New OLAP Aggregation Operator in Text Cubes. *Int. Jour. of Data Warehousing and Mining 12*(4), 54–74.

Paek, T., M. Gamon, S. Counts, D. M. Chickering, et A. Dhesi (2010). Predicting the Importance of Newsfeed Posts and Social Network Friends. In *AAAI*, Volume 10, pp. 1419–1424.

Pan, Y., F. Cong, K. Chen, et Y. Yu (2013). Diffusion-aware personalized social update recommendation. In *Proc. of the 7th ACM conf. on Recommender systems*, pp. 69–76. ACM.

Rader, E. et R. Gray (2015). Understanding user beliefs about algorithmic curation in the

Facebook news feed. In *Proceedings of the 33rd Annual ACM Conference on Human Factors in Computing Systems*, pp. 173–182. ACM.

Ramage, D., S. T. Dumais, et D. J. Liebling (2010). Characterizing Microblogs with Topic Models. *ICWSM 10*, 1–1.

Schwenk, H. et Y. Bengio (2000). Boosting neural networks. *Neural Computation 12*(8), 1869–1887.

Shen, K., J. Wu, Y. Zhang, Y. Han, X. Yang, L. Song, et X. Gu (2013). Reorder user's tweets. *ACM Transactions on Intelligent Systems and Technology (TIST) 4*(1), 6.

Soh, P.-H., Y.-C. Lin, et M.-S. Chen (2013). Recommendation for online social feeds by exploiting user response behavior. In *Proceedings of the 22nd International Conference on World Wide Web*, pp. 197–198. ACM.

Uysal, I. et W. B. Croft (2011). User oriented tweet ranking : a filtering approach to microblogs. In *Proceedings of the 20th ACM international conference on Information and knowledge management*, pp. 2261–2264. ACM.

Xu, Z., Y. Liu, N. Yen, L. Mei, X. Luo, X. Wei, et C. Hu (2016). Crowdsourcing based description of urban emergency events using social media big data. *IEEE Transactions on Cloud Computing*.

Yan, R., M. Lapata, et X. Li (2012). Tweet recommendation with graph co-ranking. In *Proceedings of the 50th Annual Meeting of the Association for Computational Linguistics : Long Papers-Volume 1*, pp. 516–525. Association for Computational Linguistics.

Zhan, L., Y. Sun, N. Wang, et X. Zhang (2016). Understanding the influence of social media on people's life satisfaction through two competing explanatory mechanisms. *Aslib Journal of Information Management 68*(3), 347–361.

Zheng, Z., K. Chen, G. Sun, et H. Zha (2007). A regression framework for learning ranking functions using relative relevance judgments. In *Proceedings of the 30th ann. inter. ACM SIGIR conf. on Research and development in information retrieval*, pp. 287–294.

# Summary

Due to the large amount of information (messages, articles, videos, music, images, etc.) generated and shared on social networking sites, users find themselves overwhelmed by information generated chronologically in their news feed. In addition, most of information may be irrelevant. Sorting social updates, in order of relevance, is proposed as a solution to help users quickly view and interact with information that may interest them. In this work, we study existing approaches in the area of sorting social updates and expose their limits and some open issues according to several axes: factors influencing information's relevance, prediction models of information's relevance, training and evaluation of prediction models, etc.

# A Model&DBMS Independent Benchmark for Data Warehouses

Ibtisam Ferrahi*, Sandro Bimonte**, Kamel Boukhalfa***

* University Mhamed Bougara, Boumerdes, Algeria
ferrahi.ibtisam@umbb.dz,
** TSCF, Irstea. 9 Av. Blaise Pascal, Aubiere, France
Sandro.bimonte@irstea.f
***LSI Laboratory-USTHB, BP 32 ElAlia, Bab Ezzouare, Algiers
kboukhalfa@usthb.dz

**Abstract.** NoSQL systems support new data models, which propose alternative models to the well-known relational models, and query languages. Due to the lack of a well-accepted logical model for Data Warehouses (DWs), some preliminaries works proposes extensions/redefinition of relational star and snow-flake schemata for NoSQL families. However, many other modeling possibilities remain unexplored, and it is difficult to compare these proposals because of the lack of a well-recognized benchmarking framework for DWs. In this paper, we propose a generic extension of the relational Star Schema Benchmark, called GenSSB, to handle any kind of DBMS in terms of logical models. We validate our framework by instantiating GenSSB for some different logical models and DBMSs.

# 1 Introduction and motivation

Data Warehouses (DWs) and OLAP systems with their implementation in relational and multidimensional architectures have been widely studied in the last 30 years (Kimball and Ross, 2002). Nowadays, DWs and OLAP systems have reached a great maturity having different kind of applications in several domains such as marketing, health, agriculture, etc. Conceptual, logical and physical issues have been extensively investigated by academic and industrial communities. Several conceptual models based on ER, UML and other formalisms have been proposed, but no standard has been defined yet. Some logical models have been also proposed. Star and snowflake schemas are actually recognized as the de-facto standard logical models for DWs. The star schema denormalizes dimensional attributes to avoid expensive join operators. The snowflake schema is similar to the star schema except that dimensions are normalized into multiple related tables.

Based on these logical models, some optimization techniques (such as index, materialized views, fragmentation), and administration/tuning tools have been proposed. Therefore, specific benchmarks for relational DW (such as SSB, TPC-DS, etc.) (O'Neil et al., 2009) have been designed over these logical models to evaluate and compare performance of these optimization techniques.

However, some new NoSQL Database Management Systems (DBMSs) have been recently proved to be effective Business Intelligence solutions. Different families of NoSQL DBMSs exist: Key-value, Extensible record, Document and Graph. A Key-value database is a collection of data without a schema and organized as a collection of key-value pairs. Data is accessed using the key and its value represents data. An Extensible record database represents data with tables where each row can present different attributes (different columns). A Document database stores information as documents having a complex structure. A Graph database is suited for applications in which there are more interconnections between the data like social networks.

Due to the lack of a well-accepted NoSQL logical model for DWs, some preliminaries works propose extensions/redefinition of relational star and snowflake schemata. However, other modeling possibilities remain unexplored, and it is difficult to compare these proposals because of the lack of a standard logical model for NoSQL DWs, and its associated benchmark. This shows the need for a framework to compare different logical multidimensional models with their possible NoSQL implementations.

Relatively little attention has been paid in the literature to benchmarks for NoSQL DWs (Qin and Zhou, 2013; Shah et al., 2014). The CNSSB benchmark (Dehdouh et al., 2014) is a benchmark proposed to explicitly support two column-oriented logical models. SSB+ (Chevalier et al., 2015) considers both the NoSQL column-oriented and the document-oriented models. CNSSB and SSB+ are based on some new logical models for column and document-oriented DWs.

To best of our knowledge, all existing works for benchmarking DWs are composed of: (i) a data and query generator that are based on a particular logical model, and (ii) a set of methods for writing generated data into particular DBMSs. To conclude, the main limitation of the above described benchmarks is that they are strongly coupled with a particular logical design of the DW, for example the star-schema for the relational DBMSs in SSB, the MLD0 for document DBMSs in SSB+ (Chevalier et al., 2015), etc. Therefore, it is not possible use them to evaluate new logical multidimensional models over NoSQL DBMSs.

To deal with this problem, we propose a generic extension of the relational Star Schema Benchmark, called GenSSB, to handle any relational and NoSQL logical multidimensional model. GenSSB is defined as a simple C library. Finally, we present a comparative study between different models with respect to the loading time of data generated by GenSSB. The paper is organized in the following way: Section 2 presents GenSSB; experiments of GenSSB are described in Section 3, which followed by conclusion and future work.

## 2   GenSSB Benchmark

In this section, we describe our framework for benchmarking model and DBMS independent DWs, called GenSSB. Our proposal extends the Star Schema Benchmark (SSB) (O'Neil et al., 2009). SSB is based on a relational star schema extending TPC-H for supporting OLAP queries. SSB is defined to analyze sales per PART, SUPPLIER, CUSTOMER and DATE. It defines a set of representative OLAP queries. For example the "Q2" queries of SSB find for the revenue for some product classes, for suppliers in a certain region, grouped by product classes. The SSB data generator uses a parameter called Scale Factor (SF) to generate data at different size. Data is generated proportionally to scale factor. For example, SF=1 corresponds to $6*10^6$ tuples of the fact table, and SF=50 corresponds to $3*10^8$ tuples. GenSSB generalizes SSB by moving it from the logical level to the conceptual level. GenSSB is composed of: (i) a conceptual multidimensional model and (ii) a data generator that takes as in inputs the same Selectivity Factor parameter of SSB. Contrary to SSB, GenSSB generated data is not associated to any logical model, but to a conceptual multidimensional model. This allows GenSSB to be independent from the used logical model and the DBMS. Indeed, the implementation of a particular logical model in a specific DBMS is in charge of the user of the benchmark. For example, once data have been generated, a user can provide writing functions for generated data in: the star schema with PostgreSQL, and/or the MLD0 and MLD1 with MongoDB. MLD0 and MLD1 are two logical models for document DBMS proposed by (Chevalier et al., 2015).

Using GenSSB, three criteria can be used to evaluate the logical models and their implementation in different DBMSs: (i) Size: the size of data generated, (ii) Load: the time needed to load it into the DBMS, and (iii) Query: the query processing time. Moreover, GenSBB allows a comparative study among logical models belonging to the same family or not. Therefore, we define two classes of evaluation: (i) **Intra-Family** and (ii) **Inter-Family**. **Intra-Family** class contains all models that belong to the same DBMS family, for example for the relational DBMS family it allows compare the star schema over Postgres and Oracle, or for the document DBMS family a study can concern the MLD0 for MongoDB and CouchBase. In details, Intra-Family class contains two groups: *Intra-DBMS* and *Inter-DBMS*, which allow for comparing the same DBMS and different DBMSs respectively. An example of Intra-family evaluation with Intra-DBMS is: perform loading time of data generated into MongoDB using Json file with and without an index. An example of Intra-family evaluation with Inter-DBMS is to perform loading time of data generated (Json file) into MongoDB and CoucheBase. **Inter-Family** contains logical models that belong to different families. For the Inter-Family class, only the *Inter-DBMS* group can be defined. For example, it is possible to compare the star schema over Postgres and the MLD0 over MongoDB.

As previously described GenSSB covers an important set of possibilities. Nowadays, with the advent of NoSQL solutions, GenSSB appears mandatory for the choice of the right solution for the right application for the current skills of the enterprise. Indeed, some years ago, relational DBMSs where the **only** possibility offered to BI enterprises that decided to use a particular DBMS solution (for example Postgres) according to the skills of its employees (for example Postgres and MySQL) and the results of the DW benchmarks (e.g. SSB). Nowadays with the proliferation of NoSQL DBMSs (HBase, MongoDB, Neo4j, etc.), BI developers must take into account the skills' employees, but they cannot use existing DW benchmarks to choice the right DBMS for their application. Therefore, GenSSB can be used for easily and fast comparing all possible solutions before to start the BI project development. The overall process for DW implementation using GenSSB is shown in Figure 1.

Therefore, an easy and fast usage of the benchmark is one new important mandatory requirement that we have taken into account for the definition of GenSSB, as shown in Sec 3.3.

**Conceptual model**: As previously described, GenSSB is not based on a particular logical model, but it generates data based on the conceptual abstraction of the SSB model. The conceptual multidimensional model is presented using the ICSOLAP UML profile (Boulil et al., 2015). We use ICSOLAP since it is based on UML, which is a standard and it can be easily understood.

The Figure 2 presents the conceptual model of our case study based on the SSB bench-

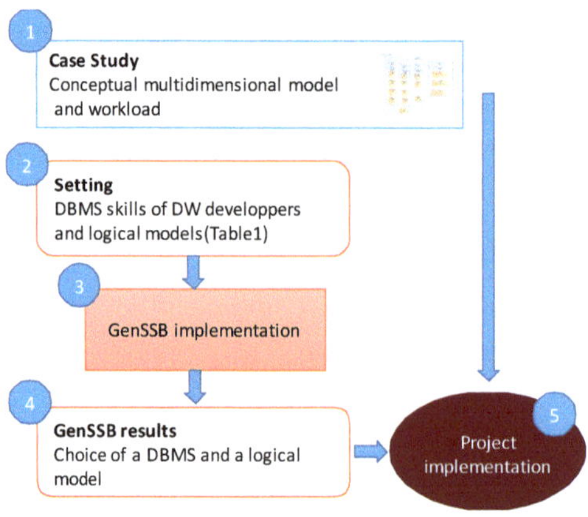

FIG. 1 – *Project development methodology including GenSSB*

mark (O'Neil et al., 2009) using ICSOLAP. It consists of a fact LINEORDER with many measures: QUANTITY, REVENUE, TAX...etc. For reasons of readability we present only quantity. The dimensions are: PART, DATE, CUSTOMER and two spatial dimensions with the spatial levels: (SUPPLIER, CITY, NATION and REGION) and (CUSTOMER, CITY, NATION and REGION). Using the above DW, it is possible to answer OLAP queries that provide the total revenue of each supplier per year, the total revenue of each of supplier per nation and year.

**Data generator**: The data generator has been implemented in C language extending the SSB implementation. GenSSB's data generator adapts and adds data structures that are not associated to the relational star schema, but it implements the conceptual model previously described (Figure 2). We have added the structure "*nlineorder_t*" representing facts and modified the structure of the dimensions replacing the keys (primary keys) by some optional identifiers ($XXX\_ID$), in order to improve performance. These data structures are fulfilled by the $MK\_XXX$ functions of SSB.

Once data is generated it must be inserted in a logical schema over a particular DBMS. In order to grant generality, we define this function as a C prototype function: PrintDW (*nlineorder_t* *t, File *F). A function prototype is a declaration of a function that specifies the function's name and type signature (cardinality, data types of parameters, and return type), but omits the function body. Inputs of PrintDW are: (i) $nlineorder\_t * t$ : fact and dimensions data previously generated using the $MK\_XXX$ functions, and (ii) $File * F$ : file where data is written (such as .TBL, .JSON, .CSV etc.). Then, the PrintDW function must be implemented for each logical model and DBMS chosen for the experiments.

# 3   Experiments and validation

In this section, we present the implementation of GenSSB using a real case study (Sec 3.1). In particular, we detail the different implementations of the PrintDW function of GenSSB for

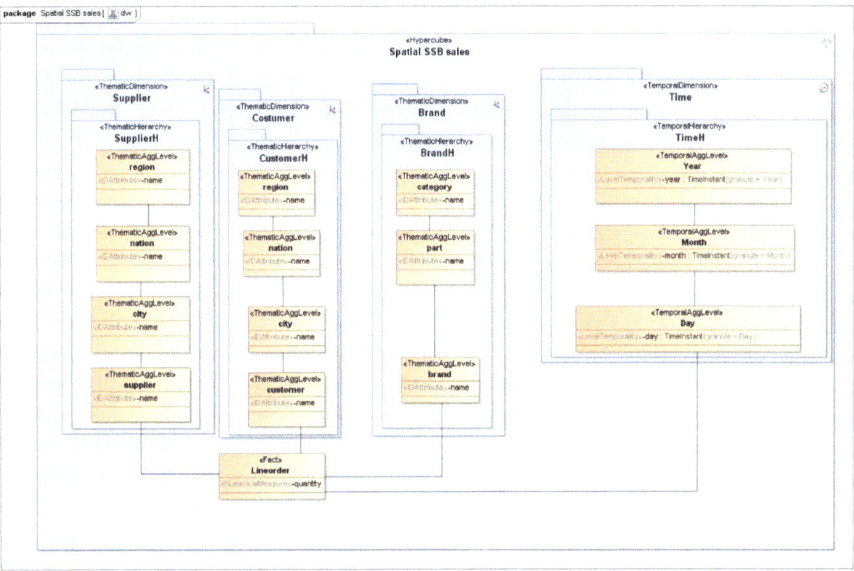

FIG. 2 – *GenSSB conceptual model*

various logical models and DBMSs (Sec 3.3). We also present some results applied to our case study (Sec 3.4).

## 3.1 Case study overview

Our case study concerns the monitoring of electric use in dairy production (Bimonte et al., 2013). In particular, sensors data coming from dairy equipment is warehoused to be analyzed in a quasi-real-time approach. Data is collected each 10 seconds. A data warehouse representing electric use has been designed in (Bimonte et al., 2013). This DW should allow the analysis of weekly data. Therefore, as defined in (Bimonte et al., 2016) warehoused data is loaded and dropped at the beginning and the end of the week, respectively. According to this approach, data loading must be accomplished in a short time (3-4 hours) in order to allow the good working of the overall system. In (Bimonte et al., 2016) we study a relational DBMS (i.e. Postgres) implementation of the DW. Therefore, in this work we investigate other DW solutions trying to improve loading time, and consequently allow the usage more sensors data. In particular, according to the skills of our engineer team, we are interested to implement GenSSB for supporting the following DBMSs: Postgres, CouchBase, C assandra and MongoDB, and some existing multidimensional logical models. Thus, GenSSB allows us to fast obtain preliminaries results comparing these solutions, without implement data generators from scratch, as described in Figure 1.

## 3.2   Case study experimental setup

In the context of our case study, the tests were performed using the following configuration setup: Experiments were conducted on a virtual machine with a 6 VCPU, 32 GB of main memory, a 9 TB hard disk under Windows Server 2012. Storage processing were performed using CouchBase (version 4.6.0), MongoDB (version 2.4.1), Postgres (version 9.2), Cassandra (version 3.9).

The logical models used for our case study are MLD0, MLD1, MLD2 for document DBMS (MongoDB and CouchBase), star schema for relational DBMS (Postgres) and CNSSB model pour column DBMS (Cassandra).

Using this configuration, we will evaluate the following experiments scenario : For first we compare the three families (Experiment 1) DBMSs. Then, we compare the different logical models for one family (Experiment 2). Finally, once we have chosen the family and the logical model, we will compare the different DBMSs (Experiment 3).
**Experiment 1**: *Inter-family*; *Inter-DBMS*; MLD2-MongoDB Vs Star schema-Postgres Vs CNSSB model-Cassandra;
**Experiment 2**: *Intra-family*; *Intra-DBMS*; MLD2 Vs MLD1 Vs MLD0 MongoDB;
**Experiment 3**: *Intra-family*;*Inter-DBMS*; MLD2 Vs MongoDB Vs CouchBase.


**Relational family**: Regarding to star schema, it presents a fact table (LINEORDER) and 4 shared dimensions tables (CUSTOMER, SUPPLIER, PART, DATE). More details can be found in (O'Neil et al., 2009). Postgres is a relational DBMS allowing for transactional storage of data [1].

**Document family**: For document family logical models, we use ones proposed by (Chevalier et al., 2015): MLD0, MLD1 and MLD2. MLD0 represents facts measures and dimensions with one collection, and one document per fact. An example of one document is shown in Figure 3a. MLD1 is similar to the MLD0, but it presents a collection for facts, with a subdocument per dimension (see Figure 3b for an example). MLD2 is similar to the star schema. It presents a collection for the facts, and a collection per dimension. An example is shown in Figure 3c. MongoDB is a free and open-source cross-platform document-oriented database program [2]. MongoDB uses JSON-like documents with schemas. CouchBase Server, originally known as Membase, is an open-source, distributed (shared-nothing architecture) multi-model NoSQL document-oriented database software package that is optimized for interactive applications [3].

**Column family**: For Column family logical model, we use renormalized star schema model proposed by (Dehdouh et al., 2014) named CNSSB. This model denormalizes SSB tables into a single table. Consequently, fact table LINEORDER is denormalized, and dimensions tables PART, SUPPLIER, CUSTOMER and DATE are combined into a single LINEORDER table. Using this model, attributes of dimensions are regrouped into four column families: $CF\_CUSTOMER$, $CF\_SUPPLIER$, $CF\_PART$ and $CF\_DATE$.
For instance, the column family $CF\_CUSTOMER$ allows to group all attributes of CUSTOMER dimension and so on. We have tested CNSSB under Cassandra, which is column-

---

1. https://www.postgresql.org/, visited on 29/1/2017
2. https://www.mongodb.com/, visited on 29/1/2017
3. https://www.couchbase.com, visited on 29/1/2017

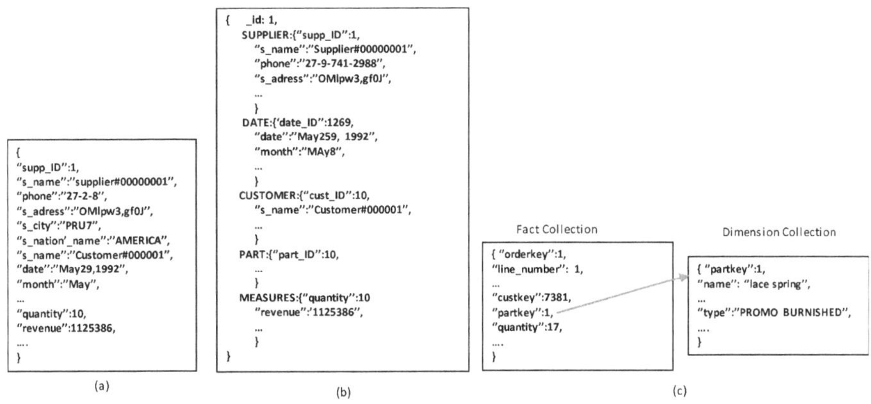



FIG. 3 – *Document family: a) MLD0, b) MLD1, c) MLD2*

| LINEORDER | ORDERKEY | LINE NUMBER | CF_CUSTOMER | | CF_SUPPLIER | | CF_DATE | | CF_PART | | ... | TAX |
|---|---|---|---|---|---|---|---|---|---|---|---|---|
| | | | CUSTKEY | PHONE | SUPPKEY | PHONE | ORDERDATE | COMMIDATE | PARTKEY | CONTAINER | | |

FIG. 4 – *CNSSB data model*

oriented database management system. Cassandra[4] is an apache project originally developed by Facebook, and BigTable by Google. The CNSSB model is presented in figure 4.

## 3.3 GenSSB use: PrintDW implementations

In this section, we describe the implementations of the PrintDW for some of the previously described logical models. These functions create three files (CSV file, TBL file and JSON file) for the different chosen DBMSs as shown in Figure 5.

The PrintDW function of relational star schema simply modifies the original one provided by SSB.

The PrintDW function for the MLD1 model (Figure 6) generates a set of MongoDB documents in the JSON format (see figure 3a).

## 3.4 GenSSB use: Evaluation

In this section, we present the results of the above described experiments. We use different scale factors (sf) namely sf=1, sf=10, sf=20 and sf=30. The scale factor sf=1 generates approximately $10^7$ lines for the LINEORDER fact. Table 1 shows the sizes of the generated files regarding to scale factor for star schema model (Postgres), MLD0, MLD1, MLD2 for (Couch-

---

4. http://cassandra.apache.org, visited 29/01/2017

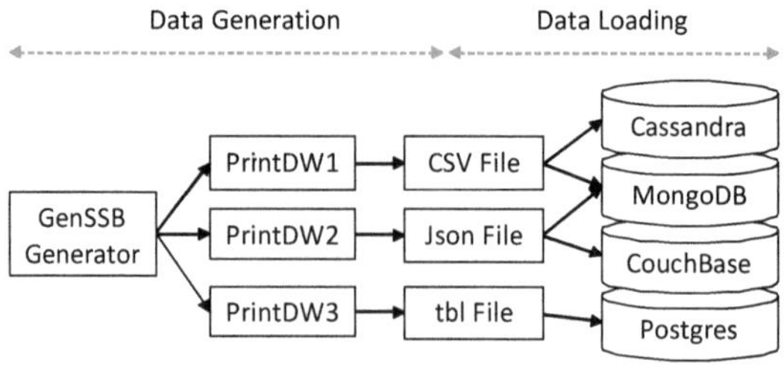



FIG. 5 – *PrintDW implementation*

```
PrintDW(int format, FILE *target, void *data, int len, inet sep)
{
...

Pr_nline(nlineorder_t *n, int mode);
...
}

pr_nline(nlineorder_t *n, int mode)
{

insertCustFields(fp_l,&n->cust);
insertPartFields(fp_l,&n->part);
insertSuppFields(fp_l,&n->sup);
insertDateFields(fp_l,&n->date);

}
```

```
Int insertSuppFiels(FILE *p_fp, supplier_t *sup)
{
PR_STR(fp, "\ "SUPPLIER:{\" : " ,12);
PR_STR(fp, "\ "SUPPKEY:{\" : " ,3);
PR_INT(fp,supp->suppkey);
PR_STR(fp, "\", \n\n"name\" : \" " ,3);
PR_VSTR(fp,supp->name, S_NAME_LEN);
PR_STR(fp, "\", \n\"adress\" : \" " ,3);
PR_VSTR(fp, supp->, (columar)?(long)(ceil(S_ADDR_LEN * V_STR_HGH)) : supp->alen);
PR_STR(fp,"\",\n\"city\ "» :  \" ",3);
PR_STR(fp,supp->city, CITY_FIX);
PR_STR(fp,"\",\n\'nation_name\" :  \" ",3);
PR_STR(fp,supp->nation_name, S_NATION_NAME_LEN);
PR_STR(fp,"\",\n\'region_name\" : \" ",3);
....
PR_STR(fp, "}",1); return(0);
}
```

FIG. 6 – *Instance of PrintDW function implementation for MLD1 (JSON file)*

Base and MongoDB), and CNSSB (Cassandra). Data is loaded into MongoDB, CouchBase, Postgres and Cassandra using native instructions.

TAB. 1 – *Data size by model and by scale factor*

| SF | SF=1 | SF=10 | SF=20 | SF=50 |
|---|---|---|---|---|
| Star schema | 573 Mo | 5.68 Go | 11 Go | 28 Go |
| MLD0 | 5.86 Go | 58.7 Go | 117 Go | 294 Go |
| MLD1 | 5.96 Go | 59,8 Go | 118.1 Go | 296 Go |
| MLD2 | 2,11 Go | 21 Go | 42 Go | 102 Go |
| CNSSB | 2.36 Go | 23,8 Go | 47,4 Go | 120,3 Go |

**Experiment 1**: This experiment aims to compare loading time of (JSON, TBL AND CSV) files generated by GenSSB for three DBMS systems (MongoDB, Postgres and Cassandra). We consider the JSON files generated for MLD2, TBL files generated for star schema model, and CSV file generated for CNSSB. Our results show that MongoDB is faster when it comes to loading compared to Cassandra and Postgres. In the rest of the paper, we present experiments regarding to document-oriented model using MongoDB and CouchBase DBMSs.

**Experiment 2**: This experiment aims to compare loading time of Json file generated by GenSSB for MLD0, MLD1 and MLD2 into MongoDB. Since, we are mostly interested to load performance in our case study, MLD2 is the best choice. Indeed our results show that

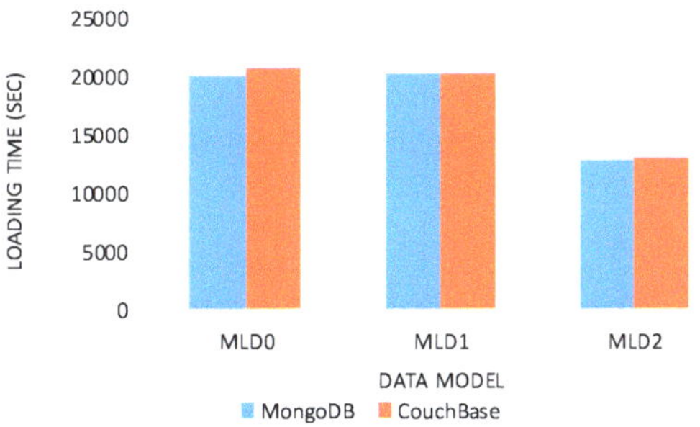

FIG. 7 – *Data loading time of Json file into MongoDB and CouchBase (sf=20)*

its loading time is lower than the other models because of its non-redundant approach (MLD2 needs less data to load as shown in Table 1).

**Experiment 3**: In this experiment, we compare loading time of Json files generated for MLD0, MLD1 and MLD2 in MongoDB and CouchBase. As previously shown, the MLD2 model is better than the other models, but no significant differences can be noted about is implementation in MongoDB and CouchBase (see Figure 7). Therefore, the choice between the two document DBMSs needs to compare query performance.

## 3.5 Case study discussion

From the experiments previously described, it appears evident that for our case study the MLD2 model with MongoDB DBMS is a feasible solution. Indeed, the size of sensors data that will be warehoused corresponds more or less to the fact table of GenSSB with SF=20, and the loading time remains acceptable (few minutes). Moreover, as stated in Section 3.1, the implementation of the printDW functions takes only one day, for a 2 days trained engineer. Finally, all these experiments were conducted in one day. To conclude, with few implementation efforts we were able to choice a feasible solution in terms of logical model and DBMS for the future implantation of our energy use DW.

# 4    Conclusion

In the context of NoSQL DWs, the lack of a widely recognized logical model for NoSQL DWs implies the need for new benchmarks for these new DBMSs. Therefore, in this paper we present GenSSB, a proposal for generic data benchmark for data warehouses. Our proposal is based on conceptual model to generate data that can be supported by many DBMSs with any logical multidimensional model. As future work, taking into account complex multidimensional structures such as complex hierarchies (non-strict, non-onto and non-covering), and complex facts (multi-granular and many to many facts-dimensions is also necessary since these structures usually characterize real DW applications.

# References


Bimonte, S., M. Pradel, D. Boffety, A. Tailleur, G. André, R. Bzikha, and J.-P. Chanet (2013). A New Sensor-Based Spatial OLAP Architecture Centered on an Agricultural Farm Energy-Use Diagnosis Tool:. *Int. Jour. of Decision Support System Technology 5*(4), 1–20.

Bimonte, S., M. Schneider, and O. Boussaid (2016). Business Intelligence Indicators:: Types, Models and Implementation. *Int. Jour. of Data Warehousing and Mining 12*(4), 75–98.

Boulil, K., S. Bimonte, and F. Pinet (2015). Conceptual model for spatial data cubes: A UML profile and its automatic implementation. *Computer Standards & Interfaces 38*, 113–132.

Chevalier, M., M. El Malki, A. Kopliku, O. Teste, and R. Tournier (2015). Benchmark for OLAP on NoSQL technologies comparing NoSQL multidimensional data warehousing solutions. pp. 480–485. IEEE.

Dehdouh, K., O. Boussaid, and F. Bentayeb (2014). Columnar NoSQL Star Schema Benchmark. In Y. Ait Ameur, L. Bellatreche, and G. A. Papadopoulos (Eds.), *Model and Data Engineering*, Volume 8748, pp. 281–288. Cham: Springer International Publishing. DOI: 10.1007/978-3-319-11587-0_26.

Kimball, R. and M. Ross (2002). *The data warehouse toolkit: the complete guide to dimensional modeling* (2nd ed ed.). New York: Wiley.

O'Neil, P., E. O'Neil, X. Chen, and S. Revilak (2009). The Star Schema Benchmark and Augmented Fact Table Indexing. In *Performance Evaluation and Benchmarking*, Volume 5895, pp. 237–252. Berlin, Heidelberg: Springer Berlin Heidelberg. DOI: 10.1007/978-3-642-10424-4_17.

Qin, X. and X. Zhou (2013). A Survey on Benchmarks for Big Data and Some More Considerations. In *Intelligent Data Engineering and Automated Learning - IDEAL 2013*, Volume 8206, pp. 619–627. Berlin, Heidelberg: Springer Berlin Heidelberg. DOI: 10.1007/978-3-642-41278-3_75.

Shah, S. M., R. Wei, D. S. Kolovos, L. M. Rose, R. F. Paige, and K. Barmpis (2014). A Framework to Benchmark NoSQL Data Stores for Large-Scale Model Persistence. In *Model-Driven Engineering Languages and Systems*, Volume 8767, pp. 586–601. Cham: Springer International Publishing. DOI: 10.1007/978-3-319-11653-2 36.


# Résumé


Les systèmes NoSQL se basent sur de nouveaux modèles de données différents du relationnel. En raison de l'absence d'un modèle logique pour les entrepôts de données (EDs) accepté par les communautés académique et industrielle, quelques travaux préliminaires proposent des extensions / redéfinition des modèles relationnels en étoile et de flocons de neige pour les SGBDs NoSQL. Cependant, de nombreuses autres possibilités de modélisation restent inexplorées, et il est difficile de comparer ces propositions en raison de l'absence d'un modèle de référence reconnu pour les EDs. Dans cet article, nous proposons une extension générique du Star Schema Benchmark, appelée GenSSB, pour gérer tout type de SGBD en termes de modèles logiques. Nous validons notre proposition en utilisant différents modèles logiques et SGBSs NoSQL.

# Data Alteration: A Better Approach to Securing Cloud Data with Encryption

Sara Rhazlane*,**, Amina El Ouazzani*, Nouria Harbi**, Nadia Kabachi**, Hassan Badir*

*LabTIC laboratory, ENSA Tanger, Abdelmalek Essaadi University, Tangier, Morroco
sara.rhazlane@eric.univ-lyon2.fr ; a.elouazzani2000@gmail.com
hbadir@uae.ac.ma
**ERIC Laboratory, University of Lyon, Lyon 2, France
nouria.harbi@univ-lyon2.fr ; nadia.kabachi@univ-lyon1.fr

**Abstract.** With the emergence of new technologies and the ubiquitous connectivity, large amounts of data are being generated everyday with the need to be stored properly and explored rapidly. In this context, the cloud computing services have been adopted to face these rising challenges. But in a cloud environment, data and the application are controlled by the service provider and the customer does not always have the possibility to increase the security level imposed. This leads users to apply encryption mechanisms before storing their data in the cloud. In this paper we propose a new approach that combines the strengths of both steganography and cryptography called Data Alteration. The technique aims to hide the data by modifying it completely as it remains readable, meaningful and therefore shows no suspicions to malicious cloud providers and pirates. The proposed appoach was implemented in Java and tested on realistic datasets in a multi agent systems based architecture.

## 1 Introduction

Every day quintillion bytes of data are generated and transferred due to the fast-growing number of users connected, and yet constantly increasing. With this rising amount of data, comes the need for storage solutions and affordable large capacity servers. One of the solutions is using a cloud computing environment. However, the challenge is how to analyze and interpret this data in a secure manner, more specifically securing the data itself. When storing data on cloud servers, two security concerns raises: First, the risk of a data misuse from an untrustworthy cloud provider and secondly, the attempt from the attackers and the hackers to collect sensitive information. Customers sometimes decide to entrust sensitive data as well as strategic ones to cloud service providers, that is why they usually have a policy of security and confidentiality encompassing all these data and the flexibility available to the client for securing its data can be limited by the nature of the proposed offer. Moreover, the data being accessed via Internet, hacking risks are more present than on local use.

In order to ensure the confidentiality and security of data stored in the cloud, several solutions have been proposed in the literature, Abdul Alsahib S.Aldeen et al. (2015). The most common solutions to address these concerns and benefit from the potential of cloud while having visibility and control over data privacy, are cryptography and steganography, Zielinska et al. (2012). However, both of them have their weaknesses. Steganography fails when the malicious user is able to access the content of the cipher message, while cryptography fails when the user detects that there is a secret message present in the steganography medium.

Therefore, we present in this paper a proposal that can be considered as a first step to implementing a privacy preserving solution for hosted data in the cloud. The solution proposes a new encryption approach combining the strengths of both steganography and cryptography, that could change the actual data by preserving their type while changing their value: The Alteration. The goal here is to give hackers an illusion on the veracity of the data and thus reduce the risk of piracy.

Our work will be structured as follows: in section 2, we will start our proposal with an explanatory state of the art and discussion of research studies related to this work. This section will be followed by a detailed description of our global architecture and contribution accompanied by a performance test and the results of our proposal detailed in section 4 , and finally conclusions and prospects.

# 2   State of the art and synthesis

With the rapid development of cloud technologies, more and more multimedia data (text, video, image, sound) are generated and transmitted in the medical, educational, commercial and other private sectors, that may include sensitive information which should be secured. The communication media through which we send data does not provide data security mechanisms and concerns about security risks remain the main barrier to cloud adoption by companies regarding the fact that data is distributed over individual computers in different geographical storage locations and the risk of data misuse is constant.

These security issues represent real concerns for companies, which find it an obligation to seek for effective solutions, particularly the implementation of encryption solutions. Over the last few years, several data security solutions have been proposed. The table below (Table 1) shows recent works and solutions that has been proposed in the field of data security in the cloud computing environment.

## 2.1   Data protection and security solutions in the Cloud

In 2016, the authors in G.Korde (2016) propose a new method based on the combination of both cryptography and steganography known as Crypto-Steganography. The algorithm that has been implemented hide first the input message in an image called "Stego image", and then encrypt the stego image using a cryptography technique. In the same year, Kini et al. (2016) provide an efficient data hiding technique and image encryption in which the data and the image can be retrieved independently. The aim or objective of the project was to overcome the existing system of watermarking by implementing a reversible data hiding technique in encrypted images.

In 2013, Singla and Singh (2013) deals with the methods of providing security using data encryption and ensuring that an unauthorized intruder can't access your file or data in the cloud. Data is encrypted by a symmetric block cipher cryptography algorithm called "Rijndael" before being stored in a cloud environment. Sachdev and Bhansali (2013) use the same approach but

| Author | Paper's title | Date of publication |
|---|---|---|
| Aparna G.Korde | Crypto-Steganography :An Information Security Tool for a Cloud Environment | 2016 |
| Kirti Kini, Meera Mithani, Rinali Naik, Divyata Raut and M.K. Kumbar | Securing Cloud Data using Crypto-Stegno based Technique | 2016 |
| Sanjoli Singla and Jasmeet Singh | Implementing Cloud Data Security by Encryption using Rijndael Algorithm | 2013 |
| Abha Sachdev and Mohit Bhansali | Enhancing Cloud Computing Security using AES Algorithm | 2013 |
| Deyan Chen and Hong Zhao | Data Security and Privacy Protection Issues in Cloud Computing | 2012 |
| Uma Somani, Kanika Lakhani and Manish Mundra | Implementing Digital Signature with RSA Encryption Algorithm to Enhance the Data Security of Cloud in Cloud Computing | 2010 |
| Zunera Jalil and Anwar M. Mirza | A Review of Digital Watermarking Techniques for Text Documents | 2009 |

TAB. 1 – *Table summary of the recent proposed data security solutions.*

data is encrypted using "Advanced Encryption Standard (AES)" before being launched in the cloud.

In 2012, the authors in Chen and Zhao (2012) provide a concise but all-round analysis on data security and privacy protection issues associated with cloud computing across all stages of data life cycle.

In 2010, the authors in Somani et al. (2010) tried to assess cloud storage methodology and data security in the cloud by the implementation of digital signature with the "RSA" cryptography algorithm. In 2009, Jalil and Mirza (2009) discussed in a review the main contributions, advantages and drawbacks of different past methods used for text watermarking. Through this table it appears that the much used techniques in the data security field, proposed in the literature are:

— Cryptography: the science of using mathematics to encrypt and decrypt data. Cryptography enables to store or transmit sensitive information across insecure networks in a way that cannot be read by anyone except the intended recipient.

— Steganography: is an ancient art and practice, it is a branch of information hiding and its main goal is to communicate or transmit data securely in a completely undetectable manner. This practice hides messages within other messages in order to conceal the existence of the original message.

— Watermarking: is a method to achieve the copyright protection of multimedia contents. Because the multimedia presents several types of content such as text, image, video, audio, and graphic content, and they reveal very different characteristics in hiding information inside them, different watermarking algorithms appropriate to each of them should be developed, Jalil and Mirza (2009).

## 2.2  Comparison and analysis between Cryptography, Steganography and Watermarking

Cryptography hides the contents of the message from an attacker, but not the existence of the message. Steganography/watermarking techniques even hide the very existence of the message in the communicating data.

Steganography is often confused with cryptography, due to their common purpose of providing confidentiality. The difference becomes visible once the etymology of these words is known. Steganography is derived from the Greek: "covered writing", whereas cryptography stands for "secret writing". While the first describes the techniques to create a hidden communication channel, the latter is a designation of ongoing overt message exchange where the informative content is unintelligible to unauthorized parties and even hide the very existence of the message in the communicating data. Table 1 in Zielinska et al. (2012) summarizes the differences between cryptography and steganography.

Steganography and watermarking bring a variety of techniques on how to hide important information in an undetectable and/or irremovable way, in audio and video data. They are main parts of the fast developing area of information hiding.

In watermarking the important information is in the cover data, the embedded data is added for protection of the cover data. While in steganography the cover data is not important, it mostly serves as a diversion from the most important information that is in embedded data. Steganography tools typically hide relatively large blocks of information while watermarking tools place/hide less information in images or sounds.

In comparison to watermarking, the main goal of steganography is to hide a message $m$ in some audio or video (cover) data $d$, to obtain new data $d'$ practically indistinguishable from d, in such a way that an eavesdropper cannot **detect** the presence of $m$ in $d'$.

The main goal of watermarking is to hide a message $m$ in some audio or video (cover) data $d$, to obtain new data $d'$ practically indistinguishable from $d$, in such a way that an eavesdropper cannot **remove or replace** the presence of $m$ in $d'$. Table 2 in Zielinska et al. (2012) summarizes the differences between watermarking and steganography.

## 2.3   Discussion

As mentioned above, encryption is the process of converting plain text "unhidden" to a cryptic text "hidden" to secure it against data thieves. This process has another part where cryptic text needs to be decrypted on the other end to be understood. The majority of encryption algorithms converts plain text to cipher text in which we lose the data type to get crypted text. This solution is certainly effective but has its limits. Indeed, the data obtained after encryption is unreadable and therefore attracts the attention of hackers, so hardened to be able to decipher it.

Among all the text steganography methods, each one has respective capability to hide data in text. However, if those algorithms are found or if data is examined by a smart detector then the hidden data can be found and security destroyed.

On the other hand, watermarking main benefits are in copyright protection and related issues. It gives an idea about the possible unauthorized replication and manipulation of electronic data. It can protect the intellectual property rights specifically the digital rights management systems necessities. Also, the amount of work done on text watermarking is very limited and specific. Text watermarking algorithms using binary text image are not robust against reproduction attacks and have limited applicability. Similarly, text watermarking using text syntactic and semantic structure is not robust against attacks, with limited applicability and usability. Watermarking techniques are computationally expensive and non-robust and efficient text watermarking algorithms are still required.

After analyzing all these methods, from different limits observed, none of these solutions offers a possibility to "*alter*" the data, neither cryptography, steganography nor watermarking are suitable for our purpose. Cryptography fails when the malicious user is able to access the content of the encrypted message, while Steganography fails when the malicious user detects that there is a secret message present in the steganography medium. However, Alteration could be inspired by some strengths of the combined steganography and cryptography methods to achieve the alteration process.

# 3 Global Architecture

Our proposal is taking part of a cloud data security preserving solution architecture that we proposed on a previous work (Rhazlane et al. (2016)) , that exploits the characteristics of multi agent systems to deliver an optimal and secure solution for data storage and exploration in the cloud. The data storage aspect of the solution was based on an encryption process to secure the data before storage, as well as an intelligent multi agent system that was designed to optimize the data exploration.

The architecture of the global solution (See Fig 1) has a set of four actors: The data owners and administrators (A); The Client (B); The Cloud server (C) and the multi-agent system (D) including the "Main Agent", the "Query Translator agent" and the "Query Executor agent".

Each agent is responsible of performing a role including the data encryption and decryption intermediate operations. Given the existing architecture, the aim of the present paper is to improve the encryption and decryption operations (See the data owners and administrators (A) section in red) by providing an alteration process of the data before storing it in the cloud and a reverse alteration operation (decryption) before sending clear data to the client.

## 3.1 Actors

**The data owners and administrators:** They are responsible for defining the data (which columns of the table) to encrypt, and the keys used for encryption (encryption metadata). This metadata is used thereafter, on one side, to encrypt the data before storing it on the database hosted by the cloud provider, and on the other hand, by the tool for the exploration of the database. The administrators can update the metadata, perform the encryption/decryption and the deployment of the database in the cloud.

**The client:** Explore the database, through its application, can send the request to the "Main agent" and receive results as decrypted data.

**The cloud server:** Receives the query in its server version, run the query and send the results to the "Main agent".

**The multi-agent system:**
  1. **Main Agent**: Plays an intermediary role between the client and the database, and co-ordinates the sending and receiving of messages between the client, the agents and the database server in the cloud;

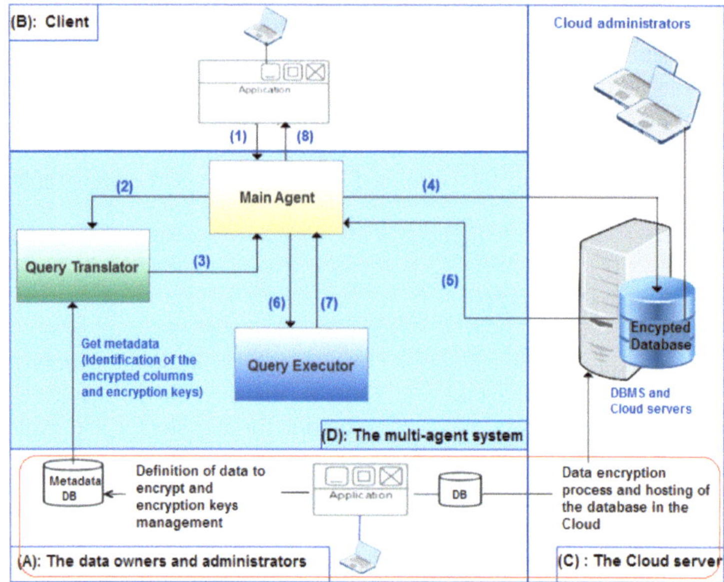


FIG. 1 – *Architecture of the proposed cloud data security preserving solution, Rhazlane et al. (2016).*

2. **Query Translator Agent**: Receives the original query sent by the "Main Agent", conceive the server version of the query and returns the server version of the query to the "Main Agent";

3. **Query Executor Agent**: Receives the original query and the encrypted results sent by the "Main Agent", decrypts the data, performs the calculations, applies the restriction conditions on the decrypted data and then returns the results (decrypted data) to the "Main Agent".

## 3.2  Functioning

In the initial deployment phase (see Fig 1), the data owner encrypts its database before hosting it in the cloud. This must always be possible even after the first deployment; the encryption is always based on one or more keys managed by the owners and the administrators of data. The multi-agent system (See steps from *(1)* to *(8)* in Fig 1), which plays the role of mediation between the client (using an application) and the server, must intercept and analyze the query sent by the client *(1)* with the help of the "Main Agent". The agent must identify the encrypted columns and send the query to the "Query Translator Agent" *(2)*, which is responsible for the translation of the query to its server version (a new version of the query that can be understood by the server, since the data is altered and therefore query conditions on altered column cannot be applied). The "Main Agent" then receives the server version of the query returned by the "Query Translator Agent *(3)*. The "Main Agent", sends the server version of the query to the server that hosts the database in the cloud, for execution *(4)*. The "Main Agent" subsequently receives the encrypted results of the execution of the query by the server *(5)*. The "Main Agent" sends the original query and the encrypted results to the "Query Executor Agent" that performs the decryption with the help of the data administrators *(6)*. The main agent finally receives the decryption results (decrypted data) *(7)* and sends the final results (decrypted data) to the client *(8)*.

The tasks of translation and execution of queries are performed based on specific algorithms. The encryption and decryption (Alteration of data) are executed through customized functions that we will discuss in the following section.

# 4  Proposition

## 4.1  Data Alteration

As seen in the state of the art section, the two important aspects of security that deal with transmitting information data using the cloud are steganography and cryptography. Steganography deals with hiding the presence of a message and cryptography deals with hiding the content of a message. Both of them are used to ensure data security. However, none of them can simply fulfill the basic requirements of security, G.Korde (2016). This need was behind our motivation to propose a new approach to "encrypt" and safely transmit data based on the combination of both cryptography and steganography and overcome their weaknesses, that we named: *Data Alteration.*

The alteration is inspired much of steganography, in the sense that it also aims to hide the data. It changes the meaning and value of the data while preserving their type, to give the impression that this data is real and thus limit the risk of ciphering and cloud providers malicious use. The fundamental difference between alteration and steganography, is that the last one uses the data to hide other data while the alteration changes the data itself based on cryptography concepts.

To understand the differences and similarities between Steganography, Alteration, and Cryptography , Table 2 shows the behavior of the three data security techniques (Shirali-Shahreza (2008)) when applied on the same data (Input data: *Mohamed*, Output data: *O*). Through this table we can see that:

— In terms of visual appearance, the hidden data using steganography method may be unreadable or not depending on the algorithm used. In case they are, it would be the same case for data encrypted by the cryptography technique. Thus, as the result is not readable, data will attract the attention of hackers who may suspect their non-veracity. The alteration corrects this weakness, indeed the altered output remains readable and meaningful whatever the case. Also, according to the context of data used as input during the alteration, it is possible to build a dictionary in accord with this context in order to make sure that the result relates to the same context. For example, if we want to alter a city's name the output will still remain a city's name but the value will be changed.

— The size of the data results after applying steganography increases, which remains a disadvantage in terms of memory consumption. However, in the case of cryptography, it could either increase or decrease depending on the used algorithms. The alteration is exactly in the middle. In the case of number's alteration, there is no risk of increasing the volume of data results. In the strings case we can see a slight increase due to the words contained in the dictionary, still this problem can be solved.

— In terms of conservation of data type result, neither steganography nor cryptography conserve type of the input data. Steganography could hide a string in an image or a text file which is not a string while cryptography returns a result that combined both numbers, strings and special characters. These two techniques could attract the attention of clever hackers. The alteration has improved this defect: the input data type is the same output data type .The alteration of a string would give a string as a result and no modification of the data will be detected.

| Output comparison criteria | Steganography | Alteration | Cryptography |
|---|---|---|---|
| Visual appearance of the data | Readable data (almost similar to the input data) or not (depending on the algorithm) O : Moohameet | Readable data (but different from the input) O : Abdoulatif | Unreadable data O : #K8Z5U7 |
| Size results | Increases | May decrease or remain unchanged for numbers and slightly increase, decrease or remain unchanged for Strings | May slightly increase, decrease or remain unchanged |
| Visual type (Eg : String) | Can be changed or not depending on the stegofile O : Moohamet (String) | Remains unchanged O : Abdoulatif (String) | Changed |
| Value (Eg : Mohamed) | Can be changed or not (depending on the algorithm) | Changed | Changed |

TAB. 2 – *Comparison results between Stenography, Alteration and Cryptography.*

## 4.2   Formalism

The development of this solution aims to achieve the alteration of numbers, strings, and also data files or datasets combining both numbers and strings. To ensure complexity and safety of this alteration technique, it was important to base the alteration algorithm on mathematical based functions. So we proposed 4 functions to encrypt and decrypt data as they are numbers or strings. The algorithm was also based on 2 tables: the ASCII table and the SSCE Table, which is a Secret Code for Steganography Embedding (SSCE) for encoding ASCII numbers (See Fig 7 in Banerjee et al. (2011) ). This table gives for each value encoded in ASCII, a corresponding value between 1 and 255. The use of the table was inspired from the authors in Banerjee et al. (2011) which proposed a steganography solution for data security.

### 4.2.1   Principles and functions of the proposed algorithm

**Number's alteration.**   The alteration of numbers takes place according to the following process (See Fig 2):

— **Part 1:** The operations will be applied on each digit of the number. Each number is converted to ASCII (a). The ASCII value resulting from the previous conversion is then converted to SSCE (b). The SSCE value resultant between [1 - 255] is then encrypted by the function *(1)* (c). The result obtained by the alteration function is a decimal number (N) in the range [48-57] (The 0-9 number's range in the ASCII table) and we recover only the integer part of this number (N) into a number (N2) that we will use in the next step of the algorithm (d). This number (N2), is then converted from ASCII to normal to obtain finally a number with digits in the range [0-9] as a final result (e)(f).

$$X = [(n \div 256) \times 10] + 48 \; (1)$$

— **Part 2:** At this level all the digits of the number are altered, so we have therefore a new number (Q). The number (Q) is then divided by 2 if it is a peer number, if not we add 1 and divide the number by 2: we get a number Q2. Then the number Q2 is subject to a permutation 2 by 2 of his digits and thus we obtain a final number Q3 which is the final result of the alteration.

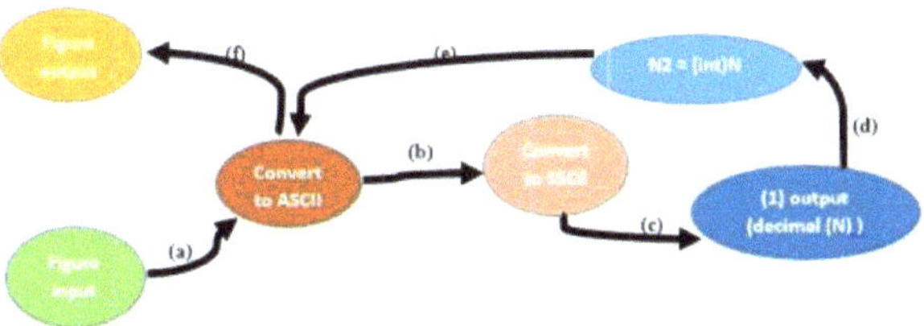


FIG. 2 – *The numbers and strings alteration process.*

**String's alteration.** The alteration of the words and characters takes place according to the same numbers alteration process (See Fig 2):

— **Part 1:** The operations will be applied on each character of the string. Each character is converted to ASCII (a). The ASCII value resulting from the previous conversion is then converted into SSCE (b). The SSCE resultant value between [1-255] is then encrypted using the strings alteration function (2) (c). The result obtained by the encryption function is a decimal number (N) in the range of [97-122] (The a-z character's range in the ASCII table), and we recover only the integer part of this number (N) into a number (N2) that we will use in the next step of the algorithm (d). This number (N2), is then converted from ASCII to normal to obtain finally a set of characters in a word format with digits in the range [a-z] as a final result (e)(f).

$$X = [(n256)26] + 97 \; (2)$$

— **Part 2:** After applying the first part of the algorithm on all the characters of the string , we have as a result a pre-altered string. This string will be different from the starting string and will have no meaning. Now our goal when doing the alteration is to give meaning to altered results, this why the chain of characters obtained in "part 1" will be send to a Spellchecker who will select the closest word to the string according to a dictionary. The result returned by the Spellchecker will be the final altered string.

The decryption functions for numbers *(3)* and strings *(4)* are the inverse of the functions *(1)* and *(2)* and the process of the algorithm is the reverse process of the algorithm process illustrated in Fig 2.

$$N = 256(X - 48)10 \; (3)$$
$$N = 256(X - 97)26 \; (4)$$

**Number's and string's desalteration.**

— **Number's desalteration:** At this level we have a number completely altered. First, we swap the digits of the altered number 2 by 2. Then, the result of the permutation is multiplied by 2 if it is a peer number or multiplied by 2 and then decreased by 1 if not. The algorithm below is applied to each digit of the number obtained in the previous step. The decimal digits (N) obtained by the alteration function (1) and corresponding to each digit of the original number are saved for a later use in the desalteration phase (For example the digit 51.2421875 in Fig 3). These values are passed as a parameter to the desalteration function (3) in order to obtain a desaltered value in SSCE. This value is then converted into ASCII using the ASCII table and we finally obtain the original value in the range [0-9] from the corresponding value between [48-57] in the ASCII table.

— **String's desalteration:** When a string is altered, for each character, the decimal value obtained (N) by the function (2) and the value returned by the spellchecker are stored in a file and used in the desalteration phase following the same process as the desalteration of numbers.

## 4.3   Example of application

In order to illustrate the complexity of the proposed algorithm, we choose two examples of two data types: numbers and strings. Our prototype was realized and tested under Java and tested on numbers and strings and combined datasets.

### 4.3.1   Number's alteration

For the numbers example, the input data was "14750". The result after applying the alteration function was the output "92538". The steps and the intermediate results are listed in the table below (See Fig 3). The usage of the floating number is to keep for a reuse as mentioned above, while applying the alteration reverse operation.

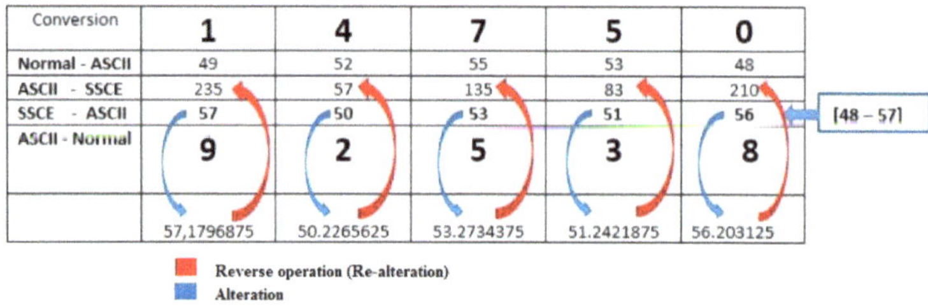

| Conversion | 1 | 4 | 7 | 5 | 0 |
|---|---|---|---|---|---|
| Normal - ASCII | 49 | 52 | 55 | 53 | 48 |
| ASCII - SSCE | 235 | 57 | 135 | 83 | 210 |
| SSCE - ASCII | 57 | 50 | 53 | 51 | 56 |
| ASCII - Normal | 9 | 2 | 5 | 3 | 8 |
| | 57,1796875 | 50.2265625 | 53.2734375 | 51.2421875 | 56.203125 |



FIG. 3 – *The numbers alteration application example.*

### 4.3.2   String's alteration

Working with strings is much more difficult than working with numbers specially since that our proposal aims to get the same input type while changing its meaning and value. Changing the value is easy but changing the meaning and staying in the same context is much harder.

In the following example, the input data is "Sonia" and the resulted output of the part1 of the algorithm is "odbot". The resulting string has no meaning, this is where the use of a spell checker carefully chosen is necessary. As similar to the alteration of numbers, the floating point number is kept for use in the reverse strings alteration operation.

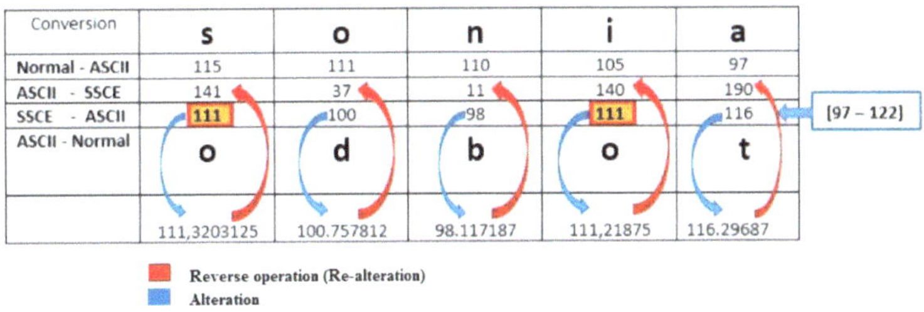

FIG. 4 – *The strings alteration application example.*

## 5 Conclusion and perspectives

As part of this work, we proposed a preliminary prototype of an alteration solution based on a multi-agent system architecture for the protection of data stored in the cloud. We conducted a state of the art combining recent works related to cloud data security , taking into account the analysis and comparison of 3 methods to position our approach regarding previous works.

This work was discussed in three main axis, the cloud environment, data encryption and decryption process and the development of a novel solution, with tests and results under Java.

However future perspectives may complement and develop this work, namely designing a more robust encryption system that fully meets safety requirements, and strengthen the multi-agent system by the exploitation of all its features and conceive a more configurable multi-agent system, and finally complete the translation and query execution algorithms to support a wide range of SQL queries.

## References


Abdul Alsahib S.Aldeen, Y., M. Salleh, and M. A. Razzaque (2015). State of the art survey on security issue in cloud computing architectures, approaches and methods. *Journal of Theoretical and Applied Information Technology 75*, 53–61.

Banerjee, I., S. Bhattacharyya, and G. Sanyal (2011). Novel text steganography through special code generation. *International Conference on Systemics, Cybernetics and Informatics*, 298–303.

Chen, D. and H. Zhao (2012). Data security and privacy protection issues in cloud computing. *Computer Science and Electronics Engineering (ICCSEE), 2012 International Conference on Computer Science and Electronics Engineering 1*, 647–651.

G.Korde, A. (2016). Crypto-steganography : An information security tool for a cloud environment. *Epitome Journals 2*, 126–132.

Jalil, Z. and A. M. Mirza (2009). A review of digital watermarking techniques for text documents. *2009 International Conference on Information and Multimedia Technology*, 230–234.

Kini, K., M. Mithani, R. Naik, D. Raut, and M. Kumbar (2016). Securing cloud data using crypto-stegno based technique. *Journal of Insect Behavior 5*, 178–180.

Rhazlane, S., N. Harbi, N. Kabachi, and H. Badir (2016). Intelligent multi agent system based solution for data protection in the cloud. *13th ACS/IEEE International Conference on Computer Systems and Applications AICCSA 2016*.

Sachdev, A. and M. Bhansali (2013). Enhancing cloud computing security using aes algorithm. *International Journal of Computer Applications 67*, 19–23.

Shirali-Shahreza, M. (2008). Text steganography by changing words spelling. *2008 10th International Conference on Advanced Communication Technology 3*, 679–696.

Singla, S. and J. Singh (2013). Implementing cloud data security by encryption using rijndael algorithm. *Global Journal of Computer Science and Technology Cloud and Distributed 13*, 19–22.

Somani, U., K. Lakhani, and M. Mundra (2010). Implementing digital signature with rsa encryption algorithm to enhance the data security of cloud in cloud computing. *2010 First International Conference On Parallel, Distributed and Grid Computing (PDGC 2010)*, 211–216.

Zielinska, E., W. Mazurczyk, and K. Szczypiorski (2012). Development trends in steganography.

# Résumé

Avec l'émergence des nouvelles technologies et de la connectivité omniprésente, de nombreuses quantités de données sont générées avec la nécessité d'être stockées correctement et explorées rapidement. Dans ce contexte, les services de cloud computing ont été adoptés pour relever ces défis croissants. Mais dans un environnement cloud, les données et les applications sont contrôlées par le fournisseur du service et le client n'a pas toujours la possibilité d'augmenter le niveau de sécurité imposé. Cela conduit les utilisateurs à appliquer des mécanismes de cryptage avant de stocker leurs données chez un fournisseur cloud. Dans cet article, nous proposons une nouvelle approche qui combine les points forts de la stéganographie et de la cryptographie nommée «Altération de données». La technique vise à cacher les données en les modifiant complètement tout en restant lisibles, significatives et par conséquent ne montrent aucun soupçon aux fournisseurs cloud malveillants et pirates. L'approche proposée a été implémentée en Java et testé sur un ensemble de données au sein d'une architecture basée sur les systèmes multi-agents.

# Vers l'amélioration du processus décisionnel par l'intégration des données sociales

Soumia Benkrid*, Redouane Boucenna*, Dihia Boulegane*, Younes Sennadj*, Chahnez Zakaria*, Lynda Said L'hadj*

* Ecole nationale Supérieure d'Informatique (ESI), Alger, Algérie
(s_benkrid, br_boucenna,bd_boulegane, by_sennadj, c_zakaria, l_saidlhadj)@esi.dz

**Résumé.** Dans la vie réelle du Business Intelligence (BI), les faits sont très importants, mais l'opinion joue également un rôle crucial car elle peut influencer le processus de prise de décision. Aujourd'hui, de nombreuses sources d'information non structurées telles que les réseaux sociaux qui sont plus ou moins librement disponibles sur le web, leur volume est en constante croissance ce qui constitue une mine d'or gratuite en ce qui concerne la collecte de l'opinion publique. En effet, les entreprises ont toujours prêté une grande attention à l'opinion de leur clients et ne négligent en aucun cas l'importance de l'opinion publique issue des réseaux sociaux. Dans ce papier, nous proposons une architecture décisionnelle robuste qui permet de collecter, stocker et exploiter les données textuelles exprimées par les internautes sur les réseaux sociaux. Finalement, nous présentons une validation de nos propositions dans un contexte réel, il s'agit du domaine de la téléphonie mobile chez l'opérateur Oreedoo Algérie

## 1 Introduction

Ces dernières années, les données se développent plus rapidement que par le passé. Les organisations font face à un grand volume de données qui évolue rapidement et qui est de plus en plus varié (structuré, semi structuré et non structuré). Ces données proviennent du foisonnement de technologies et leur démocratisation dans de nombreux domaines, tels que les télécommunications, l'industrie, l'internet des Objets (Internet of things), les réseaux sociaux, la santé, …etc. Plus particulièrement, les réseaux sociaux sont devenus une source de grands volumes de données diverses. Effectivement, des millions de personnes utilisent les réseaux sociaux comme Facebook et Twitter pour s'exprimer. Leurs communications comprennent souvent des réflexions sur les bonnes et les mauvaises expériences ainsi que des avis sur des produits et des entreprises qu'ils aiment ou n'aiment pas. Cela fournit une précieuse source aux entreprises pour apprendre à connaître ses clients comme jamais auparavant. De ce fait, les entreprises doivent connaître les besoins réels des clients, leurs attentes ainsi que les éventuelles améliorations qui peuvent être apportées aux produits ou aux services. Toutefois, les chefs d'entreprise utilisent une combinaison de l'intuition, l'expérience et un certain niveau d'analyse pour prendre des décisions stratégiques et tactiques. La majorité des entreprises font fréquemment appel à des programmes efficaces de collecte et d'écoute de la voix du client comme : (1) les sondages directs effectués par les boites de communication, (2) les groupes de discussion, (3) les questionnaires par Short Message Services (SMS), (4) les enquêtes téléphoniques, (5) le recueil par internet ou voie postale. Souvent, ces enquêtes traditionnelles coûteuses fournissent des renseignements dépassés.

Néanmoins, dans un secteur multinational concurrentiel où l'évolution est très rapide, la société devra toujours prendre les décisions satisfaisantes pour ses clients et avec un temps de réponse minimale. De ce fait, les réseaux sociaux constituent un excellent moyen que les entreprises ne doivent pas les sous-estimer. Le contenu des médias sociaux représente une trace numérique qui peut aussi entraver la réputation de l'entreprise pour une très longue période. Souvent, les entreprises détiennent leurs propres comptes de réseaux à partir desquelles elles peuvent compléter les Key Performance Indicator (KPI) issues des systèmes traditionnels comme le taux de fidélisation, taux de réclamations, le churn rate, …. Etc. Malheureusement, ces systèmes décisionnels n'intègrent fréquemment que des données internes. Ainsi, il est primordial d'intégrer des données externes comme celles issues des réseaux sociaux dans le processus métier pour améliorer le management de l'expérience client au sein de l'entreprise.

Suite à cette tendance, l'intégration des User Generated Content (UGC) a reçu, ces dernières années, un intérêt des industriels et des académiques. Les industriels se sont focalisés plus sur le stockage des données récoltées en intégrant l'écosystème Hadoop dans leurs plateformes (Oracle, IBM et Microsoft) pour traiter des données plus rapidement et soutenir de multiples formats. De plus, ils ont, d'une part, intégré les réseaux sociaux comme une source de données dans les éditeurs d'analyse et visualisation de données (QlickView, Tableau, …) et d'autre part, ils ont mis en place des outils dédiés pour analyser l'UGC en offrant des analyses portant sur l'engagement des internautes (germin8, MoodRaker, Trackur), la présence de la marque sur le web ou encore les performances des compagnes publicitaires sur les réseaux sociaux. Du coté académique, le domaine d'intégration de l'UGC est relativement nouveau. En analysant la littérature, nous constatons d'une part, l'absence d'un consensus ou d'une méthodologie pour la mise en place d'une plateforme BI qui booste le métier de l'entreprise. La majorité des travaux se focalise sur des cas réels et consacre une grande attention à la modélisation des données collectées. D'autre part, les outils disponibles sur le marché ne prennent pas en compte la langue la plus utilisée dans les réseaux sociaux comme les dialectes. En effet, ils proposent des solutions qui ne s'adaptent pas à la politique de mesure de la satisfaction client déjà adoptée au niveau de certaines entreprises multinationales. De plus, peu de travaux se sont intéressés à l'intégration de l'analyse d'opinion dans le business intelligence dans l'entreprise d'une manière particulière et le SI d'une manière générale vu que de nombreuses entreprises utilisent des réponses automatisées pour répondre au nombre élevé de commentaires des médias sociaux. Une telle automatisation peut réduire la tâche de plusieurs heures à quelques minutes. Cette automatisation n'élimine pas entièrement le travail mais elle accélère l'efficacité, ainsi, il est important de comprendre le potentiel de l'UGC. Par conséquent, le developpement d'un modèle d'analyse de sentiments est primordial vu la particularité du langage utilisé où uniquement un faible pourcentage est écrit correctement par contre, en contrepartie, le reste est mal écrit (faute d'orthographe) et il appartient à un dialecte

Dans ce papier, nous présentons une architecture évolutive, robuste, performante et agile à moindre coût afin d'absorber, analyser et réagir d'une façon efficace et proactive envers ces données. Cette architecture représente un système complet capable d'interroger les réseaux sociaux pour principalement recueillir les données en temps réel ou différé. Elle permet d'assurer leur bonne circulation, et enrichir les données collectées par l'interprétation des sentiments des consommateurs avec le plus haut degré de précision. A cet effet, nous nous sommes appuyés sur des dictionnaires conçus à partir du corpus afin de proposer une démarche basée sur la phonétique des mots. Cette démarche permet de minimiser les fautes d'orthographe et le bruit.

Le papier est structuré comme suit. Une discussion de la littérature est présentée dans la section 2. Dans la section 3, nous décrivons les architectures décisionnelles possibles puis dans la section 4, nous présentons notre méthodologie et ses activités. Dans la section 5, nous discuterons notre étude de cas, tandis que dans la section 6 nous tirons les conclusions.

## 2  Etat de l'Art

L'intégration de l'UGC n'a pas été profondément étudiée dans le domaine des bases de données. En nous penchant sur la littérature seuls quelques articles se sont penchés sur l'image complète ce domaine à ce jour.

Dans le contexte décisionnel, (Dinter et Lorenz, 2012) ont énoncé un agenda de recherche pour la sociale BI, tandis que (Rosemann et al., 2012) ont cherché à faire progresser la conception conceptuelle du BI avec des données identifiées à partir de réseaux sociaux entre autres par une discussion de Social Customer Relationship Management SCRM et la sociale BI. Par la suite, des architectures complètes pour SBI ont été proposées ; (Gallinucci et al., 2013; Francia et al., 2014, 2016) ont proposé une architecture de référence pour supporter le processus SBI où les données récupérées des réseaux sociaux sont stockées après leur traitement (enrichissement) dans un data mart sous forme de cubes multidimensionnels interrogeables par le biais de techniques OLAP. Une nouvelle approche pour la modélisation des topics dans les systèmes ROLAP a été proposée nommée Meta-Star qui utilise la méta-modélisation couplée aux tables de navigation et aux tables de dimensions traditionnelles, ce qui permet d'avoir un modèle dynamique et une sémantique très flexible. Le principal atout de cette architecture est la capacité native de fournir des informations historiques, ce qui permet de surmonter les limites des approches traditionnelles à l'analyse de l'UGC textuelle, où seuls des rapports statiques sont fournis et les données historiques ne sont pas disponibles. En particulier, (Rehman et al., 2012; Cuzzocrea et al., 2015; Kraiem et al., 2014) ont proposé des solutions pour l'extraction et l'analyse de flux Twitter.

D'autres travaux se sont intéressés à l'enrichissement sémantique et compréhension du texte. L'enrichissement consiste à l'identification des parties pertinentes en utilisant du Traitement Automatique du Langage (TAL) ou des techniques d'analyse de texte pour interpréter chaque texte et, si possible, lui attribuer un sentiment (opinion) (Liu et Zhang, 2012). L'ensemble de ces travaux peut être réparti en trois grandes familles à savoir,(1) les techniques basées sur le lexique (Kennedy et Inkpen, 2006; Turney et Littman, 2002; Taboada et al., 2011; Dave et al., 2003), (2) les techniques basées sur l'apprentissage automatique (Dave et al., 2003; Pang et Lee, 2005; Pang et al., 2002) ainsi que (3)les techniques hybrides (Mudinas et al., 2012; Bahrainian et Dengel, 2013; Liu, 2012; Medhat et al., 2014). L'approche basée sur le lexique repose entièrement sur un lexique de mots d'opinion prédéfinis, l'approche basée sur l'apprentissage automatique est implémentée en construisant un classifieur (Naïve Bayes, SVM, Régression, Metric Labelling) tandis que l'approche hybride tire le meilleur de la combinaison des deux précédentes méthodes pour atteindre une précision plus élevée lors de la classification.

Enfin, dans (García-Moya et al., 2013), un modèle de données multidimensionnel est proposé pour intégrer les données de sentiment extraites à partir de postes dans un entrepôt de données d'entreprise

# 3    Architecture alternative d'une plateforme décisionnelle

Dans cette section, nous discutons un certain nombre d'architectures pour intégrer l'UGC dans le métier de l'entreprise. Pour chaque architecture, nous soulignons les points forts et les défauts. Dans la figure 1, nous avons représenté trois architectures possibles.

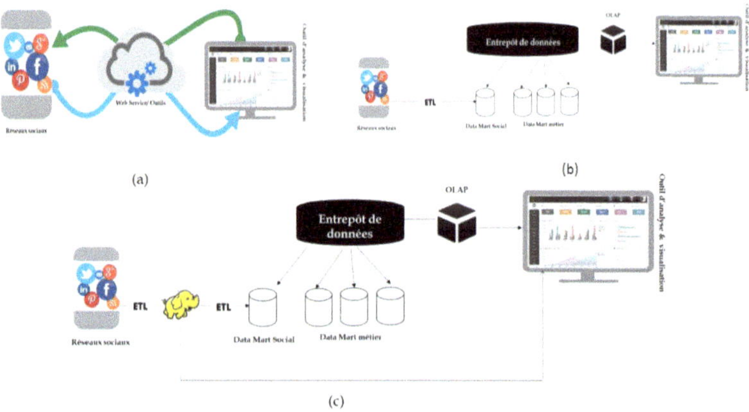

FIG. 1 – *Architecture alternative d'une plateforme décisionnelle*

Dans la figure 1 (a), l'idée de base de cette architecture consiste à utiliser un service web qui joue un rôle intermédiaire entre l'outil de recommandation et/ou visualisation et les API des différents médias sociaux. Son rôle consiste donc à gérer l'accès aux données sociales selon l'utilisateur authentifié et de lui fournir un mécanisme pour la consommation de données agrégées d'une manière simple et pratique. Le principal avantage provenant de cette architecture est qu'elle est facile à mettre en place, non couteuse en infrastructure matérielle et logicielle, ainsi que la possibilité d'évolution analytique selon les besoins métiers et l'évolution des services. Cependant, son principal inconvénient est le fait qu'elle fournit des analyses très restreintes surtout sur les dimensions Date et Temps. De plus il n'est ni possible de faire des analyses sur plusieurs dimensions au même temps. Ni de combiner entre les données des médias sociaux et celles de l'entreprise vu leur degré d'agrégation élevé.

Dans la figure 1 (b), la deuxième solution n'est rien d'autre qu'une implémentation des architectures classiques. Les médias sociaux sont considérés comme une source de données semi structurées. L'extraction de ces dernières peut être effectuée avec des composants spécialisés des ETL. Une fois les données extraites, elles sont transformées pour être stockées dans une base de données relationnelle. La dernière étape consiste à explorer ces données avec un outil de data mining et un tableau de bord contenant les différents indicateurs clés de performance. L'avantage de cette architecture est en adéquation avec l'existant technique de l'entreprise et elle permet la combinaison entre les données des médias sociaux et les données de l'entreprise ce qui offre une analyse puissante et flexible. Cependant, l'inconvénient est la capacité de stockage et de traitement limité par rapport aux données sociales volumineux.

Dans la figure 1 (c), l'architecture consiste à utiliser un écosystème Hadoop, qui va assurer l'extraction, le traitement et le stockage des données provenant des médias sociaux et faciliter l'accès aux outils de restitution de données à savoir les outils de visualisation et ceux du Data-mining. Une telle architecture est adaptée pour un stockage d'une quantité massive de données et leur traitement rapide. Bien que cette architecture soit difficile à mettre en place et coûteuse en infrastructure matérielle et logicielle, elle reste très utile pour l'intégration de données vu qu'elle permet le développement d'un SBI, et de bons outils comme la recommandation et la réponse automatique personnalisée.

Dans la suite de cet article, nous élaborerons et mettrons en œuvre l'architecture (c) pour les raisons exposées ci-dessus, à savoir que nous allons détailler les composantes de notre plateforme.

# 4    Architecture proposée

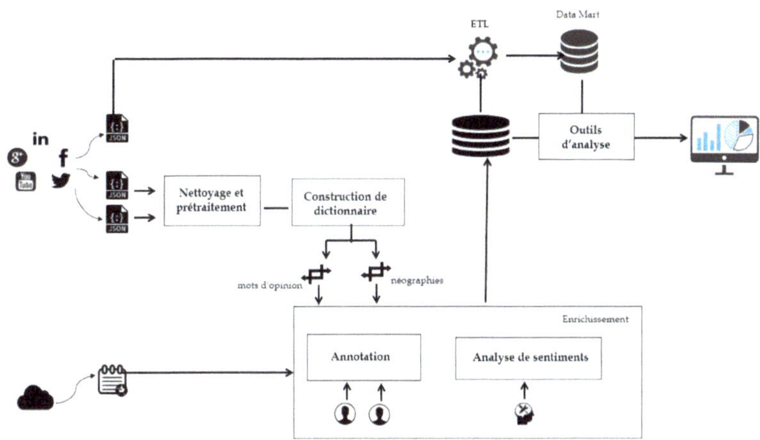


FIG. 2 – *Architecture proposée*

## 4.1    Collecte de données

Les informations collectées peuvent être : textuelles (Comment, Post et hashtags) ou agrégées (statistiques). La récupération des données textuelles se fait en *temps réel* et ce pour donner plus de perspectives et de possibilités pour notre système (un système de recommandation et un système d'actions instantanées). Comme les statistiques évoluent lentement, elles sont récupérées à des intervalles éloignés. Des tâches planifiées s'occupent de la récupération de ces données à partir des réseaux sociaux sous format clé-valeur sauvegardées en mémoire au niveau du synchroniseur puis stockées sur disque.

Pour assurer la bonne collecte de données, cette partie est principalement décomposée en 3 parties :

— **Proxy d'accès Rest**. Pour pouvoir accéder aux informations publiées sur les réseaux sociaux, nous avons conçu un système autour d'un proxy pour faire abstraction sur les accès aux réseaux sociaux, en particulier, Facebook. L'objectif est d'adapter les nouvelles modifications imposées par les réseaux d'une façon transparente sans perturber l'architecture technique globale et ceci à tout moment.

— **Collecteur de données**. Une couche de collection et d'extraction de données doit être mise en place pour recueillir les données et les dispatchers dans les différentes destinations à priori la couche enrichissement de données. En effet, les statistiques sur les publications sont récupérées selon un rythme qui suit la logique de fréquences d'activités sur les réseaux sociaux qui suit un modèle *Hot-to-cold*, où la plupart des interactions se passent durant les premiers moments avant qu'ils se stabilisent suivant une loi logarithmique. Rappelons que les données textuelles sont récupérées en temps réel, une écoute en continu pour absorber ce qui arrive.

— **Synchroniseur**. Il est nécessaire de pouvoir stocker les données collectées et s'assurer que chaque donnée a été stockée et envoyée vers leur cible convenablement. Cependant, dans un contexte Big Data, les rythmes de stockage et celui d'extraction peuvent différer. En effet, les données arrivent souvent avec une vélocité assez importante. Un système de messagerie s'impose pour garantir que les données soient mises dans une file d'attente et que chaque donnée a été stockée et/ou traitée. Pour cela, le synchroniseur se présente comme un système de messagerie distribué fonctionnant comme producteur-consommateur ayant un ensemble de composants de base. Ainsi, le synchroniseur permet de relancer les messages en cas de panne ou dans l'échec d'arrivée de message à sa destination.

## 4.2 Nettoyage et Pré-traitement

Une fois les commentaires récupérés, ils doivent passer par une phase de nettoyage pour ne garder que les commentaires jugés utiles. En effet, le flux collecté peut parfois contenir des messages dupliqués (même identifiant) en raison de l'API ou encore résultants de l'activité massive de certains internautes qu'on pourra qualifier de spam (identifiant différent). De plus, le système doit unifier les textes par la normalisation de la casse, désaccentuation des mots, suppression des lettres uniques isolées et également l'élimination maximale du bruit. En effet, il ne faut garder que les informations les plus représentatives et importantes. Pour cela il faut aussi : (1) suppression des mots vides, (2) substitution des liens hypertextes, (3) traitement des émoticônes, (4) substitution des hashtags (5) suppression des lettres répétées.

## 4.3 Construction du dictionnaire de néographies

Néographies désigne des graphies qui s'écartent délibérément de la norme orthographique. En analysant notre corpus, nous avons constatés l'existence de plusieurs écritures erronées pour une seule écriture correcte d'un mot donné. Vu l'absence de formalisme ou d'orthographe pour le dialecte, nous avons constaté le besoin de mise en place d'un dictionnaire de néographies. Pour regrouper dans une même famille les mots du corpus selon leur prononciation *ou* s'écrivent pratiquement de la même manière. Ce processus a été mis en place afin de réduire le bruit généré par la diversité des écritures pour un même mot ; il passe par deux étapes :

— **Regroupement phonétique**. Nous regroupons tous les mots qui partagent le même code phonétique. Nous nous sommes basés sur un algorithme de Soundex (Hall et Dowling, 1980) qui permet d'indexer les mots par prononciation avec un même code. Nous aurons donc en sortie des familles composées des mots qui sont identiques en prononciation malgré des différences au niveau de leurs écritures respectives.

— **Regroupement des chaines de caractères par similarité**. Le fait de regrouper des mots en fonction de leur Soundex ne suffit pas pour les faire correspondre et les considérer comme étant un seul et même mot. En effet, nous devons également prendre en compte l'écriture des mots, ce qui implique une nouvelle étape de regroupement en fonction de la similarité des chaines de caractères. Pour ce faire, nous utilisons la mesure de distance de Jaro_Winkler (donnée par la formule ci-dessous) qui permet de juger de la ressemblance de deux chaines de caractères, cette mesure est particulièrement adaptée quand il s'agit de chaines courtes. Plus la valeur est élevée, plus les chaines sont similaires, le résultat est normalisé pour avoir une mesure entre 0 et 1, 0 indiquant l'absence totale de similarité.

$$D_jw(M_1, M_2) = D_j(M_1, M_2) + min(lpc(M_1, M_2)) * q * (1 - D_j(M_1, M_2)) \quad (1)$$

$$D_j(M_1, M_2) = (1/3) * (m/|M_1| + m/|M_2| + (m - t)/|m|) \quad (2)$$

Où $lpc(M_1, M_2)$ est la longueur du préfixe commun, $q = 0.1$, $D_j(M_1, M_2)$ est la distance de *Jaro*, $m$ est le nombre de caractères correspondants, $t$ est le nombre de transpositions.

Par la suite, ce dictionnaire sera utilisé pour substituer certains mots par leur forme la plus courante dans le dictionnaire. Ce type de substitution est fondé sur le fait que le langage utilisé (dialecte) ne possède pas de standard d'écriture pour distinguer une orthographe juste d'une orthographe fausse. En ce qui concerne les fautes d'orthographes, nous avons pris la décision de favoriser la forme la plus courante du mot au lieu de la forme correcte.

Cette étape du prétraitement a permis de réduire considérablement le nombre de mots que comporte le vocabulaire de tout le corpus, cette amélioration est estimée à presque 50% de la taille du vocabulaire.

## 4.4 Construction du dictionnaire de mots d'opinion

Une des composantes essentielles de tout système d'analyse de sentiments est le dictionnaire de mots d'opinion utilisés pour la détection et la catégorisation des opinions. Nous avons décidé d'étendre des dictionnaires existants que nous enrichissons grâce à notre contribution pour une meilleure couverture du vocabulaire utilisé. Nous avons donc adopté une approche semi-automatique pour construire notre propre dictionnaire de mots d'opinion. Ces derniers seront divisés en deux familles à savoir les mots positifs et les mots négatifs. Pour ce faire, nous avons procédé en deux étapes complètement indépendantes qui sont :

— **Sélection de l'ensemble de mots graines**. Nous avons collecté manuellement, un ensemble initial de mots que nous avons jugés positifs ou négatifs parmi les mots les plus fréquents du corpus que nous avons parcouru. Notre sélection a pu dégager 305 mots positifs et 275 autres négatifs

— **Extension de l'ensemble initial grâce à SO-PMI**. A partir de cet ensemble initial, nous avons appliqué la formule de calcul mise en place par (Turney et Littman, 2002) et qui se base donc sur les cooccurrences des mots pour émettre l'hypothèse suivante : *Deux mots qui ont une très grande valeur de l'information mutuelle (PMI) ont tendance à avoir la même orientation sémantique (même sentiment).* Nous avons donc calculé la valeur de la PMI entre chaque mot du vocabulaire et l'ensemble de mots positifs afin de déterminer la force de leur association. Nous calculons la même valeur avec l'ensemble de mots négatifs, l'écart entre ces deux valeurs détermine l'orientation du mot en question. En effet, plus l'écart tend vers des valeurs grandes et positives, plus le mot est jugé positif, inversement pour les mots d'opinion négatifs. Nous repassons manuellement chaque mot déterminé par la méthode de PMI avant de l'ajouter à l'un des ensembles afin d'être sûr de la véracité de l'orientation du mot. Grâce à cette technique, nous avons pu ajouter près de 200 mots positifs et 418 mots négatifs.

— **Traduction en langage dialectal à partir de dictionnaires**. Dans le but d'enrichir un peu plus notre dictionnaire et de porter des ressources déjà disponibles, nous avons utilisé un système de traduction automatique qui permet de traduire des mots de langue comme le français ou l'anglais vers des mots du langage dialectal. Les ressources de ce système sont principalement puisées de contributions d'internautes et de particuliers qui enrichissent le dictionnaire en ligne avec leurs connaissances. Le dictionnaire en question est GLOSBE[1] qui offre une API aux développeurs afin de leur permettre de porter des ressources disponibles issues du crowdsourcing. Les résultats obtenus comportent 148 positifs et 192 autres mots négatifs.

## 4.5 Traitement et Enrichissement des données

Cette couche (1) assure la communication des données entre la couche de récolte et celle d'intégration de données et (2) enrichit l'ensemble des données récupérées à partir de la couche de récolte avec des informations ultérieures. Tout cela peut être réalisé via un ensemble de jobs ayant principalement comme but d'insérer les données dans la base de données mais aussi d'enrichir le contenu extrait à partir des réseaux sociaux.

### 4.5.1 Annotation de corpus

La phase de l'annotation du corpus nous permet de construire le corpus labellisé. En effet, nous avons utilisé deux techniques d'annotation, manuelle et automatique.

— **Annotation manuelle.** Nous avons conçu une application collaborative afin d'accélérer et de faciliter le processus de l'annotation. L'application permet aux annotateurs de visualiser un nombre de documents de manière aléatoire ou en utilisant un filtre de mots clés et de choisir pour chaque document une classe en suivant un protocole d'annotation. Le protocole est utilisé pour choisir la classe que nous devons affecter à un

---

1. https ://glosbe.com/

document donné d. Chaque document est annoté par une seule personne et passe par trois nœuds de décision. Le premier nœud concerne le domaine, si le document traite un sujet d'analyse, il passe au deuxième nœud sinon il est considéré comme neutre. Le deuxième nœud porte sur la subjectivité du document, dans le cas où il ne porte aucune opinion (questions, suggestions, réponses à une question) il est considéré comme neutre. Dans le cas inverse, le document comporte une opinion qui peut être unique ; un seul sentiment envers le sujet, ou multiple où l'auteur exprime des sentiments envers plusieurs aspects d'un sujet. Si l'opinion est multiple nous prenons le sentiment le plus fort ou le sentiment dominant.

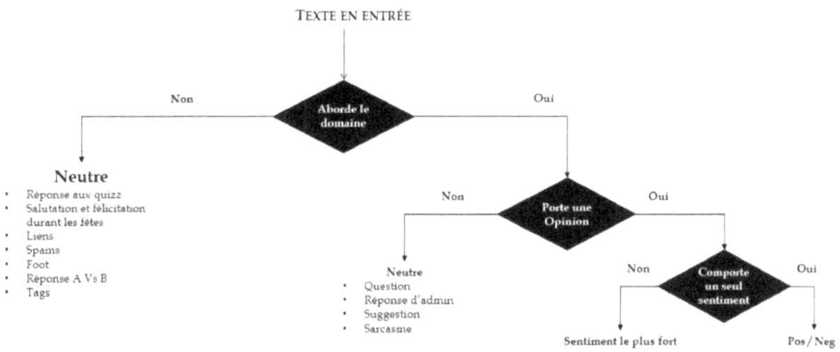


FIG. 3 – *Protocole d'annotation*

— **Annotation automatique.** Pour enrichir d'avantage le corpus par des documents annotés, une annotation automatique est proposée. Cette annotation exploite des ressources web comme les sites de comparaison et de vente en ligne qu'ils permettent aux utilisateurs de partager des critiques textuelles accompagnées d'une note représentée en étoiles. La note est généralement entre zéro et cinq. (Pang et al., 2002) proposent d'utiliser ces données comme données annotées, en transformant la note attribuée par l'auteur en polarité selon la Table 1. Ils préfèrent exclure les documents ayant une note de trois étoiles, car ils jugent cette note insuffisante pour assigner une classe au document. Le choix de la source est porté sur Google Play, il faut choisir des applications ayant une relation avec le domaine de l'entreprise

| **Nombre d'étoiles** | Zero, une ou deux | Trois | Quatre ou cinq |
|---|---|---|---|
| **Classe** | Négative | Non pris | Positive |

TAB. 1 – *Conversion de l'échelle d'étoiles en polarité*

### 4.5.2 Analyse de sentiments

A l'issue du prétraitement du texte des commentaires, ces derniers doivent passer par le processus d'apprentissage qui commence par la représentation en vecteur de caractéristiques.

Vient ensuite le choix de la fonction de pondération pour accorder plus d'importance aux mots les plus significatifs avant de passer à la phase de sélection qui nous permet de ne garder que les caractéristiques les plus discriminantes entre les différentes classes. Pour finir, nous devons entrainer un algorithme sur le corpus de documents que nous avons collecté, annoté et prétraité dans le but de concevoir un modèle de classification. Dans le but d'être sûrs d'arriver aux meilleures performances possibles, nous avons décidé d'effectuer une série de tests sur différentes combinaisons de caractéristiques, de pondérations et d'algorithmes. La phase d'évaluation nous permettra de choisir le modèle le plus précis dans la prédiction des classes des documents du corpus de test.

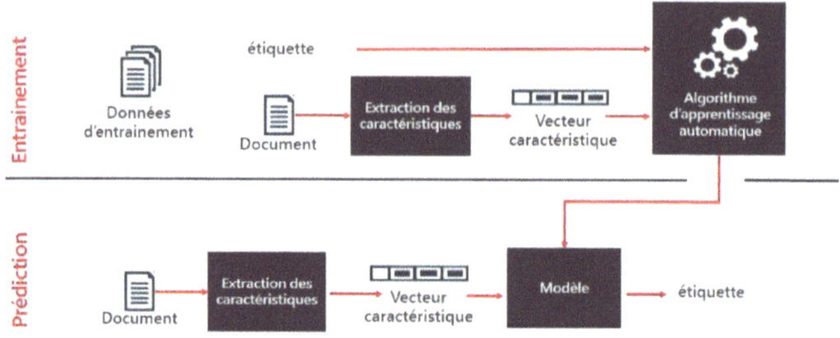


FIG. 4 – *Processus d'analyse de sentiments*

### 4.5.3 Détection du sujet

Notre approche pour détecter les sujets abordés par un texte est basée sur les mots clés. Le système maintient les mots clés dans un dictionnaire où il permet aux utilisateurs d'ajouter et de modifier les mots clés pour s'adapter aux besoins de l'entreprise. Afin de faciliter l'ajout des mots clés dans le système, nous proposons un module de recommandation des mots clés à partir du corpus. Le module permet d'extraire à partir d'un corpus tous les mots en relation avec un sujet donné $S$ représenté par une instance de mot. On dit que le mot $w$ est en relation avec le sujet $S$ si ces deux apparaissent souvent ensemble, autrement dit, ils sont *corrélés*. Nous effectuons donc une étude des *cooccurrences* dans le texte afin d'extraire ces mots.

La corrélation entre deux mots $(S, w)$ peut être mesurée en utilisant les deux fonctions *L'information Mutuelle (PMI)* et le test de *CHI-2*. Notre choix s'est porté sur la *PMI* pour des raisons de performance et temps d'exécution. Pour calculer l'information mutuelle entre le sujet $S$ et un mot de corpus $w$ nous utilisons la formule suivante :

$$PMI(w, S) = log_2 \frac{P(w, S)}{P(w) \times P(S)} \tag{3}$$

tel que : $P(w)$ *est la probabilité qu'un document d contienne* $w$ *et* $P(w, S)$ *est la probabilité qu'un document contienne les deux mots ensemble.*

Dans le but d'accélérer le calcul de la PMI, nous utilisons un *index inversé*. Les documents du corpus sont indexés périodiquement, lorsque le système est interrogé il accédera à l'index pour calculer la PMI au lieux de refaire tous les calculs à chaque interrogation. La formule de calcul devient :

$$PMI(w, S) = log_2 \frac{NbDoc(w \cap S)}{NbDoc(w) \times NbDoc(S)} \tag{4}$$

$NbDoc(w \cap S)$ *est le nombre de documents où les deux mots apparaissent ensemble.*

Enfin, nous normalisons la valeur par la formule suivante :

$$NPMI(w, S) = \frac{PMI(w, S)}{log_2(NbDoc(w \cap S))} \tag{5}$$

## 5   Etude de cas

Notre approche a été déployée dans un contexte algérien ; la langue utilisée est très souvent un mélange d'arabe dialectal et de français voire de l'arabe écrit en lettres latines plus connu sous le nom d'Arabizi. L'objectif de notre projet n'est pas de concevoir un système d'analyse de sentiments uniquement, mais de mettre en place une solution globale permettant l'extraction, la sauvegarde, l'analyse et la synthèse des sentiments relatifs aux données textuelles issues des réseaux sociaux. Ceci dit, l'évaluation ne concerne que le système d'analyse de sentiments qui fait appel à des algorithmes et techniques d'apprentissage automatique. La figure 5 illustre notre architecture technique [2]

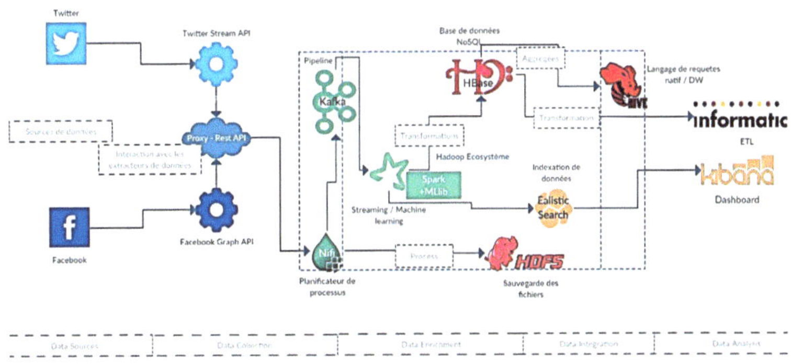


FIG. 5 – *Architecture technique de la solution*

La phase d'évaluation est une étape très importante dans la validation du modèle de prédiction pour une analyse de sentiments basée sur une approche d'apprentissage automatique. Pour ce faire, nous avons préparé un jeu de données composé de 9969 commentaires issus de la page facebook officielle d'Ooredoo Algérie. Certains commentaires ont été annotés manuellement tandis que les d'autres ont été annotés automatiquement. Nous avons découpé ce jeu de données en ensemble d'apprentissage et ensemble de test avec une part de 80% et 20% respectivement.

---

2. Une démonstration de la partie collecte et stockage est disponible sur youtube (https ://www.youtube.com/watch ?v=Bd4cVvKQN1A)

Dans un but d'évaluation, nous adoptons une démarche de test qui nous permet de mesurer les métriques suivantes : précision, rappel, F-Mesure. Dans ce qui suit, nous allons donc présenter les différents paramètres qui interviennent dans les performances de notre système d'analyse de sentiments.

— **Composantes du vecteur de caractéristiques.** Nous avons décidé d'évaluer l'utilisation des caractéristiques suivantes : Unigrammes (U), Unigrammes ou bigrammes d'opinion (U ou BO), Unigrammes ou bigrammes les plus fréquents (U ou B-Top).

— **Pondération** Nous représenterons nos textes comme suit : Binaire (0-1) : présence / absence, TF : fréquence du mot dans le document, TF-IDF : fréquence-fréquence de document inversée.

— **Algorithme d'apprentissage automatique.** En ce qui concerne les algorithmes entraînés, nous avons opté pour les suivants : SVM : une classification de type 1 (C-SVM) Naïve Bayes : nous avons testé deux variantes qui sont le Multinomial (désignée par NBM ) et le Bernoulli (désignée par NBB). Nous avons opté pour ces algorithmes en raison de leur vaste utilisation dans le problème d'analyse de sentiments ainsi que leurs performances.

Les tableaux 2 et 3 synthétisent les résultats obtenus. Nous constatons que le Naive Bayes Multinomial (NBM) est l'algorithme qui a surpassé dans tous les cas les autres algorithmes testés quand il est utilisé avec les caractéristiques de U ou B-Top. De même, la pondération de la TF-IDF est commune aux meilleures performances dans les trois modèles retenus.

| | **Pondération** | **Précision** | | | **Rappel** | | | **F-Mesure** | | |
|---|---|---|---|---|---|---|---|---|---|---|
| | | 0-1 | TF | TF-IDF | 0-1 | TF | TF-IDF | 0-1 | TF | TF-IDF |
| **NBM** | U | 0,88 | 0,89 | 0,89 | 0,88 | 0,89 | 0,89 | 0,88 | 0,89 | 0,89 |
| | U ou BO | 0,88 | 0,88 | 0,88 | 0,87 | 0,88 | 0,88 | 0,87 | 0,88 | 0,88 |
| | U ou B-Top | 0,88 | 0,88 | **0,90** | 0,88 | 0,88 | **0,90** | 0,88 | 0,88 | **0,90** |
| **SVM** | U | 0,85 | 0,83 | 0,84 | 0,84 | 0,83 | 0,84 | 0,84 | 0,83 | 0,84 |
| | U ou BO | 0,84 | 0,83 | 0,85 | 0,83 | 0,82 | 0,84 | 0,83 | 0,82 | 0,84 |
| | U ou B-Top | 0,86 | 0,87 | 0,88 | 0,85 | 0,86 | 0,88 | 0,85 | 0,86 | 0,88 |
| **NBB** | U | 0,78 | - | - | 0,73 | - | - | 0,72 | - | - |
| | U ou BO | 0,78 | - | - | 0,73 | - | - | 0,71 | - | - |
| | U ou B-Top | 0,78 | - | - | 0,71 | - | - | 0,69 | - | - |

TAB. 2 – *Résultats des évaluations de la classification sur les classes Positive-Négative*

Nous avons testé une approche à deux étages en cascade : elle détecte la subjectivité avant de déterminer la polarité du commentaire. Les résultats obtenus dégradent la performance de notre système et cela est dû au taux d'erreurs qui s'est amplifié entre les deux étages.

Pour améliorer les performances, nous avons essayé de donner plus d'importance aux mots d'opinion et les mots allongés en attribuant un poids à ces derniers en raison de leur importance dans l'expression des sentiments. Nous avons également effectué une sélection des caractéristiques en utilisant la méthode de $\chi^2$ afin de réduire la dimension du modèle. Les internautes ont tendance à utiliser une suite de lettres répétées dans le but d'intensifier le sens du mot, cette façon de communiquer est très importante pour l'analyse de sentiments en raison de l'amplification des mots d'opinion et de l'aspect psychologique véhiculé. A cet effet, nous avons attribué un poids à un mot en fonction de la longueur de la série de lettres répétées qu'il comporte. Comme nous pouvons le voir, les performances globales du système se sont dégradées

| | Pondération | Précision | | | Rappel | | | F-Mesure | | |
|---|---|---|---|---|---|---|---|---|---|---|
| | | 0-1 | TF | TF-IDF | 0-1 | TF | TF-IDF | 0-1 | TF | TF-IDF |
| NBM | U | 0,80 | 0,81 | 0,81 | 0,80 | 0,81 | 0,81 | 0,80 | 0,81 | 0,81 |
| | U ou BO | 0,80 | 0,81 | 0,81 | 0,80 | 0,81 | 0,81 | 0,80 | 0,81 | 0,81 |
| | U ou B-Top | 0,81 | 0,81 | 0,82 | 0,81 | 0,81 | 0,82 | 0,81 | 0,81 | 0,82 |
| SVM | U | 0,77 | 0,77 | 0,78 | 0,77 | 0,77 | 0,78 | 0,77 | 0,77 | 0,78 |
| | U ou BO | 0,76 | 0,76 | 0,77 | 0,76 | 0,76 | 0,77 | 0,76 | 0,76 | 0,77 |
| | U ou B-Top | 0,78 | 0,77 | 0,81 | 0,77 | 0,77 | 0,81 | 0,77 | 0,77 | 0,81 |
| NBB | U | 0,80 | - | - | 0,78 | - | - | 0,78 | - | - |
| | U ou BO | 0,80 | - | - | 0,78 | - | - | 0,78 | - | - |
| | U ou B-Top | 0,81 | - | - | 0,76 | - | - | 0,74 | - | - |

TAB. 3 – *Résultats des évaluations de la classification sur les classes Subjective-Objective*

de près de 1%. Nous expliquons ce fait, par la nature du texte catégorisé, où nous avons remarqué une utilisation excessive de l'allongement de mots par les internautes sur nos réseaux sociaux

| | Précision | Rappel | F-mesure |
|---|---|---|---|
| Négative | 0,74 | 0,76 | 0,75 |
| Positive | 0,8 | 0,82 | 0,81 |
| Neutre | 0,73 | 0,69 | 0,71 |
| Moyenne | 0,76 | 0,76 | 0,76 |

TAB. 4 – *Résultat de l'amélioration*

Dans le but d'accorder plus d'importance aux mots d'opinions, nous avons attribué un poids p pour chaque mot d'opinion dans le vecteur caractéristique. La TF-IDF des mots appartenant au dictionnaire des mots d'opinions est multipliée par ce poids pendant la phase de pondération. Nous avons testé plusieurs valeurs de p avant d'opter pour la meilleure.

Les résultats obtenus montrent une augmentation de 2% dans la précision des classes positive et négative. La classe neutre a connu une amélioration considérable de 8% et 1% en rappel et précision respectivement. Par conséquent, nous constatons une amélioration de 2% des performances globales du système.

# 6 Conclusion

Dans ce papier, nous avons présenté une architecture décisionnelle qui intègre l'UGC. La particularité de notre travail réside : (1) dans la construction d'un ETL robuste qui assure la bonne extraction et enregistrement des données collectées des réseaux sociaux, (2) la construction des dictionnaires pour améliorer l'enrichissement du texte collecté et le stocker dans un ODS qui sera utilisé comme une source pour un data mart dédiés aux réseaux sociaux. Le travail a été évalué dans un contexte algérien où les ressources TAL sont pauvres, les dictionnaires conçus ont données de bons résultats. Pour les travaux futurs, il serait intéressant de mettre en place des systèmes de recommandation et un système d'action (réponse automatique) pour améliorer la robustesse de l'architecture proposée.

# Références

Bahrainian, S.-A. et A. Dengel (2013). Sentiment analysis using sentiment features. In *Web Intelligence (WI) and Intelligent Agent Technologies (IAT), 2013 IEEE/WIC/ACM International Joint Conferences on*, Volume 3, pp. 26–29. IEEE.

Cuzzocrea, A., C. D. Maio, G. Fenza, V. Loia, et M. Parente (2015). Towards OLAP analysis of multidimensional tweet streams. In *Proceedings of the ACM Eighteenth International Workshop on Data Warehousing and OLAP, DOLAP 2015, Melbourne, VIC, Australia, October 19-23, 2015*, pp. 69–73.

Dave, K., S. Lawrence, et D. M. Pennock (2003). Mining the peanut gallery: Opinion extraction and semantic classification of product reviews. In *Proceedings of the 12th international conference on World Wide Web*, pp. 519–528. ACM.

Dinter, B. et A. Lorenz (2012). Social business intelligence: a literature review and research agenda. In *Proceedings of the International Conference on Information Systems, ICIS 2012, Orlando, Florida, USA, December 16-19, 2012*.

Francia, M., E. Gallinucci, M. Golfarelli, et S. Rizzi (2016). Social business intelligence in action. In *Advanced Information Systems Engineering - 28th International Conference, CAiSE 2016, Ljubljana, Slovenia, June 13-17, 2016. Proceedings*, pp. 33–48.

Francia, M., M. Golfarelli, et S. Rizzi (2014). A methodology for social BI. In *18th International Database Engineering & Applications Symposium, IDEAS 2014, Porto, Portugal, July 7-9, 2014*, pp. 207–216.

Gallinucci, E., M. Golfarelli, et S. Rizzi (2013). Meta-stars: multidimensional modeling for social business intelligence. In *Proceedings of the sixteenth international workshop on Data warehousing and OLAP, DOLAP 2013, San Francisco, CA, USA, October 28, 2013*, pp. 11–18.

García-Moya, L., S. Kudama, M. J. Aramburu, et R. B. Llavori (2013). Storing and analysing voice of the market data in the corporate data warehouse. *Information Systems Frontiers 15*(3), 331–349.

Hall, P. A. et G. R. Dowling (1980). Approximate string matching. *ACM computing surveys (CSUR) 12*(4), 381–402.

Kennedy, A. et D. Inkpen (2006). Sentiment classification of movie reviews using contextual valence shifters. *Computational intelligence 22*(2), 110–125.

Kraiem, M. B., J. Feki, K. Khrouf, F. Ravat, et O. Teste (2014). OLAP of the tweets: From modeling toward exploitation. In *IEEE 8th International Conference on Research Challenges in Information Science, RCIS 2014, Marrakech, Morocco, May 28-30, 2014*, pp. 1–10.

Liu, B. (2012). Sentiment analysis and opinion mining. *Synthesis lectures on human language technologies 5*(1), 1–167.

Liu, B. et L. Zhang (2012). A survey of opinion mining and sentiment analysis. In *Mining Text Data*, pp. 415–463.

Medhat, W., A. Hassan, et H. Korashy (2014). Sentiment analysis algorithms and applications: A survey. *Ain Shams Engineering Journal 5*(4), 1093–1113.

Mudinas, A., D. Zhang, et M. Levene (2012). Combining lexicon and learning based approaches for concept-level sentiment analysis. In *Proceedings of the First International Workshop on Issues of Sentiment Discovery and Opinion Mining*, pp. 5. ACM.

Pang, B. et L. Lee (2005). Seeing stars: Exploiting class relationships for sentiment categorization with respect to rating scales. In *Proceedings of the 43rd annual meeting on association for computational linguistics*, pp. 115–124. Association for Computational Linguistics.

Pang, B., L. Lee, et S. Vaithyanathan (2002). Thumbs up?: sentiment classification using machine learning techniques. In *Proceedings of the ACL-02 conference on Empirical methods in natural language processing-Volume 10*, pp. 79–86. Association for Computational Linguistics.

Rehman, N. U., S. Mansmann, A. Weiler, et M. H. Scholl (2012). Building a data warehouse for twitter stream exploration. In *International Conference on Advances in Social Networks Analysis and Mining, ASONAM 2012, Istanbul, Turkey, 26-29 August 2012*, pp. 1341–1348.

Rosemann, M., M. Eggert, M. Voigt, et D. Beverungen (2012). Leveraging social network data for analytical CRM strategies - the introduction of social bi. In *20th European Conference on Information Systems, ECIS 2012, Barcelona, Spain, June 10-13, 2012*, pp. 95.

Taboada, M., J. Brooke, M. Tofiloski, K. Voll, et M. Stede (2011). Lexicon-based methods for sentiment analysis. *Computational linguistics 37*(2), 267–307.

Turney, P. et M. L. Littman (2002). Unsupervised learning of semantic orientation from a hundred-billion-word corpus.

# Remerciements

Ce travail est soutenu par Ooredoo Algerie, nous remercions Messieurs Allouche Badredine, Baba-Ahmed Djillali et Benreskellah Oussama pour leur collaboration

# Summary

In the BI world, the importance of facts is undeniable. Although, opinion plays a crucial role too due to its tendency to influence the decision making process. Nowadays, multiple unstructured information sources are free and open to use via the Web, such as social networks. In fact, the amount of these data is in a constant growth creating a free gold mine that can be used to collect public opinion. Companies are aware of the importance of their clients' opinions; they do not ignore in any case the importance of the public opinion that is available on social networks since the standing and growth of these platforms. In this paper we propose a robust decisional platform that collects, stores, and exploits the textual data generated by users through social networks.Finally, we present a validation of our proposals in a real-life, it's about the telecommunication area at Oreedoo Algeria.

# Les Besoins Fonctionnels Candidats à l'Entreposage et l'Analyse en Ligne

Zouhir Djilani*, Selma Khouri*, Ladjel Bellatreche *, Abderrahmane Khiat **

*LIAS/ISAE-ENSMA, Université de Poitiers, Futuroscope 86960
(prenom.nom)@ensma.fr
** Université d'Oran 1, Algérie
abderrahmane_khiat@yahoo.com

**Résumé.** Depuis peu d'années, la technologie des entrepôts et analyse des données ($\mathcal{EDA}$) est devenue mature. Cette maturité a poussé un nombre important d'entreprises à l'adopter. En analysant cette situation, nous constatons que les entrepôts ont souvent été *associés aux données*, qui représentent une mine d'or pour les entreprises. Mais d'autres entités capitales pour les entreprises présentent le même intérêt d'exploitation et d'analyse. Nous pouvons citer les exemples des modèles, des services, des processus, etc. Parallèlement, des efforts considérables ont été déployés pour intégrer d'autres entités que les données dans des référentiels (repositories), mais sans la vision d'$\mathcal{EDA}$. Combiner les deux solutions proposées par les référentiels et les $\mathcal{EDA}$ serait un atout considérable à la fois pour les entreprises et les chercheurs. Dans cet article nous proposons une démarche complète de construction d'un entrepôt de besoins fonctionnels, souvent considérés comme une pré-condition pour concevoir tout type d'entrepôt ou de référentiel.

## 1   Introduction

Les solutions de persistance des données, à leur tête les bases de données ($\mathcal{BD}$), sont devenues des éléments incontournables pour la communauté industrielle et académique. Avec l'explosion des sources de données à l'intérieur et à l'extérieur des entreprises, la persistance a également contribué à matérialiser les données provenant de ces sources *fortement hétérogènes* [1] dans des *systèmes d'intégration* ($\mathcal{SI}$). Pour augmenter leur compétitivité, les entreprises ont fait appel à des outils d'analyse associés aux données, ce qui a donné le lieu aux entrepôts de données ($\mathcal{ED}$) et analyse en ligne ($\mathcal{EDA}$). Contrairement aux $\mathcal{SI}$, les $\mathcal{ED}$ offrent une perception multidimensionnelle aux données exploitable par divers outils d'analyse, de visualisation et de navigation.

Historiquement, les $\mathcal{ED}$ ont concerné les données traditionnelles. Ensuite ont émergé de nouveaux $\mathcal{ED}$ pour prendre en compte d'autres types de données telles que les données XML, spatiales, sémantiques, tweets, données NoSQL, etc . Des outils d'analyse traditionnels ont

---

1. Cette hétérogénéité est syntaxique et sémantique.

également suivi cette évolution (par ex. XML-OLAP pour les données semi-structurées ou S-OLAP pour les données spatiales). En analysant finement le paysage de la technologie des $\mathcal{ED}$, nous souhaitons faire réunir des groupes de réflexion autour de deux phénomènes majeurs : (i) l'alliance entrepôt-données signifiant que les *entrepôts ont souvent été liés aux données structurées et semi-structurées*. Cela est justifié par la considération des données comme une mine d'or pour les entreprises pour des analyses. Récemment, cette alliance a été cassée avec l'arrivée d'un autre type de données issues des réseaux sociaux (tweets) souvent peu structurées, où les $\mathcal{ED}$ ont été revisités pour prendre en compte ce type de données (Hannachi et al., 2013). Cette revisite a fait recours aux techniques et outils de traitement de la langue naturelle (TAL) (Hannachi et al., 2013). (ii) Les données alimentant les $\mathcal{ED}$ sont souvent des données d'exploitation, associées au schéma interne des sources des données. Si nous faisons le parallèle avec les $\mathcal{SI}$ présentés sous forme de référentiels, nous constatons que ces derniers sont plus polymorphes, du fait qu'ils sont associés à une large variété d'entités couvrant à la fois les données traditionnelles, avancées, des modèles, en passant par les API (Sun et al., 2015), les services (Belaid et al., 2009), les processus (Rosa et al., 2011) et les brevets (et al., 2012). Ces entités sont également précieuses pour les entreprises, car elles contiennent un savoir-faire important.

Dans cet article, nous croisons ces deux solutions ($\mathcal{ED}$ et $\mathcal{SI}$) et nous tentons de résoudre un exercice sur la construction d'un entrepôt des besoins fonctionnels, considérés comme une pré-condition pour tout système d'entreposage des données. Dans notre laboratoire, nous avons travaillé depuis quelques années sur l'intégration des besoins hétérogènes dans le cadre des entreprises étendues comme Airbus. Dans une telle entreprise qui regroupe plusieurs partenaires géographiquement distribués (France, Allemagne, Espagne, Angleterre), les acteurs dans chaque site expriment leurs besoins en utilisant des formalismes (formalismes orientés buts, use case d'UML) et des vocabulaires fortement variés. Des solutions d'intégration basées sur des ontologies ont été proposées pour réduire l'hétérogénéité et uniformiser le vocabulaire de l'ensemble des partenaires (Boukhari, 2014; Khouri et al., 2014). Une particularité intéressante liée aux ontologies est qu'elles ont été utilisées dans l'ensemble des phases de construction et d'exploitation d'un $\mathcal{ED}$. Un point essentiel que nous souhaitons mettre en évidence est que la majorité des travaux sur les $\mathcal{ED}$ sémantiques supposent l'existence d'une ontologie partagée référencée (que nous appelons hypothèse de l'ontologie unique) par l'ensemble des sources de données candidates à l'entreposage (Boukhari, 2014). Cette ontologie a été utilisée pour définir des opérateurs ETL au niveau sémantique. Dans notre étude nous considérons différentes hypothèses pour la construction de l'ontologie intégrant les sources (Wache et al., 2001) : (a) une ontologie unique, (b) des ontologies multiples, et (c) une ontologie partagée par les ontologies des sources. Dans le contexte des besoins fonctionnels, les hypothèses (b) et (c) sont plausibles. Cet article position lance une piste de réflexion autour de l'entreposage des besoins. L'article est structuré en quatre sections : la section 2 présente et compare les travaux connexes traitant des solutions d'intégration et de matérialisation des besoins proposées. La section 3 décrit l'ensemble des phases de construction de l'$\mathcal{EBF}$. La dernière section conclut l'article et donne quelques perspectives.

## 2   Travaux connexes

Le tableau 1 résume la revue de littérature des travaux les plus pertinents selon les trois axes connus des $\mathcal{ED}$ : intégration, matérialisation et analyse. Nous avons commencé notre étude par les travaux traitant l'intégration des besoins, comme (Wieringa et al., 1997; López et al., 2002; Nguyen et al., 2015). Ces travaux s'intéressent à une seule dimension d'intégration (intégration de formalismes (*If* dans le tableau) ou intégration conceptuelle (*IC*)), sans traiter la problématique de matérialisation des besoins. La dimension d'intégration linguistique (*IL*) est peu considérée. Concernant la dimension formalisme, ces travaux considèrent différents niveaux de formalisation (*Nf*) : informel (I), semi-formel (SF) et/ou formel (F). Ces travaux proposent des méthodes classiques ou ontologiques (Assawamekin et al., 2010). Nous remarquons dans le tableau 1 qu'aucune étude ne gère l'hétérogénéité des besoins sur les trois dimensions d'intégration simultanément (formalisme, conceptuel et linguistique). Nous nous sommes ensuite intéressés aux travaux proposant la matérialisation des besoins. Nous avons identifié plusieurs critères de comparaison : Persistance des besoins (*Pb*), solution d'entreposage (*Sep*) et Gestion de l'historique des besoins (*Hb*). Le tableau 1 montre que très peu d'études gèrent la persistance des besoins (Khouri et al., 2014; Boukhari, 2014), aucune étude ne considère l'entreposage et la gestion de l'historique des besoins. Le troisième axe concerne l'analyse des besoins, où nous avons identifié les critères suivants : Modélisation multidimensionnelle (*Am*), Analyses OLAP (*Olap*) et raisonnement sur les besoins (*Rb*). Nous remarquons que même les travaux récents traitant de la persistance des besoins ne traitent pas les analyses multidimensionnelles et OLAP des besoins. Par contre, plusieurs travaux proposent du raisonnement pour améliorer leur qualité. Notre solution regroupe les trois axes cités et traite l'ensemble des critères identifiés.

| Dimension/ Travaux | Intégration | | | | Matérialisation | | | Analyse | | |
|---|---|---|---|---|---|---|---|---|---|---|
| | IC | IL | If | Nf | Pb | Sep | Hb | Am | Olap | Rb |
| Wieringa and al.(Wieringa et al., 1997) | ✓ | ✗ | ✗ | I, SF, F | ✗ | ✗ | ✗ | ✗ | ✗ | ✗ |
| Lopez and al.(López et al., 2002) | ✗ | ✗ | ✓ | SF | ✗ | ✗ | ✗ | ✗ | ✗ | ✗ |
| Brottier and al.(Brottier et al., 2007) | ✗ | ✗ | ✓ | I | ✗ | ✗ | ✗ | ✗ | ✗ | ✓ |
| Giorgini and al.(Giorgini et al., 2003) | ✗ | ✗ | ✗ | SF | ✗ | ✗ | ✗ | ✗ | ✗ | ✓ |
| Cognil and al.(Goknil et al., 2011) | ✓ | ✗ | ✗ | F | ✗ | ✗ | ✗ | ✗ | ✗ | ✓ |
| N.Assawamekin and al.(Assawamekin et al., 2010) | ✓ | ✗ | ✗ | I | ✓ | ✗ | ✗ | ✗ | ✗ | ✗ |
| TH Nguyen and al.(Nguyen et al., 2015) | ✗ | ✗ | ✓ | SF | ✗ | ✗ | ✗ | ✗ | ✗ | ✓ |
| CL Liu and al.(Liu, 2016) | ✓ | ✗ | ✓ | SF | ✗ | ✗ | ✗ | ✗ | ✗ | ✓ |
| Boukhari and al.(Boukhari, 2014) | ✓ | ✗ | ✓ | SF | ✓ | ✗ | ✗ | ✗ | ✗ | ✓ |
| Khouri and al.(Khouri et al., 2014) | ✓ | ✗ | ✓ | SF | ✓ | ✗ | ✗ | ✗ | ✗ | ✓ |
| Notre approche | ✓ | ✓ | ✓ | SF | ✓ | ✓ | ✓ | ✓ | ✓ | ✓ |

TAB. 1 – *Études des travaux connexes : comparaison et analyse*

# 3  Approche proposée

La figure 1 présente l'architecture générale de notre approche. L'approche se base sur les structures ontologiques citées en introduction (ontologie partagée et ontologies multiples). L'approche repose ainsi sur les entrées suivantes : des sources de besoins qui décrivent l'ensemble des besoins selon un formalisme donné, utilisant les concepts d'une ontologie locale conceptuelle et les termes d'une ontologie locale linguistique. Ces ontologies référencent une ontologie globale (conceptuelle et linguistique) qui unifie les termes et concepts utilisés. Cette ontologie est soit existante (structure d'une ontologie partagée), soit construite par matching (ontologies multiples). Le modèle multidimensionnel de l'$\mathcal{EBF}$ sera défini sur la base d'un

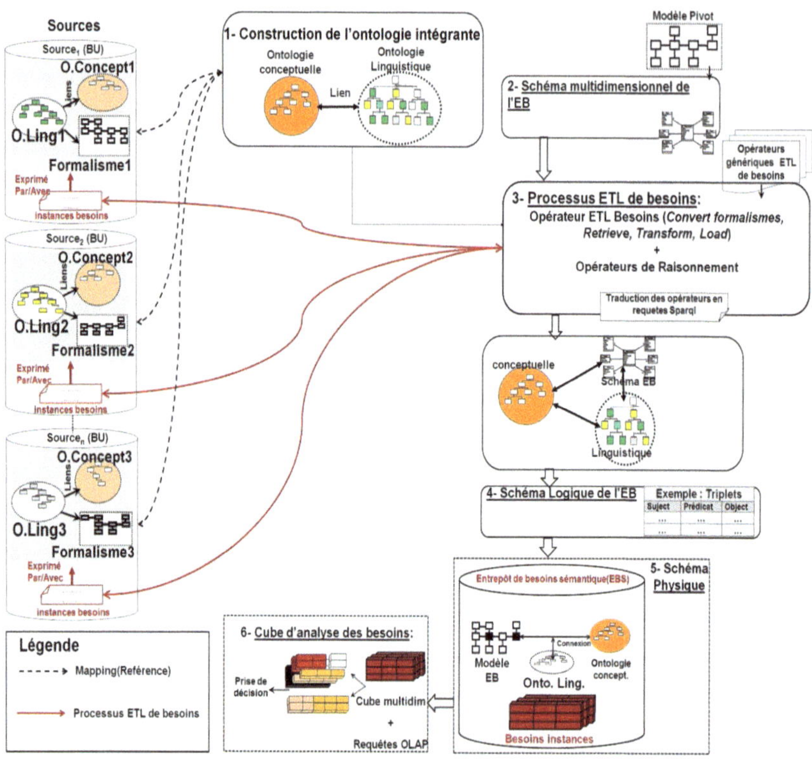



FIG. 1 – *Architecture de notre démarche*

modèle pivot unifiant les formalismes de modélisation des besoins. Un processus ETL adapté aux besoins permettra : d'extraire les besoins des sources, de les transformer (par ex. la conversion des formalismes sources au modèle de l'$\mathcal{EBF}$, le filtrage de certaines instances, l'union des instances, etc), ensuite de les charger dans le modèle de l'$\mathcal{EBF}$. Selon les mappings définis entre les ontologies locales et globale, le modèle de l'$\mathcal{EBF}$ est ainsi connecté à l'ontologie globale, ce qui permettra ainsi de définir sémantiquement chaque composante du modèle. Nous présentons dans ce qui suit notre approche dans laquelle chaque étape consiste en un effort de réadaptation des fondements des entrepôts conventionnels aux entrepôts de besoins.

## 3.1 Construction de l'ontologie globale intégrante

La construction de l'ontologie intégrante repose sur les deux scénarios cités (ontologie multiple ou ontologie partagée). Les solutions d'entreposage ontologiques de manière générale suivent le deuxième scénario et supposent l'existence d'un schéma partagé entre les sources, ce qui limite leur autonomie. Nous proposons de relâcher cette contrainte par un processus de matching ontologique que requiert le premier scénario. Cette contribution a été proposée et validée dans (Djilani et al., 2016b). Nous résumons les principales étapes comme suit. Le processus de matching commence par le chargement des ontologies locales et calcule un ensemble de mappings *M* entre les ontologies conceptuelles locales et *M'* entre les ontologies linguistiques. Comme résultat, le processus fusionne les ontologies conceptuelles et linguistiques locales en utilisant les mappings *M* et *M'*. Nous revenons ainsi au scénario de l'ontologie partagée. Le processus de matching commence par une étape de pré-traitement utilisant les techniques de traitement du langage naturel (conversion en minuscules, lemmatisation et élimination des mots d'arrêts) des termes utilisés pour la description des besoins. Le processus de matching effectue ensuite un matching aux deux niveaux : termes et concepts. Au niveau terminologique, des matchers linguistiques sont utilisés se basant sur le calcul de la similarité entre les termes des entités et aussi sur le calcul de similarité entre des chaines de caractères (les noms des concepts, attributs, instances, commentaires, relations te labels). Trois mesures de similarité sont utilisées : la distance de *levenshtein*, la distance de *Jaro* et la distance de *SLIM-Winkler*. Pour réduire l'hétérogénéité conceptuelle, deux principales techniques sont utilisées : (i) une technique basée sur la structure interne des concepts utilisés et leurs propriétés (le domaine des entités, co-domaine, les cardinalités, le nombre d'attributs et les types de données qui composent les concepts). (ii) une technique utilisant la structure externe qui se base sur les relations entre les entités. Différentes expérimentations reposant sur le rappel et précision ont permis de valider ce processus de matching (Djilani et al., 2016b).

## 3.2   Modèle de l'entrepôt de besoins

Le modèle de l'$\mathcal{EBF}$ doit refléter les entités caractérisant l'ensemble des besoins à entreposer. Le modèle de l'$\mathcal{EBF}$ que nous proposons est illustré dans la figure 2. Ce modèle est conçu sur la base d'un premier modèle pivot proposé au laboratoire (Boukhari, 2014) et corrige ses limites. Le modèle que nous proposons ici permet de détailler toutes les composantes d'un besoin. Pour ce faire, nous nous sommes inspirés des vocabulaires contrôlés utilisés par les entreprises lors de la définition des besoins. Chaque besoin (*Requirement* dans la figure 2) précise ainsi une tâche détaillée en un triplet (sujet, verbe, objet). Un besoin est ainsi modélisé d'une façon plus proche de la représentation d'une phrase en langage naturel. D'autres entités sont également ajoutées (Criteria, Result, Actor, Relationship). Cette représentation détaillée des besoins facilite leur intégration et permet un raisonnement plus précis sur les besoins. Pour illustrer l'utilisation de ce modèle, nous l'instancions par l'exemple suivant : *"Le système permet de calculer le nombre des étudiants ayant une note en informatique supérieure à 10"*. Selon le modèle, ce besoin est caractérisé par une action (*calculer*), un objet ($nb - Etudiant$), un sujet (*Systme*). Ce besoin a donc comme tâche $<$ *Système, calculer , nombre Etudiant$>$*. Ce besoin a deux critères (*moyenne-etudiant>10*) et (*module = informatique*). Ce besoin a comme résultat le "*nombre d'étudiants calculé*".

Le modèle multidimensionnel de l'$\mathcal{EBF}$ est construit sur la base du modèle de besoins présenté (figure 3). Nous avons commencé par étendre ce modèle par deux nouvelles entités (*Time, Location*). L'entité *Time* représente le moment ou le besoin a été exprimé au niveau du partenaire source. L'entité *Location* représente la localisation du partenaire source qui a exprimé ce besoin. Notre objectif est de permettre une analyse multidimensionnelle des besoins issus de diverses sources selon plusieurs dimensions. Pour ce faire, nous avons conçu le modèle multidimensionnel de façon à mettre l'entité "Requirement" au centre de cette analyse, représentant ainsi une entité Fait. Plusieurs mesures peuvent être définies pour ce fait comme le nombre (total, min, max) de besoins issus des sources. Les attributs de ce fait sont les attributs identifiés pour l'entité *Requirement* tels que : la description du besoins, sa priorité, etc.

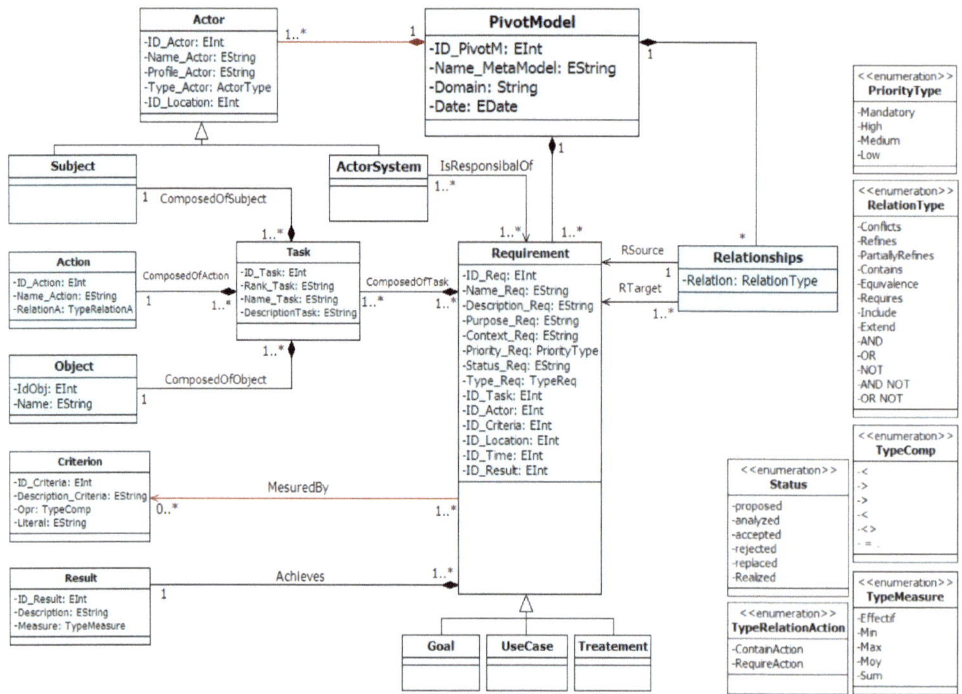

FIG. 2 – *Modèle pivot de besoins proposé*

Pour identifier les dimensions, plusieurs travaux dans la littérature proposent d'analyser les besoins d'analyse en se basant sur les cardinalités (*un à plusieurs* ou même *plusieurs à plusieurs*) des associations liant le fait aux autres entités. Dans notre cas, nos besoins d'analyse concernent l'analyse des besoins "Requirement" selon plusieurs contextes, par exemple : le nombre de besoins par *région* ou le nombre de besoins par *partenaire*. En nous basant également sur les cardinalités entre l'entité "Requirement" et les autres entités du modèle de besoins, nous avons pu identifier les dimensions suivantes : *Actor, Task, Criteria, Result, Localization et Time*. Un schéma en étoile correspondant à notre modèle multidimensionnel est ainsi défini et illustré dans la figure 3. Ce schéma peut être étendu en un schéma en flocon de neige si nous normalisons les dimensions Location (location-Region-Department-State), Time (Time-Day-Month-Year) et Actor (Actor-Type). Une fois le schéma de l'$\mathcal{EBF}$ défini, il faut l'instancier avec les besoins des sources. Cette étape est réalisée par le processus ETL présenté ci-dessous.

## 3.3 ETL pour les besoins

La phase ETL permet le peuplement du schéma de l'$\mathcal{EBF}$ par les instances des sources. Ce processus repose sur : les mappings ontologiques définis entre les schémas sources et le schéma cible de l'$\mathcal{EBF}$, les mappings sont également définis entre les formalismes de besoins utilisés. Nous avons proposé et validé dans (Djilani et al., 2016a), un processus ETL adapté aux

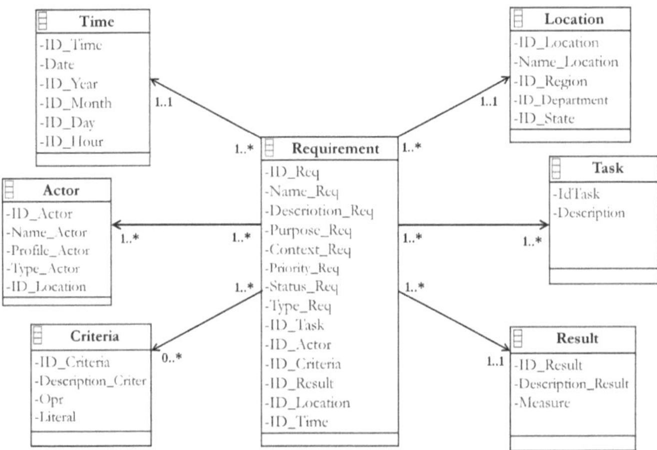



FIG. 3 – *Le schéma en étoile de l'entrepôt de besoins*

besoins. Pour définir ce processus ETL, nous nous sommes basés sur un ensemble d'opérateurs ETL défnis pour les entrepôts conventionnels (Exp. Extract, Store, etc). Nous avons adapté ces opérateurs à notre contexte pour définir des opérateurs ETL orientés besoins. Ces opérateurs permettent l'extraction, la transformation et le chargement des besoins ainsi que des concepts et termes ontologiques utilisés. Par exemple, l'adaptation de deux opérateurs *Retrieve* et *Convert* se fait comme suit :

**- Retrieve** ($S_i$, $MF_i$, $B_j$, $C_j$, $TR_j$) : l'opérateur est chargé de la récupération du besoin $B_j$ appartenant à une source $S_i$ formalisée avec un formalisme $MF_i$, exprimé avec les classes $C_j$ d'une ontologie conceptuelle locale et les termes $TR_i$ d'une ontologie linguistique locale.

**- Convert** ($S_i$, $B_i$, $fct$, $B_j$) : cet opérateur permet la conversion du besoin $B_i \in S_i$ en $B_j$ selon une fonction de conversion $fct$. Cet opérateur est utilisé pour les conversions classiques (comme la conversion de l'attribut date d'un format YYYY/MM/DD au format DD/MM/YYYY) et celles des formalismes. Par exemple, si le modèle source est un modèle de cas d'utilisation contenant une entité Action, une conversion de cette action permet de sauvegarder cette action dans l'entité *Action* du modèle de l'$\mathcal{EBF}$ proposé. Nous avons définis et validé dans (Djilani et Khouri, 2015) un ensemble de règles de transformation d'un ensemble de modèles sources (utilisant des semi-formalismes) au modèle de l'$\mathcal{EBF}$.

Nous avons ensuite enrichi ces opérateurs ETL par des opérateurs de raisonnement sur les besoins. Trois opérateurs *Identification (B, S, IdentRule)*, *Inference (B, S, InfRule)* et *CheckConsistency (B, S, ConsistenceCheckRule)* ont donc été définis pour gérer ce raisonnement. Ce raisonnement permet d'identifier des relations entre les besoins ainsi que les besoins inconsistants afin de les éliminer. Ces opérateurs se basent sur un ensemble de règles de raisonnement que nous avons défini dans (Djilani et Khouri, 2015). Puisque dans notre approche, les besoins sont connectés à l'ontologie, nous avons exploité le raisonnement ontologique afin de définir ces règles. Les principales étapes de l'algorithme ETL que nous avons définies sont les suivantes, pour chaque source de besoins :

- Extraire (opérateur *Retrieve*) les besoins $B_j$ concernés par le mapping de la source $S_i$.

- Convertir (*Convert*) les besoins du format source vers le format intégrateur (*multidimensionnel*), sur la base des règles de transformation de modèles que nous avons définies.

- Filtrer (opérateur *Filter*) les besoins d'une source $S_i$, en appliquant une contrainte *CS*.

- Convertir les arguments des besoins si nécessaire en utilisant l'opérateur *Convert* et une fonction d'agrégation.

- Agréger les besoins en utilisant une fonction d'agrégation et l'opérateur *Aggregate*

- Stockage temporaire des besoins dans la staging area en utilisant l'opérateur *Store*

- Si deux besoins $B_i$ et $B_j$ qui doivent être unifiés sont :

— pour la même source, l'algorithme utilise l'opérateur *merge* ;

— pour les sources différentes, l'algorithme utilise l'opérateur *union*.

- Si deux besoins $B_i$ et $B_j$ présentent une relation entre eux, les unifier (opérateur *join*).

- Chargement (opérateur *Store*) des besoins sources $B_j$ dans le schéma cible de l'entrepôt ;

- Raisonnement sur la base des opérateurs *Identification, Inference et CheckConsistency*, afin de détecter les relations complexes entre les besoins et de vérifier leur cohérence.

- Chargement des besoins transformés dans l'entrepôt de besoins

## 3.4  Connexion entre le modèle de l'$\mathcal{EBF}$ et les ontologies

L'ensemble des éléments du modèle de l'$\mathcal{EBF}$ sont définis sémantiquement en utilisant les deux couches de l'ontologie globale (conceptuelle et linguistique). Nous connectons d'abord le modèle de l'$\mathcal{EBF}$ avec les éléments de l'ontologie conceptuelle. Les éléments du modèle de l'$\mathcal{EBF}$ qui sont définis par des éléments ontologiques sont donc : les éléments de Task (Subject, Action et Object), Criteria et Result. La couche linguistique de l'ontologie globale est également présentée. La connexion se fait entre la couche conceptuelle et linguistique par un lien *hasLExicalEntry* entre les entités de l'ontologie conceptuelle et les termes de l'ontologie linguistique. De cette façon, les éléments des besoins utilisent des ressources ontologies de l'ontologie conceptuelle qui sont exprimés par des termes de l'ontologie linguistique.

## 3.5  Implémentation de l'entrepôt de besoins

La phase d'implémentation de l'entrepôt de besoins consiste à implémenter le schéma en étoile de l'entrepôt dans un système de gestion de bases de données (SGBD) choisi. Comme nous souhaitons matérialiser le lien entre le schéma de l'$\mathcal{EBF}$ et l'ontologie qui en définit le sens, nous avons opté pour un SGBD sémantique. Pour ce faire, nous avons effectué l'implémentation sur deux SGBD sémantiques : le SGBD commercial Oracle et le SGBD académique OntoDB développé au laboratoire LIAS de l'ISAE-ENSMA. Pour le cas d'Oracle, nous avons commencé l'implémentation en étendant le méta-schéma sémantique d'Oracle par le modèle de besoins que nous avons défini. L'articulation entre l'ontologie stockée et l'ontologie linguistique (qui est externe à Oracle) reste valide et se fait via des labels associés aux termes. Nous avons ensuite exploité l'algorithme ETL défini pour peupler l'$\mathcal{EBF}$ par les instances des sources. Chaque opérateur est représenté par une requête Sparql. Par exemple, l'opérateur *Retrieve* est traduit comme suit :

```
Select ?instancesBesoin# Where  ?instancesBesoin# rdf:type space:ClassREQ
```

Pour implémenter les opérateurs de raisonnement (identification, inférence et vérification de la consistance), nous avons mis en place des déclencheurs (*triggers*) qui implémentent la base de règles de raisonnement. En suivant les mêmes étapes, nous avons réalisé la phase de conception physique en utilisant la BD sémantique OntoDB. OntoDB fournit son propre langage de définition et de manipulation des Ontologies qui est le langage OntoQL. Nous avons ainsi défini des requêtes OntoQL pour l'extension du méta-schéma d'OntoDB. Le schéma logique d'OntoDB suit une représentation horizontale dans laquelle chaque concept de l'ontologie est représenté par une table et chaque propriété est une colonne de la table. Le chargement des instances ontologiques dans ce schéma étendu s'est fait via le processus ETL. Cette implémentation a nécessité la traduction des opérateurs ETL en requêtes OntoQL de la même façon que pour la BDBO Oracle.

### 3.6  Analyses OLAP des besoins entreposés

La première étape pour l'extraction des informations sur les besoins à partir de l'entrepôt s'effectue en définissant des requêtes d'interrogation (OntoQL pour la BD OntoDB ou Sparql pour la BD sémantique Oracle). Nous avons également pensé à une analyse des besoins plus poussée, basée sur le concept de cube des entrepôts de besoins conventionnels. Notre solution consiste à utiliser QB4OLAP[2] qui est un vocabulaire supportant les analyses OLAP. Nous avons d'abord défini le cube multidimensionnel de besoins. Ensuite, nous avons défini des requête QB4OLAP correspondants à différents besoins décisionnels. Une série d'expérimentations a été menées pour évaluer la faisabilité de l'approche, en utilisant les besoins issus du document CMS, le benchmark ontologique LUBM[3] et le SGBD sémantique Oracle (Djilani et al., 2016a). Nous avons évalué précisément les performances de l'algorithme ETL qui a indiqué un temps d'exécution polynomial. Une autre expérimentation a permis d'évaluer la pertinence du raisonnement pour l'obtention d'un entrepôt de qualité éliminant les besoins inconsistants (Djilani et al., 2016a). Un ensemble de relations ont été inférées par le processus de raisonnement pour chaque type de relation (*contain, refine, require, equal* et *conflict*). Pour certaines relations comme require, le taux de relation inférées dépasse les 50% de relations initiales. Le taux d'instances inférées pour chaque type de règles est également satisfaisant avoisinant les 30% (du nombre total d'instances) pour les règles d'identification, 50% pour les règles d'inférence et 20% pour les règles de vérification de la consistance. Un outil réalisant l'ensemble des phases de construction de l'$\mathcal{EBF}$ présentées a également été fourni (https://sites.google.com/site/abderrahmanekhiat/murgroom).


## 4  Conclusion

Nous avons proposé dans cet article d'élever les solutions d'entreposage conventionnels, orientés données, vers une solution plus générique pour l'entreposage des besoins fonctionnels des utilisateurs. Nous avons suivi une approche de conception ontologique, qui a fait ses preuves dans les entrepôts conventionnels. Ce travail a nécessité un grand effort de réadaptation des solutions d'entreposage, suivant une approche holistique, concernant les aspects suivants : la conception du schéma de l'entrepôt, la modélisation multidimensionnelle du schéma, le mappings entre les schémas sources et le schéma cible, le processus ETL, l'implémentation de l'entrepôt et enfin l'analyse OLAP des besoins entreposés. Ce travail ouvre des perspectives

---

2. https ://www.w3.org/TR/vocab-data-cube-use-cases/
3. http ://swat.cse.lehigh.edu/projects/lubm/

qui concernent l'évaluation du passage à l'échelle de l'approche ainsi que la revisite des autres problématiques classiques des projets d'entreposage telles que la maintenance de l'entrepôt et la gestion de sa qualité.

# Références


Assawamekin et al. (2010). Ontology-based multiperspective requirements traceability framework. *Knowledge and Information Systems 25*(3), 493–522.

Belaid, N., Y. Ait-Ameur, et J. F. Rainaud (2009). A semantic repository for geological modeling workflows. In *ICWS*, pp. 1030–1031. IEEE.

Boukhari, I. (2014). *Intégration et exploitation de besoins en entreprise étendue fondées sur la sémantique*. Ph. D. thesis, ISAE-ENSMA Poitiers.

Brottier, E., B. Baudry, Y.Traon, D. Touzet, et B. Nicolas (2007). Producing a global requirement model from multiple requirement specifications. In *EDOC*, pp. 390. IEEE.

Djilani, Z., N. Berkani, et L. Bellatreche (2016a). Towards functional requirements analytics. In *ISOLA*, pp. 358–373. Springer.

Djilani, Z., A. Khiat, S. Khouri, et L. Bellatreche (2016b). Murgroom : multi-site requirement reuse through graph and ontology matching. In *Proceedings of the 18th International Conference on Information Integration and Web-based Applications and Services*, pp. 160–169. ACM.

Djilani, Z. et S. Khouri (2015). Understanding user requirements iceberg : Semantic based approach. In *Model and Data Engineering*, pp. 297–310. Springer.

et al., J. T. (2012). Patentminer : topic-driven patent analysis and mining. In *ACM SIGKDD*, pp. 1366–1374.

Giorgini, P. et al. (2003). Formal reasoning techniques for goal models. In *JODS*, pp. 1–20. Springer.

Goknil, A. et al. (2011). Semantics of trace relations in requirements models for consistency checking and inferencing. *Software & Systems Modeling 10*(1), 31–54.

Hannachi, L., N. Benblidia, F. Bentayeb, et O. Boussaid (2013). Social microblogging cube. In *DOLAP*, pp. 19–26.

Khouri, S., L. Bellatreche, S. Jean, et A.-A. Y. (2014). Requirements driven data warehouse design : We can go further. In *ISOLA*, pp. 588–603.

Liu, C. L. (2016). Cdnfre : Conflict detector in non-functional requirements evolution based on ontologies. *Computer Standards & Interfaces 47*, 62–76.

López, O., M. A. Laguna, et F. J. G. Peñalvo (2002). Metamodeling for requirements reuse. In *WER*, pp. 76–90.

Nguyen, T. H., J. Grundy, et M. Almorsy (2015). Integrating goal-oriented and use case-based requirements engineering : The missing link. In *MODELS*, pp. 328–337. IEEE.

Rosa, M. L., H. A. Reijers, W. M. P. van der Aalst, R. M. Dijkman, J. Mendling, M. Dumas, et L. García-Bañuelos (2011). APROMORE : an advanced process model repository. *Expert Systems with Applications 38*(6), 7029–7040.

Sun, Y. J., M. C. Barukh, B. Benatallah, et S. R. Beheshti (2015). Scalable saas-based process customization with casewalls. In *ICSOC*, pp. 218–233.

Wache, H. et al. (2001). Ontology-based integration of information-a survey of existing approaches. In *ontologies and information sharing*, Volume 2001, pp. 108–117.

Wieringa, R., E. Dubois, et H. S. Huyts (1997). Integrating semi-formal and formal requirements. In *CAiSE'97*, pp. 19–32.

## Summary

In recent years, data warehouse (DW) and data analysis technology has become mature. This maturity has prompted a significant number of companies to adopt this technology. Analyzing this situation, we notice that DWs have often been *associated with data*. However, in the one hand, other important entities (like models, services, processes, etc) used by companies have the same interest to be analyzed. On the other hand, many efforts have been made to integrate these entities into repositories, but without the analysis dimension of DWs. Combining the two solutions proposed by repositories and DWs would be an important asset for both companies and researchers. In this study, we propose a complete approach for developing functional requirements warehouses, which can be considered as a pre-condition for designing any type of warehouse or repository.

# Résumés des communications des journées ADOC
## sur l'analyse de données textuelles

# Extraction de l'usage des médicaments dans les forums santé

Élise Bigeard[*,**]

*CNRS, Univ. Lille, UMR 8163 - STL - Savoirs Textes Langage, F-59000 Lille, France
**ERIAS, INSERM U1219 BPH, ISPED, Université de Bordeaux, France
elise.bigeard@u-bordeaux.fr

Jusqu'à 20% des admissions aux urgences et 3 à 5 % des hospitalisations sont causées par un médicament (Pouyanne et al., 2000; Queneau et al., 2007). Parmi les causes de complications liées à un médicament figure le mésusage. On parle de mésusage lorsque les soins prescrits ne correspondent pas aux besoins du patient ou aux recommandations officielles.

Il est difficile de recueillir des informations sur l'utilisation des médicaments une fois mis sur le marché. Par exemple, en France, jusqu'à 96% des cas d'effets secondaires n'est jamais signalé aux autorités de santé (Lacoste-Roussillon et al., 2001; Moride et al., 1997). Dans le cas du mésusage, le patient utilise un médicament hors du cadre d'utilisation pour lequel il a été prescrit. Typiquement, ces patients ne parlent pas de leur mésusage avec leur médecin. Mais ils le font sur les forums santé, dans l'anonymat. Etudier les forums santé permettrait donc d'étudier la situation et les actions des patients autour du mésusage des médicaments (Gaducheau, 2008).

Explorer les messages de forums est une tâche compliquée à cause de l'utilisation d'un vocabulaire différent de celui des ontologies médicales, des fautes d'orthographe, et des abréviations non-standard. Des travaux sur l'acquisition du vocabulaire des patients ont déjà été effectués : certains sont concentrés sur un domaine particulier tel que le cancer du sein (Eholié et al., 2016; Messai et al., 2006), d'autres cherchent à couvrir le domaine médical en général (Grabar et Hamon, 2014) sans s'intéresser aux forums de discussion.

Nous proposons de fouiller un forum santé, Doctissimo. Notre approche consiste à extraire les noms de médicaments et les expressions d'une maladie dans un post, et à déterminer s'ils sont correctement associés. Pour ce faire, nous créons un lexique d'expressions patient pour désigner des maladies. Nous testons notre méthode sur le cas des troubles de l'humeur, troubles de l'alimentation et troubles du sommeil. La démarche est la suivante. À partir d'un nom canonique de maladie, nous cherchons à obtenir une liste de termes ou expressions sémantiquement équivalentes ou proches. Par exemple, "dépression" peut avoir comme termes associés "déprime", "pas d'énergie" ou "moral dans les chaussettes". Pour ce faire, nous utilisons des variations morphologiques, des réseaux sémantiques créés par crowdourcing (Wikidata et Jeux de Mots (Lafourcade, 2007)) et des méthodes distributionnelles non-supervisées (Brown clustering (Brown et al., 1992; Liang, 2005) et Word2Vec (Mikolov et al., 2013)). Nous comparons les différents lexiques créés avec l'utilisation des termes canoniques seuls.

Nous testons ces ensembles de termes sur 100 posts annotés par un expert. La précision obtenue avec les noms de maladie canoniques uniquement est de 0.900 et atteint jusqu'à 0.904 avec les variations morphologiques, et 0.901 avec les termes issus de Wikidata. Le rappel pour les termes canoniques est de 0.473 et atteint 0.723 avec JeuxdeMots, au prix d'une précision de

0.398. Seuls les variations morphologiques et Wikidata dépassent la F-mesure des termes canoniques, passant de 0.620 à 0.691 et 0.674 respectivement. Nous constatons que les lexiques, qui augmentent sensiblement le rappel, ne conservent pas une précision satisfaisante, ce qui indique que les ces expressions n'ont pas un usage très stable. Ces résultats mitigés peuvent aussi être expliqués par une trop grande proximité sémantique entre les différents troubles de l'humeur. "anxiété" et "anxiété généralisée" ou bien "anxiété sociale" et "agoraphobie" correspondent à des diagnostics distincts, mais cette distinction n'est pas ou peu marquée dans le discours des patients. Cela résulte en un recoupement des termes associés à chaque maladie, et donc en un mauvais étiquetage.

Enfin, nous explorons la possibilité de classifier les posts en présence ou absence d'un mésusage, en se basant sur les types de mésusages exprimés : sur-dosage, sous-dosage, etc.

# Références


Brown, P., P. deSouza, R. Mercer, V. Della Pietra, et J. Lai (1992). Class-based n-gram models of natural language. *Computational Linguistics 18*(4), 467–479.

Eholié, S., M. D. T. Nzali, S. Bringay, et C. Jonquet (2016). Muevo, un vocabulaire multi-expertise (patient/médecin) dédié au cancer du sein. In *2ème Atelier sur l'Intelligence Artificielle et la Santé*, pp. 7.

Gauducheau, N. (2008). La communication des émotions dans les échanges médiatisés par ordinateur : bilan et perspectives. *bulletin de psychologie* (496).

Grabar, N. et T. Hamon (2014). Automatic extraction of layman names for technical medical terms. In *ICHI 2014*, Pavia, Italy.

Lacoste-Roussillon, C., P. Pouyanne, F. Haramburu, G. Miremont, et B. Bégaud (2001). Incidence of serious adverse drug reactions in general practice : a prospective study. *Clin Pharmacol Ther 69*(6), 458–462.

Lafourcade, M. (2007). Making people play for lexical acquisition. In *7th Sympsium on Natural Language Processing*.

Liang, P. (2005). *Semi-Supervised Learning for Natural Language*. Master, Massachusetts Institute of Technology, Boston, USA.

Messai, R., Q. Zeng, M. Mousseau, et M. Simonet (2006). Building a bilingual french-english patient-oriented terminology for breast cancer. In *MedNet*.

Mikolov, T., K. Chen, G. Corrado, et J. Dean (2013). Efficient estimation of word representations in vector space. In *Workshop at ICLR*.

Moride, Y., F. Haramburu, A. Requejo Alvarez, et B. Bégaud (1997). Under-reporting of adverse drug reactions in general practice. *Br J Clin Pharmacol 43*(2), 177–181.

Pouyanne, P., F. Haramburu, J. Imbs, et B. Bégaud (2000). Admissions to hospital caused by adverse drug reactions : cross sectional incidence study. French pharmacovigilance centres. *BMJ 320*(7241), 1036.

Queneau, P., B. Bannwarth, F. Carpentier, J. Guliana, J. Bouget, et B. T. et al. (2007). Emergency department visits caused by adverse drug events : results of a French survey. *Drug Saf 30*(1), 81–8.

# Automatic analysis of online conversations as processes

Elena Epure*, Slavko Zitnik**, Dario Compagno***, Rebecca Deneckere*, Camille Salinesi*

*Centre de recherche en informatique, Université Paris 1 Panthéon-Sorbonne
Elena.Epure@malix.univ-paris1.fr, Rebecca.Deneckere, Camille.Salinesi@univ-paris1.fr
**Faculty of Computer and Information Science, University of Ljubljana
Slavko.Zitnik@fri.uni-lj.si
***Institut de la communication et des médias, Université Paris 3 Sorbonne Nouvelle
Dario.Compagno@univ-paris3.fr

The tremendous use of social media has changed the way society communicates and interacts nowadays, leading to a plethora of online conversations (Perrin et al., 2017). The increasing availability of these *conversations as behavioral traces* has enabled automatic approaches for behavior discovery and analysis. These approaches, grounded in machine learning, data mining and language processing have become effective *predictive components* and intelligent *descriptive tools* for many domains. In *robotics*, online conversations have been used for training dialogue bots (Wu et al., 2002); in *politics* to analyze communication mechanisms between disseminators and public (Hemphill et Roback, 2014); in *security*, to enable modeling of narratives and the prediction of their influence on the crowd behavior (Houghton et al., 2013).

A widespread method to analyze automatically conversations emerges from pragmatics, specifically from speech act theory, which sustains that human communication is driven by intentions (Searle, 1969). Conversation analysis research (Searle et al., 1992) considers these intentions possible adequate concepts for representing conversations and inferring behavioral knowledge. This view has been also adopted by computer science community and subsequently exploited in automatic analyses. In general, such solutions rely on three steps : adopt an existing intention taxonomy or define a new one ; use or create a tagged corpus ; build the automatic technique either by defining relevant features for machine learning or by creating new algorithms based on text and language processing, and evaluate it on the tagged corpus.

Even though existing works brought significant contributions, there are several limitations and open issues to be tackled. *First*, the proposed intention taxonomies in linguistics are either *too general* (Searle, 1969) or *too detailed* (Vanderveken, 1990) to enable facile manual classification by non-experts. Further, the proposed intention taxonomies in computer science are often *specialized* for their target goals or corpora (Bhatia et al., 2016; Stolcke et al., 2000), making it challenging to *reproduce* on other types of online conversations. *Second*, conversation corpora created for enabling automatic intention identification are tagged per dialogue turn. However, turns of multiple sentences as often appear on social media has seldom a *unique intention* (Bhatia et al., 2016). *Third*, there is *scarce* computer science research on modeling conversations as processes though such view exists already in linguistics (Searle et al., 1992). The process mining community proposes automatic methods and techniques to discover processes and to analyze them interactively by relying on relevant and well formed logs of traced behavior (Aalst, 2011). However, process mining has been *rarely applied to text* and the existing methods are *unsuitable* for our goal (Osman et Zalhan, 2016).

Our aim is to create a *general approach for analyzing automatically online conversations* in order to reveal behavior as *processes* and to enable research in the affiliated domains. For that, we decided to apply standard process mining techniques on *logs* we design to capture *relevant conversation behavior*. The units of such logs are *intentions* and our next focus is to ensure these logs are *well-formed* and capable to reveal *reliable and correct processes*. So far, we aimed to improve the limitations of automatic intention discovery through : 1) a *general intention taxonomy* grounded in linguistic and empirical analysis, evaluated for *reproducibility* and *facile manual tagging* with non-experts ; 2) a Reddit corpus with dialogue turns of multiple utterances, *tagged per utterance* that complements existing corpora (2280 utterances) ; 3) *an evaluation of multiple classification algorithms and of features' importance for intention discovery* ; domain-independent, discourse features are proposed apart from classical content features ; weighted macro f-scores up to 78% are obtained in a 10-fold cross validation setup.

# Références


Aalst, W. v. d. (2011). *Process mining* (1 ed.). Springer.

Bhatia, S., P. Biyani, et P. Mitra (2016). Identifying the role of individual user messages in an online discussion and its use in thread retrieval. *Journal of the Association for Information Science and Technology 67*(2), 276–288.

Hemphill, L. et A. J. Roback (2014). Tweet acts : How constituents lobby congress via twitter. In *17th ACM Conf. on Computer Supported Cooperative Work and Social Computing*, CSCW '14, pp. 1200–1210. New York, NY, USA : ACM.

Houghton, J., M. Siegel, et D. Goldsmith (2013). Modeling the influence of narratives on collective behavior case study : Using social media to predict the outbreak of violence in the 2011 london riots. In *International System Dynamics Conference*. System Dynamics Society.

Osman, C.-C. et P.-G. Zalhan (2016). From natural language text to visual models : A survey of issues and approaches. *Informatica Economica 20*(4/2016), 44–61.

Perrin, A., M. Duggan, et S. Greenwood (2017). Social media update 2016. Technical report, Pew Research Center : Internet, Science and Tech.

Searle, J. R. (1969). *Speech acts* (1 ed.). Cambridge University Press.

Searle, J. R., H. Parret, et J. Verschueren (1992). *(On) Searle on conversation* (1 ed.). John Benjamins.

Stolcke, A., N. Coccaro, R. Bates, P. Taylor, C. Van Ess-Dykema, K. Ries, E. Shriberg, D. Jurafsky, R. Martin, et M. Meteer (2000). Dialogue act modeling for automatic tagging and recognition of conversational speech. *Comput. Linguist. 26*(3), 339–373.

Vanderveken, DanielVanderveken, D. (1990). *Meaning and speech acts* (1 ed.). Cambridge University Press.

Wu, C.-H., G.-L. Yan, et C.-L. Lin (2002). Speech act modeling in a spoken dialog system using a fuzzy fragment-class markov model. *Speech Commun. 38*(1), 183–199.

# Des services d'analyse des données participatifs :
# Le cas de la bibliothèque *Fonte Gaia Bib*

Elina Leblanc*,**

*Laboratoire LUHCIE – Université Grenoble Alpes
**Laboratoire LIG – Université Grenoble Alpes

Cette communication présentera les travaux et les premiers résultats obtenus par le projet *Fonte Gaia Bib (FG Bib)*[1] en termes d'élaboration de services interactifs et participatifs, afin d'améliorer la qualité des données et leur analyse par les utilisateurs.

*FG Bib* est une bibliothèque numérique internationale et pluridisciplinaire centrée sur les études italiennes. Elle souhaite promouvoir cette discipline à travers l'agrégation de contenus variés quant à leur forme et à leur origine, au sein d'un point d'accès unique. Dans cette optique, *FG Bib* vise un public mixte, composé à la fois de spécialistes et d'amateurs, qui collaboreront à la création d'un savoir commun et en perpétuel renouvellement autour de l'italianisme. L'objectif est alors de proposer à ce public des services enrichis et participatifs, qui l'inviterait à contribuer à la vie de la bibliothèque numérique.

Pour cela, le projet a choisi de s'appuyer sur une double approche, à savoir une approcher *bottom-up* (études utilisateurs) et une approche *top-down* (analyse de l'existant). Cette double approche a permis de mettre en évidence un ensemble services, qui seront prochainement implémentés et testés avec un panel d'utilisateurs. Les services identifiés ont la particularité de faire intervenir les usagers aux différentes étapes qui composent le cycle de vie d'un document numérique : correction de textes océrisés et transcription collaboratives ; outils d'aide à la lecture ; système d'annotations à plusieurs niveaux ; exportation et réutilisation des contenus au sein et en dehors de la bibliothèque numérique, etc. Ces services ont un double aspect : ils s'appuient à la fois sur le traitement automatique des langues pour l'analyse des données et sur les technologies du Web 2.0 pour les côtés participatifs. L'alliance de ces deux aspects permettra ainsi à *FG Bib* d'offrir l'opportunité aux utilisateurs d'analyser de manière collaborative les contenus textuels.

Après une présentation des méthodes employées par le projet *FG Bib* pour définir et implémenter des services, et une description de ces derniers, cette communication se terminera par une réflexion plus théorique sur les enjeux que représente l'analyse des données participatives pour un projet en humanités. Cela induit en effet des interrogations non seulement sur la gestion de la qualité des données produites (modérateurs, processus de révisions multiples...), mais aussi sur l'animation des communautés. Dans cette optique, l'analyse des données n'est alors plus uniquement vue comme une activité technique et scientifique, mais également comme un facteur d'engagement des utilisateurs avec une communauté et une interface.

---

1. Présentation du projet : `https://fontegaia.hypotheses.org/projet-fonte-gaia-2` [Consulté le 14/02/2017]. Version beta de la bibliothèque numérique : `http://www.fontegaia.eu` [Consulté le 14/02/2017].

# Retour d'expérience sur la détection automatique de métaphores dans des textes de Géographie

Max Beligné**, Aleksandra Campar*, Jean-Hugues Chauchat*, Mélanie Lefeuvre*,
Isabelle Lefort**, Sabine Loudcher*, Julien Velcin*

*Université de Lyon, Lyon 2, ERIC EA 3083
{sabine.loudcher, julien.velcin, jean-hugues.chauchat}@univ-lyon2.fr
**Université de Lyon, Lyon 2, EVS UMR 5600
{max.beligne, isabelle.lefort}@univ-lyon2.fr

Si les recherches sur les métaphores en Géographie ne sont pas nouvelles, il n'existe pas d'étude de grande ampleur sur cette question. Pourtant les recherches et les réflexions existantes menées de façon qualitative sur des petits corpus ont montré que les métaphores constituent une entrée particulièrement intéressante pour réfléchir sur la scientificité de la Géographie. Dans le contexte des Humanités Numériques, un projet de recherche regroupant des chercheurs en Géographie, Informatique et Linguistique a donc identifié l'intérêt d'étudier ce trope sur un large corpus et cherche par conséquent à détecter automatiquement des métaphores dans des textes de Géographie. Cette communication présente un premier retour d'expérience de l'application de la méthode de Heintz et al. (2013). Il s'agit d'une première étape de travail dont les résultats sont pour l'instant mitigés. Par conséquent, l'objectif est de présenter le processus de recherche en insistant sur les choix qui ont été faits et sur leurs conséquences permettant de mieux comprendre les résultats obtenus et d'envisager des améliorations à venir.

La métaphore est un trope qui peut être défini comme un système de correspondances partielles entre un domaine source et un domaine cible. Le choix de la méthode de détection automatique de métaphores résulte d'un état des lieux sur la question. Le travail de Roy et al. (2006) présentant des évolutions diachroniques de métaphores conceptuelles dans des corpus textuels a été identifié comme le plus proche des attentes des géographes. Pourtant, la volonté de travailler sur un large corpus avec des thématiques diverses conduit à vouloir automatiser le processus de recherche. Dans ce cadre, le travail de Heintz et al. (2013) utilisant un modèle de thématiques latentes LDA (*Allocation de Dirichlet Latente*) est choisi comme répondant le mieux aux objectifs attendus. Il permet de travailler sur un large spectre de domaines sources de métaphores avec comme seule contrainte d'établir pour chaque domaine source quelques mots représentatifs. Concernant le domaine cible des métaphores, il est décidé dans un premier temps de cibler un seul domaine, celui de la Géographie.

La méthode choisie s'appuie sur l'utilisation de la méthode LDA sur un large corpus, ici la moitié des articles de Wikipédia choisi de manière aléatoire, pour extraire 100 thématiques. Les domaines sources choisis par les spécialistes sont ensuite articulés à ces thématiques par l'intermédiaire de mots représentatifs. Dans chaque phrase, la présence de chaque domaine source et du domaine cible est calculée par l'intermédiaire des fréquences d'apparition des mots dans les thématiques. Si une phrase contient le domaine cible et un domaine source sous représenté dans l'article (car la méthode fait l'hypothèse qu'une forte représentation est souvent le signe d'une utilisation littérale), la phrase est annotée par l'algorithme comme métaphorique. Pour évaluer les résultats trouvés, il a fallu construire un corpus de référence car sur le sujet spécifique des métaphores en Géographie, il n'existait pas de ressource déjà constituée. Les métaphores ont été annotées manuellement par deux personnes de manière indépendante en suivant la méthode *Metaphor Identification Procedure* Group (2007).

Le retour d'expérience est d'autant plus intéressant que la méthode a été testée avec différentes valeurs pour le seuil déterminant à partir de quand un domaine peut être considéré comme faisant partie d'une phrase. Une approche tout d'abord purement quantitative a conduit à baisser ce seuil de manière importante pour faire augmenter les résultats de détection. Malheureusement, l'approche qualitative finale montre que ces choix n'étaient pas judicieux. Une analyse plus fine montre que la méthode d'annotation manuelle choisie est maximale au sens où elle tend à annoter beaucoup de phrases comme métaphoriques. En baissant les seuils, on a donc trouvé plus de phrases métaphoriques mais pour de mauvaises raisons. En effet, les concepts sources retenus par l'algorithme sont souvent inexacts et beaucoup de faux positifs sont présents.

A partir de ce constat, en amont, il s'agit de mieux comprendre ce qui s'est passé par rapport au travail initial de Heintz *et al.* qui obtient de meilleurs résultats. Ces derniers ont au contraire maintenu des seuils hauts mais leur méthode d'évaluation est différente. En effet, ils sélectionnent les métaphores les mieux notées par l'algorithme (obtenues avec des seuils de détection élevés) mélangées avec un ensemble de phrases détectées comme non métaphoriques. Ensuite, des annotateurs vérifient si les phrases sont métaphoriques ou pas. Cette sélection en amont du corpus à évaluer permet d'augmenter significativement les résultats, notamment le taux de rappel. En rentrant ainsi dans le détail d'évaluations différentes, ce retour d'expérience attire l'attention sur ce que peuvent cacher les chiffres et provoquer des erreurs importantes.

En aval, il s'agit d'explorer des pistes pour améliorer les résultats actuels. En remontant les seuils, la méthode de Heintz *et al.* ne peut pas être utilisée pour trouver toutes les métaphores. Une utilisation plus ciblée sur un certain type de métaphore, que l'on peut qualifier de "filée sur une même phrase", est sûrement plus adéquate. Cette piste pose le problème de la définition de critères pour une telle catégorie afin d'évaluer l'algorithme sur cette tâche. Pour finir d'autres pistes importantes de recherche, comme une meilleure précision du concept cible ou l'augmentation du nombre de thématiques, sont des résultats importants de ce retour d'expérience afin d'augmenter à l'avenir l'efficacité de cette méthode de détection automatique.

# Références

Group, P. (2007). Mip : A method for identifying metaphorically used words in discourse. *Metaphor and symbol 22*(1), 1–39.

Heintz, I., R. Gabbard, M. Srinivasan, D. Barner, D. S. Black, M. Freedman, et R. Weischedel (2013). Automatic extraction of linguistic metaphor with lda topic modeling. In *Proceedings of the First Workshop on Metaphor in NLP*, pp. 58–66. Citeseer.

Roy, T., S. Ferrari, et P. Beust (2006). Étude de métaphores conceptuelles à l'aide de vues globales et temporelles sur un corpus. *Actes de Traitement Automatique des Langues Naturelles (TALN), Leuven, Belgique 1*, 580–589.

# Modèles de représentation textuels et méthodes d'apprentissage adaptés à l'identification d'auteurs


Christine Largeron*, Jordan Fréry*, Mihaela Juganaru-Mathieu*

* Université Jean Monnet, Saint-Etienne, France
christine.largeron@univ-st-etienne.fr



Qui n'a pas dit un jour, en écoutant un morceau de musique : "Tiens, on dirait untel"? Sur la base d'un extrait, on peut en effet identifier directement le compositeur ou l'interprète même si on ne connaît pas forcément le morceau. De même, pour des documents textuels, ce problème d'authentification consiste à décider si un texte donné a été écrit par l'auteur d'un autre groupe de documents. Pour le résoudre, la fouille de texte peut s'avérer très utile. Ainsi par exemple, pour authentifier une élégie de Shakespeare, des techniques telles que le comptage exclusif des mots et la prise en compte de mots rares ont été employées avec succès. Mais le domaine de la littérature n'est pas le seul concerné et, l'identification d'auteurs peut aussi être utile dans d'autres applications comme par exemple, dans le domaine juridique pour l'authentification de testament, dans le cadre d'investigations anticriminelles ou antiterroristes pour déterminer la provenance d'une demande de rançon ou de posts émis sur des forums du Darweb ou encore, en marketing pour le profiling des auteurs de blogs ou de commentaires sur le Web. Pour résoudre ce problème il est nécessaire de représenter de façon appropriée les documents afin de pouvoir les comparer. Toutefois, nous pensons qu'il est illusoire de rechercher une empreinte pour l'auteur d'un texte, qui serait unique au même titre qu'une empreinte digitale. Nous pensons qu'il faut utiliser divers espaces de représentation pour les textes à analyser, selon la langue d'origine ou encore le genre ou la qualité du document. Dans cette communication, nous décrirons de tels modèles de représentation et montrerons comment, après avoir formalisé l'identification d'auteur comme un problème de classement, nous pouvons le résoudre en faisant appel à des méthodes de comptage ou d'apprentissage automatique. Nous présentons également des expérimentations réalisées sur des corpus variés (textes littéraires courts ou longs, articles de presse ou publications, blogs) proposés dans le cadre de la compétition PAN-CLEF. Les résultats obtenus confirment l'intérêt de ces approches tant du point de vue de leur performance que des temps de traitement.

# De la fouille de textes à la recommandation de lectures – Applications sur les plateformes d'Openedition.org


Patrice Bellot*

*Aix-Marseille Université – CNRS – Univ. Toulon – EHESS – Université d'Avignon
LSIS UMR 7296 / CLEO OpenEdition UMS 3287
patrice.bellot@univ-amu.fr


La recommandation de lectures peut être réalisée selon une analyse des comportements des internautes (qu'est-ce qui est lu et par qui) ou selon une analyse des contenus eux-mêmes. La première approche est la seule possible lorsque les contenus sont difficilement accessibles ou lorsque leurs méta-données sont trop peu nombreuses. Dans le cas contraire, l'accès au contenu textuel (qu'il soit écrit ou transcrit de l'oral) rend possible une extraction des mots clés, une catégorisation thématique, une analyse de sentiments...

Comme cela a été montré lors de la tâche *Social Book Search* des conférences CLEF, l'impossibilité de l'accès au texte intégral des contenus peut être compensée par une analyse des commentaires des internautes qui synthétisent les opinions et les contenus, insistant sur leurs aspects les plus notables.

Dans le cadre de nos travaux sur les contenus des plateformes d'édition en ligne OpenEdition.org, nous avons proposé différentes solutions pour mettre automatiquement en relation des contenus (création de liens à partir de citations automatiquement détectées) (Ollagnier et al., 2016), pour identifier des textes critiques sur ces contenus (classification en genre) (Benkoussas et al., 2014), pour leur appliquer une analyse des sentiments (polarité des critiques, identification des aspects abordés) (Hamdan et al., 2014) et pour exploiter des requêtes longues et verbeuses pour une recommandation guidée (Chaa et al., 2016; Benkoussas et al., 2015). Ces solutions, supervisées ou non, emploient des approches numériques du traitement automatique des langues et de la recherche d'information.

Au-delà des approches elles-mêmes, je présenterai les différents prototypes mis en place sur les collections en Sciences Humaines et Sociales d'OpenEdition.org ainsi que les nombreux verrous qui restent ouverts.

## Références


Benkoussas, C., P. Bellot, et A. Ollagnier (2015). The impact of linked documents and graph analysis on information retrieval methods for book recommendation. In *IEEE/WIC/ACM International Conference on Web Intelligence and Intelligent Agent Technology, WI-IAT 2015, Singapore, December 6-9, 2015 - Volume I*, pp. 385–392.

Benkoussas, C., H. Hamdan, P. Bellot, F. Béchet, et E. Faath (2014). A collection of scholarly book reviews from the platforms of electronic sources in humanities and social sciences openedition.org. In *Proceedings of the Ninth International Conference on Language Resources and Evaluation, LREC 2014, Reykjavik, Iceland, May 26-31, 2014.*, pp. 4172–4177.

Chaa, M., O. Nouali, et P. Bellot (2016). Verbose query reduction by learning to rank for social book search track. In *Working Notes of CLEF 2016 - Conference and Labs of the Evaluation forum, Évora, Portugal, 5-8 September, 2016.*, pp. 1072–1078.

Hamdan, H., P. Bellot, et F. Béchet (2014). Supervised methods for aspect-based sentiment analysis. In *Proceedings of the 8th International Workshop on Semantic Evaluation, SemEval@COLING 2014, Dublin, Ireland, August 23-24, 2014.*, pp. 596–600.

Ollagnier, A., S. Fournier, et P. Bellot (2016). Cascade de crfs et SVM pour la détection de références bibliographiques diffuses dans les articles scientifiques. In *CORIA 2016 - Conférence en Recherche d'Informations et Applications- 13th French Information Retrieval Conference. CIFED 2016 Colloque International Francophone sur l'Ecrit et le Document, Toulouse, France, March 9-11, 2016, Toulouse, France, March 9-11, 2016.*, pp. 139–152.

# Extension des mesures textuelles d'informativité à l'évaluation de l'intérêt potentiel d'un passage

Carlos E. González-Gallardo*, Éric SanJuan-Ibekwe*, Juan Manuel Torres Moreno*

*Laboratoire d'Informatique d'Avignon
339 chemin des Meinajaries, 84911 Avignon cedex 9, FRANCE
eric.sanjuan@univ-avignon.fr
http://lia.univ-avignon.fr/

## 1  Introduction

Les mesures d'informativités utilisées pour évaluer le résumé automatique de textes s'appuient pour la plupart sur des mesures de recouvrement entre les n-grammes présents dans le résumé produit automatiquement et ceux apparaissant dans un résumé de référence (Torres-Moreno, 2014) généralement produit par un expert. Ces mesures diffèrent selon :
— la métrique utilisée (cosinus, Dice, Rouge, Kullback-Leibler, Similarité Logarithmique)
— le sac des termes considéré (mots simples, mots $n$ -grammes, entités, pépites, etc.).
Récemment, les approches par plongement lexical de mots offrent une alternative numérique à ces approches discrètes basées sur la présence / absence d'une unité de texte (Ng et Abrecht, 2015).

Ces mesures ont été ensuite étendues à l'évaluation de la recherche ciblée d'information par des requêtes complexes (Bellot et al., 2016). En particulier, dans la tâche INEX de contextualisation de tweets, ce sont des contenus entiers de mictroblogs qui ont été considérés comme des requêtes.

## 2  Proposition

Nous définissons formellement l'évaluation de l'informativité sur de courts passages comme une relation ternaire entre un ensemble de sujets $T$, un sous-ensemble d'extraits courts $P$ provenant d'une grande ressource documentaire et un ensemble $S$ de notes normalisées tel que les passages classés en tête contiennent le plus d'informations les plus pertinentes vis à vis des thèmes explicitement mentionnées dans le passage ou sur des sujets connexes liés de manière implicite.

Nous définissons alors l'extension du concept d'intérêt (Koh et al., 2008) appliqué au texte comme une généralisation de la notion d'informativité où la requête traduisant un besoin d'information de l'utilisateur serait inconnue a priori mais serait susceptible d'être explicité à posteriori.

# 3   Données

Nous utilisons la collection de données TC@INEX 2012[1]. Nous avons extrait l'ensemble des passages des résumés automatiques des participants que les évaluateurs humains ont marqués comme informatifs sur un sujet. Nous avons obtenu un ensemble de 30.000 extraits du Wikipedia évalués par au moins deux annotateurs relativement à 66 sujets complexes présentés sous forme de microblogs.

# 4   Résultats

Nous présentons le comportement des mesures d'informativité à l'état de l'art sur cette notion d'intérêt pouvant être suscité par un court passage textuel.

Nous observons que dans ce nouveau cadre, les plongements lexicaux ne surpassent les mesures discrètes que sur l'intérêt de mots isolés. Cependant la prise en compte des bi-grammes semble être un point clé de l'évaluation globale de l'intérêt d'un passage. Sur ce point nous constatons que la mesure de similarité logarithmique fournit les meilleurs résultats sur les données de CLEF-INEX 2012.

# Références

Bellot, P., V. Moriceau, J. Mothe, E. SanJuan, et X. Tannier (2016). INEX tweet contextualization task : Evaluation, results and lesson learned. *Inf. Process. Manage. 52*(5), 801–819. en

Koh, Y. S., R. O'Keefe, et N. Rountree (2008). Interestingness Measures for Association Rules : What Do They Really Measure? *http ://services.igi-global.com/resolvedoi/resolve.aspx ?doi=10.4018/978-1-59904-960-1.ch002*, 36–58.

Ng, J.-P. et V. Abrecht (2015). Better summarization evaluation with word embeddings for rouge. *arXiv preprint arXiv :1508.06034*.

Torres-Moreno, J.-M. (2014). *Automatic Text Summarization*. London : John Wiley and Sons.

---

1. http://tc.talne.eu

# Extraction d'expressions et mise en réseau d'un corpus

Matthieu Quantin*,**, Benjamin Hervy*, Florent Laroche*

*École Centrale de Nantes -LS2N UMR_6004
prenom.nom@ls2n.fr
**Université de Nantes, Centre François Viète EA_1161
prenom.nom@univ-nantes.fr

## 1   Introduction

La méthode proposée s'intéresse à l'analyse de corpus de textes en histoire. L'historien est majoritairement confronté à des textes non-structurés au sens informatique du terme, organisés en corpus. Le corpus est un contenu précis, limité, résultant d'une sélection. Il est connu qualitativement (contextualisé voire lu ou analysé). L'analyse quantitative associée aux connaissances de l'historien se révèle un puissant outil heuristique : elle permet la mise en évidence de nouvelles hypothèses de recherche ou en confirme d'autres déjà établies.

Pour cela il faut faire l'hypothèse d'une analyse centrée sur le contenu du corpus sans orientation *a priori*. Tandis que la pratique montre une utilité pour ce type d'analyse auprès des historiens, l'état de l'art montre l'absence d'intérêt dans le domaine de la gestion des connaissances. La plupart des travaux à l'échelle du corpus intègrent des données extérieures (apprentissage, reconnaissance d'entité nommées) ou des données structurées.

## 2   Méthode

Le processus se divise en 4 étapes successives, transformant un corpus de documents texte (txt, odt, doc, pdf, ...) en un graphe multiple pondéré de document liés par co-occurrences d'expression-clés.

**Gestion du corpus**   Pour simplifier les calculs le texte du corpus peut être réduit en lemmes avec TreeTagger (Schmid, 1994) et purgé d'une liste de mots vides. Selon le volume et l'hétérogénéité du corpus, il est utile de le subdiviser. Le volume implique des calculs plus long (maximum $5 \cdot 10^6$ mots), une forte hétérogénéité entraîne des résultats moins précis ou du bruit. Nous utilisons une factorisation de matrice non-négative (Berry et Browne, 2005).

**Extraction**   L'implémentation d'un algorithme type C-value inspiré d'ANA (Enguehard, 1993) extrait des expressions complexes sans apprentissage ni données extérieures, grâce à l'identification de motifs autours pivots (de, du, en, au). Cette étape fonctionne en français et anglais. Un post-traitement propose de classifier certaines expressions grâce aux portails et catégories issus de requêtes Wikipedia (Milne et Witten, 2008).

**Modération**    L'utilisateur peut modérer les résultats (liste d'expression et catégories), des indicateurs l'assistent dans l'évaluation de la pertinence des expressions extraites : mesure d'homogénéité inspirée de MED (Bu et al., 2010), présence de verbe, sur-représentation (*weirdness ratio*).

**Création et pondération des liens**    Il s'agit de créer un graphe avec les documents pour nœuds et un lien pondéré entre chaque paire de documents où une co-occurrence d'expression est observée. La pondération inspirée de TF-IDF (Salton, 1983), associé à une sigmoïde (fonction de Gompertz) permet un effet de seuil paramétrable, filtrant les termes les plus génériques. Ce procédé a l'avantage d'être précis et l'inconvénient de créer beaucoup de liens. En réponse, nous créons un *lien unique*, somme de tous les liens de co-occurrence, permettant d'évaluer combien deux documents sont liés dans l'absolu.

## 3    Conclusion

La combinaison du graphe multiple (liens de co-occurrences) avec celui de *liens uniques* ainsi que la définition de seuils sur la pondération du lien (logique floue) permet de construire des vues du graphe en adaptant le niveau de détails.

Ainsi l'historien peut visualiser un premier graphe léger, puis focaliser l'analyse sur certains points : lien ou cluster inattendu, lien très significatif... En augmentant le niveau de détail (liens de co-occurrences entre certains nœuds, du mieux au moins bien noté) il peut confirmer une hypothèse ou poser de nouvelles questions.

La mise en évidence de signaux faibles (co-occurrences d'expressions complexes) permet une analyse fine s'adressant à un spécialiste. Des inférences "bas-niveau" (calcul statistiques) pondèrent les liens de co-occurrences, laissant à l'historien les inférences "haut niveau" : l'interprétation.

## Références


Berry, M. et M. Browne (2005). Email surveillance using non-negative matrix factorization. *Computational & Mathematical Organization Theory 11*(3), 249–264.

Bu, F., X. Y. Zhu, et M. Li (2010). A new multiword expression metric and its applications. *Journal of Computer Science and Technology 26*(1), 3–13.

Enguehard, C. (1993). Acquisition de terminologie à partir de gros corpus. *Informatique & Langue Naturelle*, p.373–384.

Milne, D. et I. H. Witten (2008). Learning to link with Wikipedia. In *Proceeding of the 17th ACM Conference on Information and Knowledge Management (CIKM '08)*, Napa Valley, USA (CA), pp. 509–518. ACM.

Salton, G. (1983). *Introduction to Modern Information Retrieval*. New York, NY, USA : McGraw-Hill, Inc.

Schmid, H. (1994). Probabilistic Part-of-Speech Tagging Using Decision Trees. *Proceedings of the International Conference on New Methods in Language Processing* (4), 44–49.

# Graphes typés pour l'exploration d'actualités

Rémi Bois*, Guillaume Gravier*, Emmanuel Morin**, Pascale Sébillot***

*CNRS, IRISA & INRIA Rennes, 263 Avenue Général Leclerc, 35042 Rennes
remi.bois@irisa.fr, guillaume.gravier@irisa.fr
**LS2N, Université de Nantes, 2 Chemin de la Houssinière, 44300 Nantes
emmanuel.morin@univ-nantes.fr
***INSA, IRISA & INRIA Rennes, 263 Avenue Général Leclerc, 35042 Rennes
pascale.sebillot@irisa.fr

## 1   Navigation dans des collections d'actualités

L'accès à l'information n'a jamais été aussi simple. Des dizaines d'articles sont créés chaque minute et rendus accessibles instantanément via les plateformes de médias en ligne. Néanmoins, confrontés à une telle masse d'informations disponibles, les professionnels peinent à rassembler efficacement l'ensemble des faits liés à un évènement. C'est le cas des journalistes, qui doivent mettrent en contexte une information qu'ils s'apprêtent à publier, ou des attachés de presse qui sont chargés de rassembler les informations disponibles à propos d'un sujet de société. Dans ces deux tâches, l'approche privilégiée consiste à utiliser un moteur de recherche afin de trouver les informations importantes liées à une thématique. Cette approche est cependant imparfaite, une recherche menant à des documents souvent très similaires, des pans entiers d'une information pouvant être introuvables sans l'utilisation du mot-clé pertinent.

D'autres outils permettent l'exploration de grandes collections d'actualités, tels que les frises chronologiques, l'organisation en fils d'actualités, ou le clustering d'informations. Ces outils sont néanmoins inadaptés à grande échelle, générant des frises chronologiques trop longues ou un nombre de clusters trop important. Dans le cadre du projet LIMAH,et en nous fondant sur des entretiens initiaux avec des professionnels afin de déterminer leurs besoins réels en termes de fonctionnalités (Gravier et al., 2016), nous proposons une représentation sous forme de graphe de l'ensemble des documents, avec des liens créés automatiquement entre des paires de documents d'actualité reliés sémantiquement [1]. Ces liens sont typés via des heuristiques, permettant d'indiquer à l'utilisateur la nature de la relation entre deux documents.

## 2   Graphes typés : construction et évaluation par l'usage

L'interface réalisée consiste en un moteur de recherche et un outil de navigation. Après une première requête adressée à un moteur classique, l'utilisateur peut visualiser l'article de son

---

1. Les entretiens et tests utilisateurs ont été conduits avec l'aide de Éric Jamet et Maxime Robert, chercheurs au CRPCC de Rennes. L'interface a été réalisée avec Arnaud Touboulic, ingénieur.

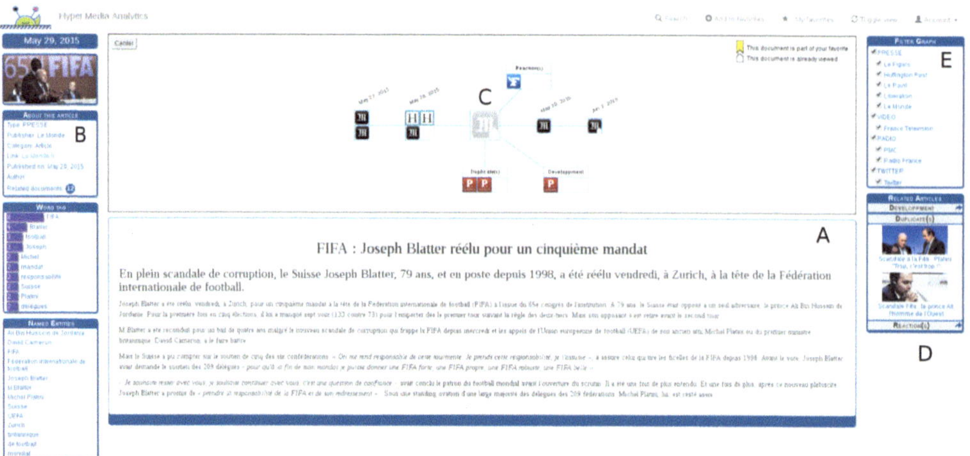

FIG. 1 – *Interface LIMAH*

choix et accéder à l'outil de navigation tel qu'il est présenté en figure 1. Celui-ci est composé d'une partie centrale dans laquelle l'article courant est visible dans son entièreté (A) ainsi que d'une zone affichant les articles liés (C), qui sont aussi fournis sous forme de liste (D). Des métadonnées sont également disponibles (B) telles que la date de publication et l'auteur de l'article actuel. Une liste de filtres (E) est proposée afin de permettre à l'utilisateur de masquer certaines sources. En double-cliquant sur l'un des nœuds du graphe de la zone C, l'utilisateur peut visionner un autre article et se déplacer au sein du graphe, mettant à jour chacune des parties de l'interface. Les nœuds sont organisés selon 7 types de relations : deux relations temporelles (antérieur - postérieur), deux relations de réaction à une information (réagit à - est source de réaction), et trois relations de similarité (résumé - développement - quasi duplicat).

L'intérêt de cette interface a été évalué lors de tests utilisateurs auprès d'étudiants en journalisme en fin d'études. Trois versions différentes ont été comparées : une version complète telle que présentée en figure 1, une version dans laquelle tous les liens sont de type temporels (les liens non temporels sont alors réaffectés à un type temporel), et une version ne proposant aucun article lié (zones C et D absentes). La tâche proposée aux utilisateurs a consisté à rassembler le maximum d'informations sur un sujet d'actualité imposé dans un temps limité. L'outil complet s'est révélé significativement plus efficace que les deux autres versions amputées testées, et a permis aux utilisateurs de retrouver davantage d'informations, y compris certaines n'apparaissant que dans quelques documents au sein de la collection. Les résultats obtenus ainsi que les entretiens réalisés avant et après les tests utilisateurs permettent de confirmer l'utilité de cette représentation à des fins d'exploration de collections d'actualités.

## Références

Gravier, G., M. Ragot, L. Amsaleg, R. Bois, G. Jadi, E. Jamet, L. Monceaux, et P. Sébillot (2016). Shaping-up multimedia analytics : Needs and expectations of media professionals. In *Proceedings of the 22nd MMM Conference, Perspectives on Multimedia Analytics*.

# Construire un corpus à forte dimension socio-historique pour une analyse du discours : le cas de la presse de tranchées

Cyrielle Montrichard*

*Laboratoire ELLIADD, Université Bourgogne Franche-Comté
UFR SLHS, rue Mégevand, 25000 Besançon
cyrielle.montrichard@edu.univ-fcomte.fr
http://elliadd.univ-fcomte.fr/fiches/montrichardcyrielle

La Première Guerre mondiale est un conflit singulier de par sa durée et sa violence. Persuadés de s'engager dans une guerre courte, les soldats doivent s'accoutumer à un quotidien violent et meurtrier (Cazals et Loez, 2012). C'est dans ce contexte que naissent les premières feuilles de tranchées. La presse de tranchées regroupe les journaux parus entre 1914 et 1918 [1] et rédigés par des combattants français sur les fronts occidentaux ou orientaux.

Notre objet d'étude porte une dimension socio-historique forte et a, par conséquent, déjà été l'objet de recherche d'historiens (Audoin-Rouzeau, 1986; Roynette, 2010) mais aussi de linguistes contemporains au conflit (Sainéan, 1973). Cependant, notre étude s'inscrit en analyse du discours et propose une approche originale de ces documents par une étude systématique et outillée de ces titres de presse constitués en corpus. L'historicité et l'hétérogénéité des journaux de tranchées représentent un défi dans la construction d'un corpus textuel cohérent.

Dès lors, cette contribution souhaite répondre à la question : quels choix avons-nous effectués pour nous assurer de la cohérence et de la pertinence du corpus d'étude destiné à une analyse du discours outillée ? Cette proposition vise à présenter la construction du corpus d'étude : des objectifs d'analyse formulés à la sélection des titres et à la normalisation des données.

Pour construire un corpus voué à une analyse de données textuelles, il est nécessaire, en amont, de penser les objectifs de l'analyse et de l'étude (Charaudeau, 2009; Mayaffre, 2002; Pincemin, 1999, 2007). Pour ce faire, il était essentiel de se confronter aux documents. Cette étape a notamment permis de mettre en évidence la diversité des titres issus de la presse de tranchées. La lecture des documents et leur description ont par ailleurs conduit à l'élaboration de pistes d'analyse portant notamment sur l'étude : en diachronie des titres (sur la période 1914-1918), des titres selon le lieu de production, des liens entre presse de tranchées et presse traditionnelle.

Après avoir élaboré des pistes d'analyse précises, il s'agit ensuite de construire un corpus d'étude permettant leur exploration. En effet, constituer un corpus offrant la possibilité d'investir les pistes d'analyse envisagées est une condition élémentaire pour l'étude. Outre cette exigence, la sélection des titres du corpus s'est aussi faite sous la tension de deux contraintes : les contraintes techniques dues au caractère ancien des documents (disponibilité, qualité de conservation) et les contraintes liées à l'"interprétabilité" des documents notamment la représentativité, la cohérence et le volume (Pincemin, 1999).

---

1. Le syntagme "Journal de tranchées" apparaît dans certains titres de tranchées (*L'Argonnaute*) et l'expression "presse de tranchées" est employée par la communauté scientifique (Roynette, 2010; Audoin-Rouzeau, 1986).

La seconde étape porte sur la transcription et la normalisation des données textuelles. Face à la matérialité discursive, nous constatons l'hétérogénéité de ces données, notamment dans la graphie. Il y a d'abord les variations graphiques à la norme qui sont involontaires : les fautes d'orthographe et d'accent - semblables à celles repérées par J.-C. Pellat (voir Steuckardt (2015), 67-77). Il y a ensuite les variations graphiques à la norme volontaires. Ces dernières semblent avoir deux fonctions : une fonction que l'on pourrait décrire comme ludique (fondée sur des jeux de mots) et une fonction réaliste par l'emploi d'emprunt (à l'allemand par exemple avec "Kamerad") et des effets d'oralité (par la troncation de certains termes).

Un nouveau choix nous est alors offert dans le traitement de ces formes. Nous pouvons opter pour une transcription "fidèle" qui permet d'interroger le niveau de langue des rédacteurs mais aussi d'observer les effets visés par les variations graphiques volontaires. Cependant, dans le cadre d'une étude outillée, les variations graphiques nombreuses perturberont le logiciel dans le repérage et l'étiquetage grammatical des formes et engendreront une dispersion et donc une comptabilisation erronée de celles-ci. Afin d'obtenir des résultats statistiques précis sans dénaturer la matérialité discursive originelle, nous avons fait le choix de construire au format de codage XML-TEI un corpus de données brutes et un corpus de données normalisées (Habert et al., 1997). Ces deux états de corpus offriront des parcours de lecture différents de la matérialité discursive pour une étude fine des discours des combattants improvisés journalistes.

Cette contribution a pour objectif de montrer en quoi la construction du corpus est fonction des perspectives d'étude envisagées d'une part, et de la matérialité discursive d'autre part. Nous démontrons ainsi que la construction et la normalisation du corpus sont loin d'être des étapes uniquement techniques : elles permettent un questionnement substantiel sur les documents voués à l'analyse et les perspectives de l'étude. Par ailleurs, nous montrons comment les choix effectués en amont de l'analyse ont un rôle central dans l'étude puisque ceux-ci construisent le socle sur lequel l'analyse s'établira.

# Références

Audoin-Rouzeau, S. (1986). *14-18, les combattants des tranch : avers leurs journaux*. A. Colin.

Cazals, R. et A. Loez (2012). *14-18, vivre et mourir dans les tranch*. Tallandier.

Charaudeau, P. (2009). Dis-moi quel est ton corpus, je te dirai quelle est ta probltique. *Corpus 8*, 37–66.

Habert, B., A. Nazarenko, et A. Salem (1997). *Les linguistiques de corpus*. A. Colin.

Mayaffre, D. (2002). Les corpus rexifs : entre architextualit hypertextualit*Corpus 1*.

Pincemin, B. (1999). Construire et utiliser un corpus : le point de vue d'une sntique textuelle interprtive. *Corpus et TAL : pour une rexion modologique*.

Pincemin, B. (2007). Introduction. *Corpus 6*.

Roynette, O. (2010). *Les mots des tranch : l'invention d'une langue de guerre, 1914-1919*. A. Colin.

Sain, L. (1973). *L'argot des tranch : d'apres lettres des poilus et les journaux du front*. Slatkine Reprints. 1re ed. 1915.

Steuckardt, A. (2015). *Entre village et tranch. L'iture des Poilus ordinaires*. Inclinaison.

# Représentations vectorielles de corpus collaboratifs sur la ville de Paris

Carmen Brando*, Catherine Dominguès**

*EHESS, 190-198 Avenue de France, Paris
carmen.brando@ehess.fr
**Univ. Paris-Est, LASTIG COGIT, IGN, ENSG, Saint Mandé
catherine.domingues@ign.fr

Ce travail vise à analyser un corpus collaboratif produit dans le contexte d'appels à contributions menés par la Mairie de Paris. Ces contributions sont reçues sur la plateforme en ligne "Madame la maire, j'ai une idée"; ces contributions sont sollicitées par la ville qui souhaite recueillir les opinions des Parisiens sur certaines thématiques. Ces derniers déposent des témoignages, des propositions sur leur environnement urbain ainsi que des demandes sur des projets d'aménagement qu'ils souhaitent voir entrepris par la mairie. Ce corpus que nous appelons dorénavant le *corpus mairie de Paris* est composé de quatre sous-corpus thématiques : 1) reconquête des berges de Seine, sous-corpus *berges*, 150 contributions, 18 244 mots, 2) construisons notre métropole, sous-corpus *métropole*, 342 contributions, 63 357 mots, 3) budget participatif, sous-corpus *budget*, 5116 contributions, 1 002 085 mots, et 4) réinventons nos places, sous-corpus places, 338 contributions, 69 953 mots. Ce dernier est lui-même divisé en sept sous-corpus dédiés à sept places parisiennes choisies par la mairie, dont la place de la Bastille, la place Gambetta, la place d'Italie, la place de la Nation.

Pour explorer ces corpus, nous employons des représentations vectorielles de mots, en particulier le modèle de réseau neuronal *word2vec* (Mikolov et al., 2013). Il s'agit de construire la représentation des mots d'un texte dans un espace vectoriel de grande dimension; un mot est modélisé en tant que vecteur de nombres réels et des mots apparaissant dans des contextes similaires seront représentés par des vecteurs plus proches que d'autres mots apparaissant dans des contextes différents. Cette représentation permet de calculer la ressemblance entre mots par la similarité cosinus et de retrouver, par conséquent, des relations sémantiques entre les mots. Il est également possible d'effectuer des opérations arithmétiques sur les vecteurs (par exemple, la soustraction) pour retrouver d'autres types de relations (Levy et Goldberg, 2014).

Les représentations vectorielles de mots remportent des succès dans de nombreuses tâches de traitement du langage naturel et plus récemment, en recherche d'information. En effet, Despres et al. (2016) proposent de représenter le contexte d'un document par un vecteur de mots qui sera utilisé en tant que modèle de langues pour améliorer la recherche dans des documents quand on s'intéresse à des documents multilingues. En outre, Muchemi et Grefenstette (2016) utilisent ces modèles pour produire un vocabulaire spécifique à la thématique d'un corpus (ex : l'astronomie) sous forme de taxonomie, sans avoir à contraster le corpus avec un corpus généraliste déjà constitué, par exemple un texte encyclopédique. Dans ce travail, nous utilisons *word2vec* afin de retrouver, par similarité sémantique, des mots qui désignent des besoins ou des préoccupations inattendus des citoyens (autrement dit, des sujets qui n'ont pas été identifiés par la mairie comme une thématique pertinente mais qui préoccupent ou intéressent les Parisiens) ou bien des thématiques transversales à tous les corpus. Nous définissons donc deux types d'expériences. Premièrement, nous faisons contraster le vocabulaire utilisé dans les différents groupes de contributions concernant chacun une place parisienne. Deuxièmement, nous comparons le *corpus mairie de Paris* et un corpus encyclopédique français mis à disposition par l'équipe Alpage de l'Inria [1] afin de faire ressortir les spécificités du sens des mots dans notre corpus, par exemple, l'adjectif *vert* renvoie clairement au champ lexical de l'écologie dans notre corpus, et non à la couleur. Nous explorons également les mots similaires à certaines expressions importantes dans notre contexte comme par exemple, Grand Paris (y compris plusieurs variantes orthographiques). Du point de vue méthodologique, *word2vec* construit les vecteurs de mots en utilisant un modèle skip-gram dont la paramétrisation est choisie empiriquement ; nos corpus sont lemmatisés par TreeTagger. Il est également nécessaire de choisir les mots de départ à partir desquels nous recherchons les mots les plus similaires selon le modèle. Pour cela, nous sélectionnons ces mots d'emploi significativement fréquents par un test de chi-2 (voir par exemple Ascone et al. (2016)) à l'aide des logiciels R et Iramuteq.

Dans notre présentation, nous exposerons en détail la méthodologie ainsi que les résultats obtenus en évoquant les limitations liées à la taille des corpus d'entraînement des modèles pour *word2vec*, taille qui a probablement une incidence sur la pertinence des résultats. Quelques pistes de travail futur consistent à classifier automatiquement les relations trouvées en leur attribuant des types, inconnus a priori, grâce à des méthodes en open information extraction (Gábor et al., 2016), ce qui nous permettrait d'accéder à la sémantique des relations.

# Références

Ascone, L., C. Dominguès, et J. Longhi (2016). Perception de l'ambiance sonore d'un lieu selon sa représentation visuelle : une analyse de corpus. *Corela 14-1*, 679–696.

Despres, N., S. Lamprier, et B. Piwowarski (2016). Apprentissage de Modèles de Langue Neuronaux pour la Recherche d'Information. In *Conférence en Recherche d'Infomations et Applications*, Toulouse, France, pp. 717–732.

Gábor, K., I. Tellier, T. Charnois, H. Zargayouna, et D. Buscaldi (2016). Détection et classification non supervisées de relations sémantiques dans des articles scientifiques. In *JEP-TALN-RECITAL 2016*, Volume 2 of *Actes de la conférence conjointe JEP-TALN-RECITAL 2016*, Paris, France.

Levy, O. et Y. Goldberg (2014). Linguistic regularities in sparse and explicit word representations. In R. Morante et W. tau Yih (Eds.), *CoNLL*, pp. 171–180. ACL.

Mikolov, T., I. Sutskever, K. Chen, G. S. Corrado, et J. Dean (2013). Distributed representations of words and phrases and their compositionality. In C. J. C. Burges, L. Bottou, M. Welling, Z. Ghahramani, et K. Q. Weinberger (Eds.), *Advances in Neural Information Processing Systems 26*, pp. 3111–3119. Curran Associates, Inc.

Muchemi, L. et G. Grefenstette (2016). Word Embedding and Statistical Based Methods for Rapid Induction of Multiple Taxonomies. working paper or preprint.

---

1. http ://alpage.inria.fr/depglove/process.pl

# Jeux de cubes pour les graphes...
## Ou comment des graphes enrichis par des cubes (GreC) peuvent contribuer à l'analyse de données textuelles ?

Cécile Favre*, Wararat Jakawat**, Sabine Loudcher*

*Université de Lyon, Université Lyon 2, ERIC EA 3083, France
{cecile.favre|sabine.loudcher}@univ-lyon2.fr
**Computer Science Department, Prince of Songkhla University, Thailand
wararat.j@psu.ac.th

Les données textuelles constituent une part importante des données porteuses de connaissances à découvrir. Ces données présentent souvent deux caractéristiques : d'une part, le fait que différents axes d'analyse peuvent être pertinents pour résumer l'information ; d'autre part la possibilité de représenter en réseau certaines informations. La première caractéristique sous-tend une analyse multidimensionnelle de type OLAP (OnLine Analytical Processing) très liée aux entrepôts de données avec notamment une représentation sous forme de cube de données, dont les cellules contiennent une mesure (indicateur) permettant l'analyse d'un fait, en fonctions de dimensions (axes d'analyse) qui définissent le cube. Ce type d'analyse se base sur des opérateurs de navigation dans les données. La deuxième caractéristique relève d'une approche d'analyse/de visualisation de graphe.

Pour illustrer cela, un premier exemple se trouve dans l'analyse de données textuelles issues de messages Twitter : d'une part le nombre de messages peut être analysé en fonction de leur auteur, de leur temporalité, du sujet traité, etc. ; d'autre part, il peut être utile de s'intéresser au réseau des Twittos où les arêtes représentent par exemple les liens d'abonnement. Un second exemple se situe dans le contexte de l'analyse de la production scientifique. Il peut être pertinent d'analyser cette production au travers du nombre de papiers publiés selon différents axes que seraient leurs auteurs, l'année de publication, les thématiques, etc. De plus, il est intéressant d'analyser le graphe des auteurs pour s'intéresser au réseau de collaborations (co-publications), ou au réseau de citations. Dans cette communication, nous utiliserons ce second exemple de données bibliographiques pour illustrer nos propos.

Considérant la double caractéristique des données textuelles évoquée précédemment, et afin de tirer ainsi parti de ces deux visualisations (graphe et cube), un nouveau type d'analyse est apparu : *Graph OLAP* (Chen et al., 2008). L'idée, sur laquelle elle repose, consiste à construire un cube de graphes dans lequel il est possible de naviguer. Plus précisément, dans cette approche de *Graph OLAP*, il s'agit de considérer des cubes définis selon des dimensions dites informationnelles, et la mesure contenue dans les cellules correspond à des graphes ou plus exactement à des sous-graphes, qui peuvent présenter des dimensions dites topologiques. Ainsi, les différentes approches relevant de *Graph OLAP* permettent de visualiser des "instantanés" de graphes en fonction des dimensions d'analyse choisies. Différents opérateurs ont été

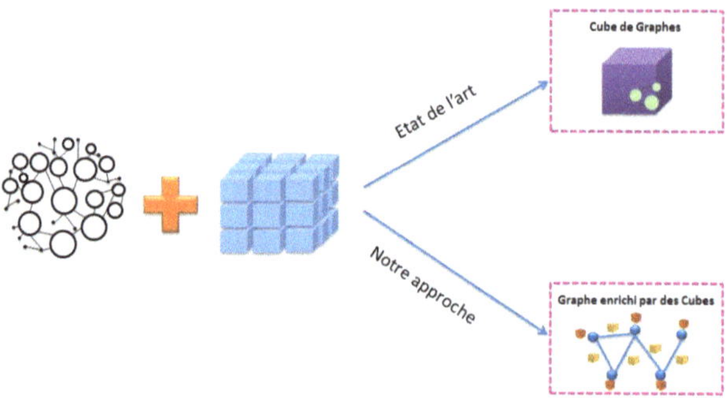


FIG. 1 – *Combinaison des graphes et des cubes OLAP*

proposés pour naviguer dans le cube de graphes : des opérations informationnelles ou topologiques, selon si les opérations s'appliquent selon les dimensions du cube ou les dimensions des graphes.

Cependant, dans cette combinaison de l'OLAP et des graphes basée sur des cubes de graphes, la visualisation plus globale du graphe est perdue, alors même que celle-ci est intéressante d'un point de vue analytique. Parallèlement, la dynamique des données est importante pour l'analyse du graphe, et ceci n'est pas toujours bien perceptible dans la visualisation des parties de graphe.

Par conséquent, nous proposons l'approche *GreC* (Graphes enrichis par des Cubes) qui est une nouvelle façon de considérer la combinaison de l'OLAP et des graphes pour l'analyse de réseaux d'information (Jakawat et al., 2016). *GreC* est une approche originale et complémentaire des approches basées sur une construction d'un cube de graphes (cf. figure 1). Elle permet de construire un graphe qui réponde aux besoins d'analyse de l'utilisateur et de l'enrichir avec des cubes de données qui vont décrire et valuer les nœuds et/ou les arêtes selon les besoins d'analyse. L'utilisateur peut ainsi avoir une vue globale du réseau avec des informations multidimensionnelles et faire des analyses intéressantes en naviguant au sein du graphe enrichi avec des opérateurs dédiés informationnels et topologiques.

Cette communication vise alors à montrer en quoi l'approche GreC permet une analyse pertinente des données textuelles, en explicitant cette approche avec une illustration sur le cas des données bibliographiques.

# Références

Chen, C., X. Yan, F. Zhu, J. Han, et P. S. Yu (2008). Graph OLAP : Towards online analytical processing on graphs. In *8th IEEE International Conference on Data Mining (ICDM'08)*, pp. 103–112.

Jakawat, W., C. Favre, et S. Loudcher (2016). Graphs enriched by cubes for OLAP on bibliographic networks. *International Journal of Business Intelligence and Data Mining (IJ-BIDM'16) 11*(1), 85–107.

# Bien choisir ses données d'apprentissage pour le TAL en contexte multi-hétérogène : l'exemple de l'ancien français

Isabelle Tellier*

*Laboratoire LaTTiCe UMR 8094, Paris

Les techniques d'apprentissage automatique supervisé sont maintenant largement exploitées dans la communauté TAL, que ce soit pour la classification de textes, l'étiquetage morphosysntaxique ou la construction d'un analyseur syntaxique. Elles font partie de la "boite à outils" de tout chercheur du domaine. Mais ces méthodes requièrent pour être efficaces de grandes quantités de données manuellement annotées qui ne sont pas toujours disponibles, surtout si on se confronte à des textes écrits dans des formes "non standard" comme les SMS ou les tweets. Pour correctement traiter de tels textes, le problème n'est plus de disposer d'un bonne technique d'apprentissage mais de disposer de bons exemples. La problématique de la recherche s'est ainsi largement déplacée des programmes aux données, et nécessite de nouvelles approches pour sélectionner des données "sur mesure"' en fonction de l'application visée. Pour illustrer mon propos, je m'appuierai sur des expériences menées sur des textes datant d'une autre époque mais où la langue connaissait aussi une forte variabilité : le Moyen-Age !

# Thésaurus pour la Sécurité Radiologique à partir d'un corpus de textes et d'outils linguistiques en ligne

Olena Goncharova-Orobinska*,**, Jean-Hugues Chauchat**, Natalya Sharonova*

* Kharkiv Polytechnical Institute KhPI, Ukraine
** Université de Lyon, Lyon 2, ERIC EA3083, France

Nous présentons un ensemble de méthodes pour créer un thésaurus d'un domaine spécialisé (la Sécurité Radiologique) à partir d'un corpus original de textes et d'outils linguistiques en ligne ; les résultats sont appliqués au français et au russe, ce qui permet de comparer les résultats sur des langues de structures grammaticales différentes et de mettre en évidence l'importance de la qualité des outils linguistiques disponibles pour chaque langue.

Deux corpus ont été créés à partir de documents de l'Agence Internationale pour l'Énergie Nucléaire : les Normes de Sûreté Radiologique et les rapports publiés par l'IAEA et les Commissions nationales de protection radiologique ; le corpus français contient environ 1 500 000 mots dans 63 documents ; le corpus russe contient 600 000 mots dans 48 documents. Ces deux corpus ont été étiquetés avec les balises morpho-syntaxiques avec les versions TreeTagger de chaque langue.

Nous proposons trois méthodes pour extraire des termes, installer un noyau d'ontologie, puis l'enrichir par la labélisation des concepts et par les relations qui les lient.

La première étape est la constitution de la liste initiale des concepts du domaine ; elle se base sur l'utilisation des patrons morpho-syntaxiques (nous les appelons "patrons terminologiques"). Une première analyse statistique des corpus a extrait les noms caractéristiques du domaine ; confrontée aux résultats du projet RISQUE, cette liste a permis d'élaborer un modèle conceptuel de la sécurité radiologique à l'aide d'un expert du domaine.

La deuxième méthode semi-automatique permet de compléter une ontologie de domaine. Cette méthode hybride combine différentes techniques (statistiques, linguistiques, lexicales). Elle permet de détecter les variations lexicales (les différentes entrées lexicales) des concepts initiaux du noyau de l'ontologie. Nous avons utilisé des dictionnaires de synonymes en lignes (CRISCO pour le français et DCS pour le russe), puis des classes de noms associés, dans les corpus, à des classes de verbes.

La troisième méthode permet d'établir les relations associatives entre les concepts de l'ontologie sous-jacente (noyau d'ontologie) au moyen des classes sémantiques des verbes.

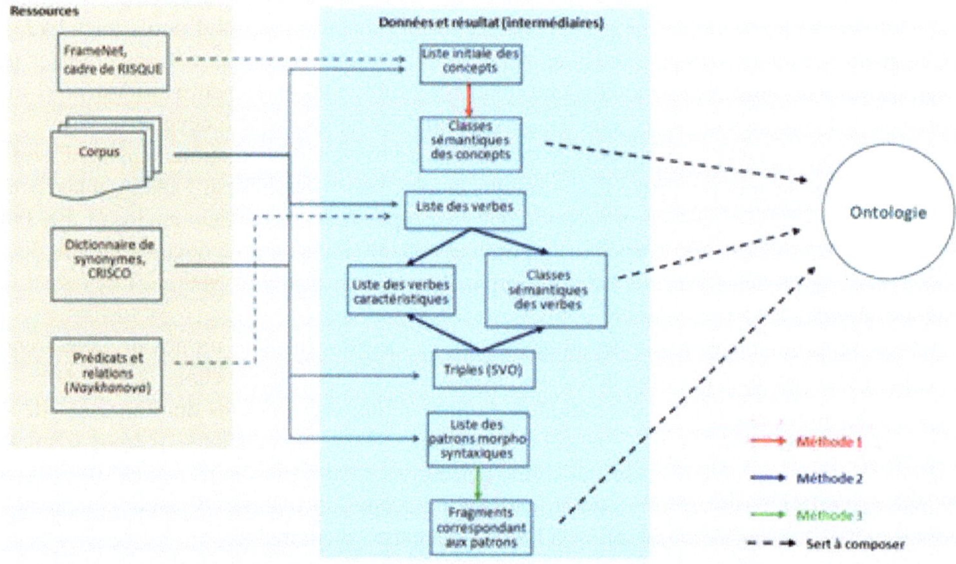


FIG. 1 – *Organisation de la chaîne de traitements*

# Index


**B**

Badir Hassan . . . . . . . . . . . . . . . . . . . . . 111
Begeard Elise . . . . . . . . . . . . . . . . . . . . 152
Beligné Max . . . . . . . . . . . . . . . . . . . . . 158
Belkacem Sami . . . . . . . . . . . . . . . . . . . 85
Bellatreche Ladjel . . . . . . . . . . . . . . . 138
Bellot Patrice . . . . . . . . . . . . . . . . . . . 162
Ben Kraiem Maha . . . . . . . . . . . . . . . . 52
Benkrid Soumia . . . . . . . . . . . . . . . . . 123
Bimonte Sandro . . . . . . . . . . . . . . 26, 100
Bois Rémi . . . . . . . . . . . . . . . . . . . . . . 169
Boucenna Redouane . . . . . . . . . . . . . . 123
Boukhalfa Kamel . . . . . . . . . . . . . 85, 100
Boulegane Dihia . . . . . . . . . . . . . . . . 123
Boussaid Omar . . . . . . . . . . . . . . . . . . 85
Brando Carmen . . . . . . . . . . . . . . . . . 173

**C**

Campar Aleksandra . . . . . . . . . . . . . . 158
Chauchat Jean-Hugues . . . . . . 158, 178
Chevalier Max . . . . . . . . . . . . . . . . . . 11
Compagno Dario . . . . . . . . . . . . . . . . 155

**D**

de Rougement Michel . . . . . . . . . . . . . 36
Deneckere Rebecca . . . . . . . . . . . . . . 155
Djedaini Mahfoud . . . . . . . . . . . . . . . 81
Djilani Zouhir . . . . . . . . . . . . . . . . . . 138
Dominguès Catherine . . . . . . . . . . . . 173

**E**

EL Malki, Mohammed . . . . . . . . . . . . 11
EL Ouazzani Amina . . . . . . . . . . . . . . 111
Epure Elena . . . . . . . . . . . . . . . . . . . . 155

**F**

Favre Cécile . . . . . . . . . . . . . . . . . . . . 175
Feki Jamel . . . . . . . . . . . . . . . . . . . . . . 52
Ferrahi Ibtissam . . . . . . . . . . . . . . . . 100
Fréry Jordan . . . . . . . . . . . . . . . . . . . 161

**G**

Goncharova-Orobinska Olena . . . . . 178
González-Gallardo Carlos E. . . . . . . 165
Gravier Guillaume . . . . . . . . . . . . . . . 169

**H**

Harbi Nouria . . . . . . . . . . . . . . . . . . . 111
Hassan Ali . . . . . . . . . . . . . . . . . . . . . . 26
Hervy Benjamin . . . . . . . . . . . . . . . . 167

**J**

Jabbour Said . . . . . . . . . . . . . . . . . . . . 67
Jakawat Wararat . . . . . . . . . . . . . . . . 175
Juganaru-Mathieu Mihaela . . . . . . . 161

**K**

Kabachi Nadia . . . . . . . . . . . . . . . . . . 111
Khiat Abderrahmane . . . . . . . . . . . . 138

Khouri Selma . . . . . . . . . . . . . . . . . . . . 138
Khrouf Kais . . . . . . . . . . . . . . . . . . . . . 52
Kopliku Arlind . . . . . . . . . . . . . . . . . . 11

**L**

Labroche Nicolas . . . . . . . . . . . . . . . . . 81
Largeron Christine . . . . . . . . . . . . . . . 161
Laroche Florent . . . . . . . . . . . . . . . . . 167
Leblanc Elina . . . . . . . . . . . . . . . . . . . 157
Lefeuvre Mélanie . . . . . . . . . . . . . . . . 158
Lefort Isabelle . . . . . . . . . . . . . . . . . . 158
Loudcher Sabine . . . . . . . . . . . . . . . . . 158
Loudcher Sabine . . . . . . . . . . . . . . . . . 175

**M**

Marcel Patrick . . . . . . . . . . . . . . . . . . . 81
Mhadhbi Nizar . . . . . . . . . . . . . . . . . . 67
Montrichard Cyrielle . . . . . . . . . . . . . 171
Morin Emmanuel . . . . . . . . . . . . . . . . 169

**N**

Negre Elsa . . . . . . . . . . . . . . . . . . . . . . . 1

**P**

Peralta Veronika . . . . . . . . . . . . . . . . . 81

**Q**

Quantin Matthieu . . . . . . . . . . . . . . . 167

**R**

Raddaoui Badran . . . . . . . . . . . . . . . . 67
Ravat Frank . . . . . . . . . . . . . . . . . . . . 52
Rhazlane Sara . . . . . . . . . . . . . . . . . . 111

**S**

Sébillot Pascale . . . . . . . . . . . . . . . . . 169
Said L'Hadj Lynda . . . . . . . . . . . . . . . 123
Sais Lakhdar . . . . . . . . . . . . . . . . . . . . 67
Salinesi Camille . . . . . . . . . . . . . . . . . 155
SanJuan-Ibekwe Éric . . . . . . . . . . . . . 165
Sennadj Younes . . . . . . . . . . . . . . . . . 123
Sharonova Natalya . . . . . . . . . . . . . . . 178

**T**

Tellier Isabelle . . . . . . . . . . . . . . . . . . 177
Teste Olivier . . . . . . . . . . . . . . . . . 11, 52
Torres Moreno Juan Manuel . . . . . . 165
Tournier Ronan . . . . . . . . . . . . . . . . . . 11

**V**

Velcin Julien . . . . . . . . . . . . . . . . . . . 158
Vimont Guillaume . . . . . . . . . . . . . . . 36

**Z**

Zakaria Chahnez . . . . . . . . . . . . . . . . 123
Zitnnik Slavko . . . . . . . . . . . . . . . . . . 155

# Résumé

L'entreposage de données et l'analyse en ligne (*On-Line Analytical Processing* – OLAP) se sont imposés comme des outils fondamentaux de l'informatique décisionnelle (*Business Intelligence* – BI). Avec l'avènement des mégadonnées (*big data*) caractérisées par leur très grand volume, leur vélocité et leur variété, et des technologies et infrastructures émergentes (NoSQL, *Cloud*, Hadoop...), ces outils d'analyse et d'aide à la décision sont confrontés à de nouveaux défis scientifiques. La conférence francophone sur les entrepôts de données et l'analyse en ligne EDA, dans sa treizième édition, vise à créer un espace de rencontres et d'échanges entre chercheurs, industriels et utilisateurs intéressés par les avancées dans le domaine de la BI et des *big data*. Cette année se sont également tenues en conjonction avec EDA des journées sur l'analyse de documents textuels organisés par l'action ADOC (Entrepôts et analyse de documents) du groupe de recherche CNRS MaDICS (Masses de Données, Informations et Connaissances en Sciences). Le présent recueil constitue les actes de la conférence EDA 2017, qui s'est déroulée à Lyon les 3, 4 et 5 mai 2017, avec un programme comprenant douze présentations scientifiques, deux conférences invitées et une session industrielle. Les journées ADOC ont fait également l'objet de quatorze présentations sélectionnées sur résumé.

# Summary

Data warehousing and on-line analytical processing (OLAP) are essential components in decision support systems. Today, enterprises are managing and exploring big data (characterized by huge volume, strong variety and high velocity) to discover facts they did not know before, using new technologies and infrastructures (NoSQL, Cloud, Hadoop...). In this context, designing and implementing big data warehouse applications is a big challenge and announces promising solutions for business intelligence issues. The $13^{th}$ edition of the French-speaking conference on Data warehousing and OLAP (EDA 2017) was an opportunity for exchanges between researchers, enterprises and users interested in new approaches for warehousing and analyzing big data. This year were also held in conjunction with EDA scientific days on text analytics organized by the ADOC (Document warehousing and analytics) of the MaDICS CNRS research group. The twelve papers published in this volume are the proceedings of EDA 2017, which was held in Lyon from May, 3 to May, 5 2017. Fourteen presentations selected on abstract have also been given in ADOC text analytics sessions.

# Rédacteurs invités

**Fadila Bentayeb** est maître de conférences d'informatique depuis 2011 à l'Université Lumière Lyon 2. Elle est responsable de l'équipe SID (Systèmes d'Information Décisionnels) et membre du conseil de direction du laboratoire ERIC. Elle a soutenu sa thèse de doctorat en 1998 à l'Université d'Orléans et a obtenu son HDR en 2011 à l'Université Lyon 2. Son domaine principal de recherche est l'entreposage et l'analyse en ligne de mégadonnées (*big data*). Elle s'intéresse plus particulièrement aux entrepôts de données NoSQL, au Text-OLAP, au décisionnel dans le nuage (modèles physiques, performance, bancs d'essais, etc.) et à l'OLAP centré utilisateur. Fadila Bentayeb est membre de plusieurs comités de lecture de revues et conférences internationales et nationales. Elle est également la directrice de la première année du Master informatique de Lyon 2.

**Omar Boussaid** est professeur des universités d'informatique à l'Université Lumière Lyon2. Ses travaux portent sur la Business Intelligence (BI) et plus précisément, l'entreposage et l'analyse en ligne des données complexes. L'évolution de la BI dans le cadre du Big data est actuellement l'objet de ses recherches. L'analyse sémantique (OLAP Sémantique) représente un des axes de ses travaux en cours. La modélisation multidimensionnelle des données textuelles et leur analyse à travers les cubes de graphes de réseaux sociaux, la détection et l'évaluation des communautés, la conception des entrepôts de données distribués à l'aide des SGBD NoSQL et le paradigme MapReduce pour le traitement parallèle de l'analyse en ligne des données massives issues du Big data, sont des exemples d'intérêts scientifiques sur lesquels reposent actuellement son travail d'animation et d'encadrement scientifique. Par ailleurs, il est directeur du master de Business Intelligence & Big data.

**Jérôme Darmont** est professeur d'informatique à l'Université de Lyon et directeur du laboratoire ERIC. Il a soutenu sa thèse de doctorat en 1999 à l'Université de Clermont-Ferrand II, puis a rejoint l'Université Lumiè re Lyon 2 en tant que maître de conférences. Il est devenu professeur des universités en 2008. Ses thèmes de recherche concernent principalement la performance des bases et entrepôts de données (optimisation des performances, auto-administration, bancs d'essais) et le décisionnel dans le nuage (sécurité des données, performance et coût des requêtes, décisionnel pour tou·tes, analyse de données massives...). Jérôme Darmont est membre de plusieurs comités éditoriaux de revues internationales et a évalué des articles pour de nombreuses conférences et revues nationales et internationales. Il est également coresponsable de l'action ADOC (Entrepôts et analyse de documents) du groupe de recherche CNRS MaDICS.